火災報告取扱要領のてびき

調査実務研究会　編著

東京法令出版

改訂にあたって

火災による被害は近年の高齢化社会の進行、社会生活の多様化、外国人旅行者の増加などにより、高齢者住宅、病院、ホテル及び大規模店舗等の不特定多数の者が出入りする対象物の火災が増加するとともに火災による犠牲者も後を絶ちません。

この火災を予防するには火災の恐ろしさを具体的に知らせるため、火災の原因ばかりでなく火災の規模、火災による損害の程度等を数値化して広報することも重要であり、それらの尺度を全国的に統一する必要があることから、総務省消防庁では火災報告取扱要領を定めています。

そして、全国の消防本部がこの要領に基づき火災1件ごとに報告しているところですが、火災の実態は1件ごとに違うことと火災報告の項目が多岐にわたり複雑であることから、防災行政研究会が火災報告取扱要領に解説を加え、『火災報告取扱要領ハンドブック』を発行しています。

当調査実務研究会では、火災が発生すると火災の原因及び損害調査を実施し火災報告を作成する担当者のためになればと、自らの経験を基にして火災報告を作成する際に悩んだことや先輩から指導を受けた実務的なことを中心に、団塊の世代の大量退職を迎えた平成26年10月に東京法令出版から初版を発行いたしました。

しかしながら、初版出版後も火災調査の実務担当者からの質疑が後を絶たなかったことから、初版では説明が足りなかったことを加筆するとともに、初版出版後に寄せられた質疑応答を加え、さらに、質疑応答の分類を内容により細分化して分かりやすくしたほか、全ての質疑応答に付した番号を通し番号にして、更なる照会（質問）に対応しやすくしました。

火災調査担当者は火災が発生すると、質問調書、実況見分調書、火災原因判定書等の煩雑な書類を作成しながら火災報告を作成することから、本書の改訂により火災報告作成に対する苦労が少しでも減ることを期待しています。

最後に、本書の初版発行後にも全国の消防職員からの質疑があることを受け、改訂の企画をしていただいた担当者に対し、火災調査担当者を代表して御礼を申し上げます。

平成30年4月

調査実務研究会

はじめに

火災の調査員は、管内で火災が発生すると、以後の火災を予防する施策のため、その原因を究明するとともに、被害等についてルールに基づき数値化する等して、実態を記録するほか、住民へ火災の被害等を分かりやすく伝えることにより火災予防を啓発しています。

火災のデータは、各消防本部において「火災報告」として火災1件ごとに総務省消防庁へ報告し、消防庁は『消防白書』等に複雑、多様化する火災の実態を取りまとめ、火災予防関係の法令改正や基準の制定等に活用するほか、そのデータを示すことにより、住民の火災予防の啓発を行っています。

火災報告はその項目が多いことと、区分が複雑なこともあり、消防庁では火災報告取扱要領を通知し、作成の基準を示していますが、それでも火災の実態は1件ごとに違うこともあり、火災報告の作成が容易でないことから、防災行政研究会で編著し、東京法令出版株式会社から発行されている『火災報告取扱要領ハンドブック』により解説を加えています。

しかしながら、団塊世代の大量退職により職員の若返りが激しい消防本部では、火災調査の経験が少ない職員が多く、『火災報告取扱要領ハンドブック』を手元に置きながらも、火災報告の項目の区分に苦慮していることではないでしょうか。

そこで、当研究会が今までの経験と過去の質疑応答などを参考にし、火災報告にあたって詳細な説明が必要と思われる項目の区分等について、実務的な立場で、火災調査の経験が少ない職員の「てびき」となるように取りまとめてみました。火災現場での実況見分や火災調査書類の作成等で苦労している職員が、火災報告での苦労が減ることを期待しています。

最後に、全国の消防職員が火災報告の項目の区分に関することに苦労していることを感じ取り、本書の企画をしていただいた企画担当者に対し、この場を借りて御礼申し上げます。

平成26年9月

調査実務研究会

目　次

6　その他火災調査に関するQ＆A

調　査　方　法

書　類　・　文　書　等

照会・情報公開等

報　道　・　広　報　等

そ　　の　　他

本書の使い方

・この本は、火災報告の作成に当たっての基礎的事項を火災報告の様式に沿って解説しています。
・火災報告の概略をとらえて、「分かる（理解する）」から、「できる（記入する）」にスキルアップを目指します。

・[▶ p.□] は、参照するページを示しています。

---

5 延焼による焼損棟数   ▶02表010行(6)〜(10)

延焼による焼損棟数
　次により記入する。ただし、01表(3)「爆発」欄が「1」の場合空欄とする。
（焼損棟数の算定方法）
ア　「焼損棟数」とは、焼損した建物の棟数をいう。
イ　「棟」とは、一つの独立した建物をいう。ただし、渡り廊下の類で二以上の棟に接続しているものは、その部分を折半してそれぞれの棟と同一の棟とする。焼損の程度の区分については、(3)と同じである。

ADVICE！

1 焼損棟数に計上される建物
　焼損棟数に計上される建物は、焼き損害を受けた建物であり、火災損害を受けた建物ではありません。つまり、消火損害（水損等を受けた建物）、爆発損害の建物は、この焼損棟数には計上されないということです。

2 棟の原則等について
　独立した一つの建物とは、建物の主要構造部が、他の建物とつながることなく、独立しているということです。
　地下街、高架下に設けた店舗、事務所、倉庫等の建物の棟数を算定する場合は、その規模、構造等から常識的に算定するのであるが、原則としては、一つのブロックをもって一棟と取り扱うこととしています。ここでは、調査担当者が原則を基に判断することになりますので、管内に地下街や高架下の対象物が存する場合は、火災調査の担当課等が事前に例示を示されることを勧めます。

3 主屋と接続しているものの場合
　主屋と主屋の間が渡り廊下の類で接続されているものは、その部分を折半してそれぞれの棟とします。
　主屋に接着して造られている下屋、風呂場、物置は、主屋と同一の棟とします。

4 屋上に作られた木造の小屋の場合
　耐火建築物の屋上に作られた木造の小屋は別棟としますが、互いに屋内階段で連絡され、建物の機能上一体である場合は一棟とします。

5 耐火建築物の外壁を利用している建物の場合
　耐火建築物の外壁を利用して木造建築物又は防火構造の建物が造られている場合、建物内からの出入りのみで、屋外からの出入口がない等一体となっている場合は一棟で、一体となっ

「火災報告取扱要領（本文中では「取扱要領」）という。）」から抜粋し、これを基に解説しています。

当研究会が火災報告を作成する際に、これまでに苦労した例や質疑応答集等を基に、火災報告を作成する上での注意点やポイントについて詳細に説明しています。

＿＿＿＿＿部分は、『消防実務質疑応答集』（発行　ぎょうせい）から引用しています。

〔抜粋〕

火　災　報　告

第１号様式（その１）

表番号	行番号	出火階数		～	延　焼　に　よ　る　焼　損　棟　数　・　区　画					
		地　上	地　下		合　　計	全　焼	半　焼	部分焼	ぼ　や	区画
7　8	9　11	12	14		29	33	36	39	42	45
0　2	0　1　0									

火災報告第１号様式の
「表番号」、
「行番号」、
「項番号」を示しています。

STEP 1

火災報告取扱要領で様式各項目の記入
要領をつかんだうえで、ADVICE の
各種事例を交えた解説により、理解を
深めることができます。

STEP 2

さらに、火災調査に関して、実際に
当研究会に寄せられた質問とその回
答を読むことにより、知識の幅が広
がります。

火災調査Q&A

1　実況見分に関するQ&A

実　況　見　分

QUESTION 1　　実況見分後の説明について

　　実況見分後の説明について質問します。
　　私の消防本部では、『事例でわかる火災調査』（東京法令出版）等を参考にして、火
災調査のために実施する鎮火後の実況見分については、焼損している箇所の状況が分
かる占有者、管理者、所有者等を立会人にして立会人の指示説明を受けながら実施し、
実況見分の終了後に、立会人に火災現場の焼けの状況や焼けの方向性などの客観的事
実のほか、それらから推定される出火箇所、出火箇所付近に認められる発火源の可能
性のあるもの等を捜査機関若しくは消防機関（双方で実施する場合もある。）が説明す
ることについて、問題は発生していませんでした。
　　しかしながら先日、ある事業所での火災において、同様に実況見分が終了した後に
立会人に説明したところ、後日、本火災が社会的な影響もあったことから、当該事業
所の本社の方から連絡があり、消防や捜査機関から火災に関する説明を受けていない
との話がありました。
　　そこで、実況見分後に捜査機関とともに説明したことを話すと、「あれは『立話』で
あり、改めて会議室等で説明されるものと思っていたので、説明とは受け取っていない」
とのことでした。

『月刊消防』に連載した「火災
調査マイスターがあなたの疑
問を解決‼　火災調査Q&A」
の読者の皆さんからの火災調
査に関する各種の質問を「火
災調査Q&A」として項目別
に整理して掲載しています。

第1　基本事項の解説

1　火災の定義について

> **火災の定義**
> 　「火災」とは、人の意図に反して発生し若しくは拡大し、又は放火により発生して消火の必要がある燃焼現象であって、これを消火するために消火施設又はこれと同程度の効果のあるものの利用を必要とするもの、又は人の意図に反して発生し若しくは拡大した爆発現象をいう。

火災の定義に係る要件は、次のように分割することができる。

①　人の意図に反して発生し若しくは拡大し、又は放火により発生したもの

②　消火の必要がある燃焼現象であること

③　これを消火するために消火施設又はこれと同程度の効果のあるものの利用を必要とするもの

④　又は人の意図に反して発生し若しくは拡大した爆発現象

この分割された要件のうち、①から③までの全ての要件が該当する事象について、消防機関は火災として取り扱います。

④の爆発現象は、②と③の要件を必要としていません。

さらに説明しますと、①は、人が求めていないことが発生するか、拡大することと放火により発生した場合であり、この発生と拡大については、例えば、フライパンに植物油を入れて「鶏の唐揚げ」を作ろうとしているときに、その場を離れるなどして、植物油が発火するなど求めていないことが発生し、②、③の要件が必要になったときです。

また、庭でたき火をしていたら、思っていた以上にその範囲が拡大し、②、③の要件が必要になったときなどになります。

なお、フライパンでいため物をしていて、意図してフライパンに火を入れたら思いの外大きくなり、②、③の要件が必要になったときは、火災の定義に該当します。

ADVICE！

1　やけどの場合

料理中、フライパンに意図的に火を入れた際、その炎にあおられてやけどをしたものの、他に焼損物件もなく、意図した以上に拡大もしなかった場合は、火災に該当しません。

これは、正常に燃焼しているストーブに当たっていてやけどをした場合と同様に、やけどをした原因の燃焼等が、火災の要件に該当していない場合は火災として取り扱わないということです。

ただし、やけどをした場合も着衣が燃えれば、消火の必要もあり、当然火災として取り扱

いますし、髪が燃えたり、裸の人が燃えていた場合も当然、消火の必要があるので火災として取り扱います（髪が熱によりこげただけの場合は除きます。）。

2　ごみ置き場の場合

　経済的価値の有無が火災の要件に必要のないことは、取扱要領の解説にありますが、ここで注意することは、道路上のごみ置き場で火災になると、最初から損害額を計上する必要がないからと損害調査を実施しないケースがあるということです。

　しかし、現場を詳細に見分すると、アスファルトの道路面、ごみ置き場のネット、ごみ置き場に接するブロック塀等が焼損していることもありますので、夜間に発生した場合など、暗い時間に現場調査（実況見分）を終わらせるのではなく、現場を保存して明るくなってから現場の実況見分とともに損害調査を実施することが必要になります。

3　鎮火後覚知の場合

　取扱要領の解説にある「郵便箱の新聞紙に放火」の判定事例は、たとえ鎮火後に覚知したものであっても、火災であり、消火行為がなく自然に鎮火していた場合でも、燃えている時点で客観的に消火の必要があったかで判断するもので、火災の原因で判断するものではありません。

　極端な例ではありますが、山の中の炭焼き小屋から出火して、発見が遅いなどの理由により、消防隊が現場到着したときは既に鎮火している場合等、出火原因が放火によらない例もあるからです。

　また、近年では、耐火構造の気密性に優れたワンルームマンションにおいて、出火後に空気（酸素）の流入がなく、自然に鎮火してから発見される火災については、皆様も聞かれたことがあるのではないでしょうか。この場合も原因が放火に限られているわけではないはずです。

4　消火施設と同程度の効果があるものについて

　山林原野火災の際に用いられる「鎌」、「なた」、「おの」、「木枝」、「はんてん」や油火災の際に用いられる「ふとん」による消火の例は、取扱要領の例示や質疑応答でも取り上げられており、このようにその場にあるものを代用として用いるほか、足で踏み消すことなども含まれると解されていますので、現場の調査者により消火効果があると客観的に判断されることが、火災の判定には必要です。

　ただし、これらの行為を消防隊が行った場合で、いくら火勢鎮圧に効果があっても「火勢鎮圧時刻」には計上しません。

5　事後聞知火災について

　事後聞知については、取扱要領の解説で現場に焼損物件が確認できない場合、警察署等の官公署で撮影した現場写真やその供述から、火災の要件を確認できる場合は火災として取り

扱うとあります。

　このことから、住民が火災保険の請求等のために「り災証明」を必要として、自ら撮影した写真を持参して申し出てきた場合の取扱いなどについては、消防本部として広聴処理を行うのみで、火災として取り扱いません。これは、具体的な例を示してその取扱いを内部規程等で事前に定めて明確にしておくことが必要であり、そのことにより、調査員ごとの対応が違ってしまうことを防ぐことにもなります。

　ただし、警察署等の撮影した写真のみで、焼損している現場等が確認できない場合は、火災として取り扱ったとしても、その原因については判定できずに「不明」として処理することが多くなると思われます。

　また、ここで重要なことは捜査機関との情報交換になります。

　これは、我々が消防法令に基づき行う火災調査と、捜査機関が刑法に基づき放火や失火の捜査等を行う際の事案（火災調査対象、捜査対象）の扱いの概念が違うので、捜査機関が覚知した場合に、刑法上の放火として扱わないことや消火の必要が全くないとの理由から消防機関へ連絡してもらえないことがあり、新聞報道などにより覚知することがあるということです。

　そこで、このようなことが起きないために、日頃から捜査機関とは顔の見える付き合いを行い、消防の火災の定義等を説明するなどして、良好な環境をつくり、お互いに情報交換することが重要になります。

6　石油燃焼器具の異常燃焼について

　この異常燃焼については、取扱要領の解説に記載のとおりですが、ここに例示されている異常燃焼を消火するため「ふとん」、「毛布」等の消火用具が焼損した場合、火災として取り扱わないこととなります。

　また、消火器具として使用した「ふとん」、「毛布」、「カーペット」等は焼き損害の損害額としても算出して計上しません。

7　電気設備における電気事故と火災

　取扱要領の解説にある電線被覆、電気機器のオイル等が焼損した場合は、客観的に消火効果のあるものの利用が必要と認められれば火災の要件に該当することになります。

　その利用は、客観的に判断される場合も含まれることに注意することと、電気を遮断して消火が見込まれる場合は、「プラグをコンセントから抜く」行為などの電気を遮断することも「消火効果のあるものの利用」に含まれることに注意して現場調査を行うことが必要になります。

　電気設備、器具等が原因の現象については、その原因を究明して改善策を行わないと繰り返し起こる可能性があることから、消防機関としてその原因を究明し、必要により改善策を指導することが必要になります。

8　爆発について

　爆発については、平成7年の取扱要領の全部改正により、新たに火災の定義に加わったものであり、爆発火災に該当する「爆発現象」の定義について定められています。

　この爆発で注意することは、爆発した後に燃焼現象が継続し消火を必要とした場合や出火後に爆発が起きた場合は、ここでいうところの火災として扱う「爆発」ではなく、火災として調査することです。

　つまり、爆発現象は混合ガス等が瞬間的に燃焼するもので、破壊は伴いますが消火の必要はない現象であるということについて、再確認していただきたいと思います。

　また、「爆発」に該当するものでも、瞬間的な混合ガスなどの爆発では、周囲の物件を破壊するほか、燃焼が継続せずに消火の必要もない瞬間的な火炎や高熱により、焦げた、すすけた、溶融した等の火災損害の「焼き損害」に該当する場合もあることに注意します。

2　火災調査の対象について

> 調査対象
> 　調査対象は、日本の領土内において発生したすべての火災とする。ただし、消防法（昭和23年法律第186号）に基づく調査権の行使できない地域、施設等の火災は、火災件数その他判明している事項についてのみ報告書に記入し、不明の事項についてはその旨を記載する。

ADVICE !

1　船舶火災や航空機災害について

　領土には領空や領海も含まれていることから、領海内で発生した船舶火災はもちろん調査対象になります。

　また、領海外で発生した船舶火災や領空外で発生した航空機火災の船舶や航空機が領土内の港や飛行場に停泊、着陸し、当該船舶や航空機に消火活動が行われた場合は、火災報告の対象になることから火災調査を実施することとなります。

　これは、火災報告の「報告義務」にもありますが、火災報告は火災を主として防ぎょした市町村又はこれらの火災があったことについて報告を受けた市町村が行うことからも判断できます。

　しかしながら、これら船舶や航空機が次に説明する外交特権が認められる軍艦、軍用機である場合はこの限りではありません。

2　外交特権について

　火災調査権を行使できない地域、施設等は、「不可侵権」「治外法権」の外交特権を認められている者が勤務し、あるいは居住する公的機関であり、軍用機、軍艦、自動車等が含まれます。

3　不明事項について

　不明の事項については、火災報告の該当欄にその旨を朱書きすることなどにより、事後に確認する際に分かるようにしておくことが必要になります。

　例えば、出火場所が外交特権が認められる消防対象物であり、発生地番以降は不明の場合（調査活動ができない場合等）は、出火場所の次に「○○の軍事施設につき調査は不能である。」等と朱書きしておく方法もあります。

　データ処理をして消防庁へ火災報告を報告している場合、この注意書については、各消防本部のデータ入力に際して、備考欄や特記事項の欄等に、このことを記録しておく方法を勧めます。

3　火災報告の報告義務について

> **報告義務**
> (1)　報告は、当該火災の発生した地域の属する市町村が都道府県を通じて行う。
> (2)　(1)にかかわらず、二以上の市町村を移動した車両火災、船舶火災及び航空機火災の報告は、これらの火災を主として防ぎょした市町村又はこれらの火災があったことについて報告を受けた市町村が都道府県を通じて行う。

ADVICE！

1　応援出場について

　管轄以外の市町村の消防本部が出場して火災を防ぎょした場合で、管轄の市町村の消防本部が出場していない場合は、移動した車両火災等の特例を除き、管轄の市町村が火災防ぎょ活動を実施した消防本部から、火災報告に必要な覚知時刻、防ぎょ活動に関する情報の提供を受けて、その他の部分を作成します。

　自動車専用道路等で応援出場する場合は、防ぎょ活動のために先行出場する消防本部と同時に、火災発生場所を管轄する消防本部が、火災調査のために出場します。

　この場合も火災調査、特に原因調査に必要と判断するときは、火災防ぎょを行った消防本部に最先着隊の見聞した内容等について「火災状況見分調書」（現場見分調書等）の作成等により、現場到着時の情報の送付について依頼することになります。

　したがって、応援協定等で他の管轄区域に先着して防ぎょ活動を行う場合は、現場を管轄し火災の調査を実施する応援先の消防本部のためにも、極力、火災防ぎょと並行して現場の写真撮影をしておきます。所属が違っていても火災調査で苦労している消防仲間のために、必要になるのではないでしょうか。

2　市町村を移動した車両等の火災

　「移動した車両火災等は、主として防ぎょした」とありますが、これは、電車の場合の車掌や駅員、船の乗組員又は車両の運転手や付近住民が消火活動をした場合も同様に考えます。

　電車、車両、船などでは走行や航行に支障のない焼損程度の場合、消火後にその場を離れ、別の市町村の電車区や車庫等に車、電車等を移動させてから事後聞知した場合も、当該消火活動を実施した場所の市町村が火災調査を行い火災報告を作成することとなります。また、走行に支障がなく、消火活動もせずに移動した場合は、通報（報告）を受けた市町村が調査を行い、火災の定義に該当すれば火災報告を作成することになります。

　船舶の場合は、火災発生後最初の寄港地の市町村が報告するほか、消防が防ぎょ活動を実施せずに船舶が沈没した場合は、火災発生場所の直近の市町村が報告することとなります。

3　消防対象物が二つの市町村にまたがっている場合

　消防対象物が二つの市町村にまたがっている場合は、「原則として、火災発生場所を管轄している市町村が報告を作成する。ただし、実際に火災を防ぎょした市町村等でもよい。なお、このような場合には、お互いに情報を密にし、報告漏れ、報告の重複のないよう注意しなければならない。」とあります。

4　他市町村へ延焼した場合①

　他の市町村へ延焼した場合は、「火災報告作成で問題となる鎮火時刻、出動延べ人員等については、管轄内にとらわれず、1件の火災として捉えること。したがって、鎮火時刻は管轄内が鎮火した時刻ではなく、延焼を受けた市区町村の火勢状態を踏まえた時刻となる。同様に、出動延べ人員についても合算して記入する。ただし、延焼による焼損棟数、り災世帯数、り災人員、死者数、負傷者数、損害額及び建物の損害状況については、火元市区町村及び延焼された市区町村が、それぞれ当該管轄地域のみの状況を記載するものである。」とあります。

5　他市町村へ延焼した場合②

　他市町村へ延焼した火災の場合は、両市町村で火災報告を作成しますが、この場合、都道府県が記入する火災番号は別にします。これは、火災番号が火災報告の電算処理上の整理番号であることからで、火災件数と火災番号が合わないこともあるためです。

4　火災件数の取扱いについて

> 火災件数
> (1)　日本の領土内において発生した火災は、その程度のいかんにかかわらず、すべて火災件数として取り扱う。
> (2)　「1件の火災」とは、一つの出火点から拡大したもので、出火に始まり鎮火するまでをいう。
> (3)　飛火による火災が現場から消防隊が引き揚げた後に発生したときは、当該火災は別件火災とする。

原則として1件の火災とは、一つの消防対象物で1か所から出火したものをいいます。

ADVICE！

1　出火原因が放火に基づくとき

①　放火の場合は、一つの消防対象物において、1人の行為者が連続して放火の行為をすれば、1件の火災として扱います。

　　連続行為については、放火するという行為以外の行為を行い、放火の行為が中断すれば別件の火災として取り扱うこととなります。

②　一つの消防対象物で2人以上の者が、互いの意思を連絡しないでほとんど同時に、それぞれが違う箇所で放火した場合は、別件の火災として扱います。

　　しかし、それぞれの出火箇所から、延焼したものが合流したことにより、どちらの出火箇所からの焼損範囲か判別できない場合は例外的に1件の火災として扱います。

③　前記(1)、(2)の場合、「放火」という経過についての特例ではなく、その行為について解説しているものであり、「火遊び」や「無意識に火を付ける」といった経過による可能性も考えられ、それぞれについても同様の扱いとなりますので、「放火」だけの特例と決めつけないことが必要です。

2　出火原因が地震、落雷等に基づくとき

　地震により一つの消防対象物の数箇所から同時に出火した場合は、1件の火災として取り扱いますが、一つの消防対象物で鎮火した後に出火した場合は、別件の火災として取り扱います。

3　出火原因が漏電に基づくとき

　同時多発的に出火する可能性のある漏電については、同一の消防対象物で出火点が2か所以上であっても、原因が同一の漏電による同時出火のものである限り、一つの出火点とみなします。

　また、漏電ばかりでなく電気に起因する火災では、ほぼ同時に複数箇所から出火することもあることから、これらについても前記の例などから1件の火災として扱うことになると解します。

4　同一の消防対象物で2か所以上から出火した場合の出火点の判定

　同一の消防対象物で、2か所以上から出火した場合、1件の火災として取り扱われるときの出火点は、焼損程度の大なる方によります。また、焼損程度が同じ程度である場合は、発見状況、出火時分の早い方（推定）、その他の諸条件を勘案して出火点を決めます（出火点の決定には、調査員の客観的な判断や考察が必要になることもあります。）。

5　飛火火災の取扱い

　飛火が発生した火災現場から、消防隊が引き揚げた後に発生した火災は、別の火災として扱います。

　また、火災の飛火により塩化ビニール系の波板等が溶解して穴が開くなどしたものは火災の損害に見積もることになります。

　これは、鎮火を宣言しても消防隊が引き揚げるまでは鎮火の訂正ができることから、引き揚げた後という表現になっているものと解されます。

　実務的には飛火火災が発生するような火災現場では、残火処理に時間を要すとともに波板等の溶解等は火災の焼き損害に該当するので、当時の風向風速等から飛火が飛んでいた範囲の損害調査を実施することとなります。現場での損害（被害）状況の調査にも時間がかかることから、消防隊が引き揚げた後に飛火火災が発生することは少ないと思われますが、ベランダに干してあったふとんなどに飛火した場合は、無炎燃焼を継続後に着火する可能性もありますので注意が必要です。

6　再燃したふとん類の取扱い

　取扱要領の再燃したふとん類の取扱いは、「ふとん等から出火し、いったん消火したはずのものが再燃をした場合においては、当該物件の移動等が確認されたときに限り、それぞれ別件の火災として扱う。例えば、寝室で出火したふとんをいったん室内で消火したと思い、ベランダに出しておいたところ、ベランダで再燃し焼失した場合について、寝室、ベランダ双方における火災が確認できる場合には、2件の火災とする。」とあります。

　再燃したふとんについては、1件目の火災は事後聞知になり、2件目の火災で覚知するか、2件とも事後聞知であることがあります。

　2件とも事後聞知であるときは、現場での実況見分において当該ふとんが再燃したのか、別の発火源により出火したのかは、他の例外に比較すれば調査はしやすいと思われがちです。

　しかし、これは、例がベランダでの再燃を説明していることから、ベランダでは他の発火源は考えにくいことからであり、これが、他の発火源の可能性が複数考えられる場所に当該ふとんが置かれていた場合は、安易に特定できないこともあることを頭に入れて、実況見分等を行う必要があります。

　前記例の中で、「6　再燃したふとん類の取扱い」以外は、鎮火後すぐに火災件数を特定できないことから、実況見分や関係者の供述の録取等、火災調査に際し、前記例を頭に入れて、火災調査（現場調査）を進めなければなりません。

第2 非集計項目の解説

火災報告

　火災報告（第1号様式その1～3）は、1火災ごとに別葉とし、列番号別の記載要領は次に定めるところによる。

　㋐～㋖までについては、報告を作成する市町村が事務処理上必要な場合に、次の通り文章で記入することができる。（※非集計項目）

㋐　報告都道府県市町村

　　報告を作成する市町村が記入する。この場合都道府県名も必ず記入する。

㋑　出火場所

　　建物火災、林野火災及びその他の火災については、その火災の発生した場所、船舶火災、車両火災及び航空機火災については、その火災を主として防ぎょした場所の属する市区町村名（詳細に町・丁目・字・番地まで）をそれぞれ記入する。

㋒㋓　火元の業態及び事業所名

　　火元が事業所である場合のほか、火元が事業の用に供する車両、船舶、航空機その他の物件である場合も含めて、次により記入する。

　⑴　火元の業態

　　　火元の業態は、別表第2により分類し、業務例示を記入する。

　　　なお、業務例示に掲げる以外の業態については、適宜に業務例示を付して記入する。

　　　〔例示〕　和生菓子製造業　　そば屋　　薬局

　⑵　火元の事業所名

　　　事業所に付された名称を記入する。

　　　〔例示〕　○○株式会社○○支社　　　○○百貨店　　　○○中学校

　　　　　　　○○映画館　　　○○病院　　　○○寺

㋔　火元の用途

　　火元が建物、林野、車両、船舶、航空機及びその他の火災である場合に、次により記入する。

　⑴　「建物」については、別表第1により用途名目を記入する。ただし、建物の用途が、複合するものについては、それぞれの用途名目の頭一文字を記入する。

　　　なお、別表第1にいう「建築物」とは、第1の6の⑴に定める建物と同意義である。

　　　〔例示〕　住宅、店舗、作業場、住・店・作

　⑵　「林野」については、次の例示に準じて記入すること。

　　　〔例示〕　普通林（○○）　　制限林（○○）（制限林とは、法令等によって施業制限を受けるもの）　　原野　　牧野

注　（○○）内には国有、都道府県有、市町村有、私有等と所有区分を記入
する。

(3)　「車両」、「船舶」及び「航空機」については、その使用されている目的を記
入する。

〔例示〕　乗用自動車　　貨物自動車　　貨物列車　　旅客列車　　旅客船
　　　　　貨物船　　タンカー　　漁船　　遊覧船　　住居船　　旅客機
　　　　　貨物専用機　　遊覧機　　自衛隊機

(4)　「その他」については、次の例示に準じて記入すること。

〔例示〕　ネオン塔　　日除け　　門　　塀　　空地の枯れ草　　公園の芝生

(カ)　出火箇所

火災の発生した箇所を具体的に記入する。

〔例示〕　建　物……台所、居室、天井、押入、壁内、床下等
　　　　　林　野……山林、原野等
　　　　　車両・航空機……機関部、運転席、助手席、客席、車（機）体下部、
　　　　　　　　　　　　　トランク等
　　　　　船　舶……機関部、運転席、客席、甲板、船内通路、船倉等
　　　　　その他……道路、河川敷、空地等

(キ)　火災番号（市町村用）

この火災番号は、市町村が火災1件ごとに付する欄である。火災番号は「各市
町村における年ごとの火災の一連番号」を記入するもので、火災番号を付するに
当たっては、原則として、火災発生順に番号を付するものである。

ADVICE！

火災報告の非集計項目について ▬▬▬▬▬▬▬▬▬▬▬▬▬▬▬▬

　火災報告第1号様式（その1）の最上段にあります列番号(ア)～(キ)は、市町村が必要と認め
れば文章で記入することができるもので、火災報告の非集計項目となっていますが、記入要
領は定められており、例示が示されています。

第3　01表の解説

1　火災種別　　▶01表010行⑵

火災の種別

　火災は、次の種別に区分する。この場合において、火災の種別が二以上複合するときは、焼き損害額の大なるものの種別による。ただし、その態様により焼き損害額の大なるものの種別によることが社会通念上適当でないと認められるときはこの限りでない。

⑴　建物火災

　ア　「建物火災」とは、建物又はその収容物が焼損した火災をいう。

　イ　「建物」とは、土地に定着する工作物のうち屋根及び柱若しくは壁を有するもの、観覧のための工作物又は地下若しくは高架の工作物に設けた事務所、店舗、興業場、倉庫その他これらに類する施設をいい、貯蔵槽その他これに類する施設を除く。

　ウ　「収容物」とは、原則として柱、壁等の区画の中心線で囲まれた部分に収容されている物をいう。

⑵　林野火災

　ア　「林野火災」とは、森林、原野又は牧野が焼損した火災をいう。

　イ　「森林」とは、木竹が集団して生育している土地及びその土地の上にある立木竹と、これらの土地以外で木竹の集団的な生育に供される土地をいい、主として農地又は住宅地若しくはこれに準ずる土地として使用される土地及びこれらの上にある立木竹を除く。

　ウ　「原野」とは、雑草、灌木類が自然に生育している土地で人が利用しないものをいう。

　エ　「牧野」とは、主として家畜の放牧又は家畜の飼料若しくは敷料の採取の目的に供される土地（耕地の目的に供される土地を除く。）をいう。

⑶　車両火災

　「車両火災」とは、次に区分する自動車車両、鉄道車両及び被けん引車又はこれらの積載物が焼損した火災をいう。

　ア　「自動車車両」とは、イの鉄道車両以外の車両で、原動機によって運行することができる車両をいう。

　イ　「鉄道車両」とは、鉄道事業法（昭和61年法律第92号）における旅客、貨物の運送を行うための車両又はこれに類する車両をいう。

⑷　船舶火災

　ア　「船舶火災」とは、船舶又はその積載物が焼損した火災をいう。

　イ　「船舶」とは、独行機能を有する帆船、汽船及び端舟並びに独行機能を有し

ない住居船、倉庫船、はしけ等をいう。

(5)　航空機火災

　ア　「航空機火災」とは、航空機又はその積載物が焼損した火災をいう。

　イ　「航空機」とは、人が乗って航空の用に供することができる飛行機、回転翼航空機、滑空機、飛行船等の機器をいう。

(6)　その他の火災

　「その他の火災」とは、(1)から(5)までに掲げる火災以外の火災（空地、田畑、道路、河川敷、ごみ集積場、屋外物品集積場、軌道敷、電柱類等の火災）をいう。

火災種別は次表により記入する。

火災種別区分	火災種別番号
建物火災	1
林野火災	2
車両火災	3
船舶火災	4
航空機火災	5
その他の火災	6

解説
【ＯＫエラー01】　オンラインシステムにおいて、第2表の「(37)～(53)各火災種別ごとの損害額」のうち、最大の火災種別と第1表の「(2)火災種別」が違う場合チェックを入れる。（突合番号001に対応）

(1)　建物火災について

　ここで注意することは、火災報告上の「建物火災」の「建物」の概念が、建築基準法等の他法令の「建物」と違うほか、消防法令での防火対象物は建築基準法上の建築物と同様であると解されていることから、防火対象物の該当の有無でも判断できないということです。

ADVICE！

1　長屋門について

　火災報告上の「建物」は、その最低限度のものを「原則として床面積1.5平方メートル以上のもので、通常人が容易に出入りできる高さを有するものでなければならない。ただし、機能、構造等から、建物として取り扱うことが適当でないものを除く。」としており、唯一具体的に建物であると例示しているのは、門の中の「長屋門」になります。

「長屋門」とは、日本の伝統的な門形式の一つで、江戸時代に多く建てられました。これは、江戸時代の大名が自分の屋敷の周囲に長屋を建て家臣を住まわせていたものが、その一部に門を開いて一棟としたものが始まりであり、住まいではなく門番の部屋や物置などからなる小規模なものもあります。

2　「土地に定着」について

建物の定義のうち、「土地に定着」ということについては「必ずしも物理的に強固に土地に結合された様態のみでなく、本来の用途上、定常的に定着した状態のものも含む。例えば、ブロックの上に固定されずに設置されたスチール製の大型物置等も建物として扱う。」とあります。

3　地下の変電室火災

地下の変電室から発生した火災については、「地下の工作物に設けたその他これらに類する施設に該当するので建物火災である。」とされています。

4　バス待合所火災

道路にあるバス待合所が火災になった場合は「床面積1.5平方メートル以上のもので、通常人が容易に出入りできる高さを有しているものであれば、建物火災として計上する。また、それ以外にあっては、その他〔の〕火災として計上する。」とあります。

5　新築中の建築物からの出火

新築中の木造建築物や防火構造建築物から出火した場合は、「スラブを打ち終わった時点から建物とみなす。例えば、10階建の建物で、スラブ打込みが5階まで完了しているものは、4階までが建物であり、それから上階での出火した場合はその他〔の〕火災となる。」とあります。

6　廃屋等の火災

廃屋や解体中の建物の場合は、建物としての機能が損なわれていると認めるときは、建物として取り扱わず、その他の火災とします。

例えば、解体中でも屋根の一部を取り壊したものの、その部分に防水シートを張り屋根の代わりにしていた場合は、機能が損なわれていないと解釈し建物火災となります。

7　屋上等の設置物の焼損

耐火建物等の屋上や防火構造等の屋根に設置されている水槽、クーリングタワー、ソーラーシステムのみが焼損した場合は、「当該ソーラシステムが屋根の仕上げと同一となっているものについては建物火災、屋根の仕上材の上に単に取付けてあり、取りはずし自由なソーラシステムのみであれば、物干し台等同様その他〔の〕火災として取り扱う。」とあります。

また、屋上に置かれている物置が大きさ等から建物の定義に該当する場合、当該物置から

出火した場合は建物火災になります。

8　車両等を改造して店舗等に利用している場合

　車両、船舶、鉄道の貨車を改造するなどして、店舗や倉庫等に利用している場合（大きさ等が建物の定義に該当する。）は、「土地に定着させていれば建物火災になる。」とあります。

　ここでは車両等が古いものか新しいものかで判断するのではなく、あくまでも建物の定義に該当するかが大切になります。

9　海上の油田発掘等用のやぐらの火災

　海上の油田発掘等の作業を行うやぐらを海面下の地盤に固定して造り、その上に取扱要領の建物に該当する大きさ以上のプレハブの休憩場を設けた場合、①火災となった場合の火災種別、②やぐらが固定されてなく、浮遊防止のワイヤーで固定しただけのものについては、「火災報告でいう建物とは、土地に定着する工作物のうち屋根及び柱若しくは壁を有するものであり、この事例のような水面下の地盤にやぐらを固定した建築物も含むものである。よって、火災種別は建物火災である。なお、浮遊防止のワイヤ等で固定されたやぐらは、可動性が残されており、土地（水面下の地盤を含む。）に対する定着性がないため、これはその他〔の〕火災である。」とあります。

　この例は特異な例ですが、「土地に固定」の解釈では参考になる例だと思います。

10　ビニールハウス火災

　畑などで用いられているビニールハウスは、「軸組を鉄骨又は軽量鉄骨で組み、屋根及び周壁部分にビニールを用いたものは建物とは取り扱わない。屋根及び周壁部分にガラス板を使用したものから火災が発生した場合は建物火災である。それは、ガラス板は恒久性があるが、ビニールは恒久性があるとはいえないので建物とはいえないからである。」とあります。

11　鉄道高架下の商店街について

　鉄道高架下に設けられている商店街は防火対象物と位置付けられています（昭和50年6月16日消防安第65号）。

12　ごみ箱が焼損した場合

　①駅のプラットホーム（屋根と柱のあるY字型のもの）にあるごみ箱が焼損した場合、②ガソリンスタンドの敷地にある洗車場（一面のみ壁及び柱を有し、片流れの屋根がある。）の下にあるごみ箱が焼損した場合は、「①及び②ともその他の火災である。」とあります。

　これは、これらのものは建築面積が算定できないからと解されます。

13　干してあったふとんの焼損について

　①住宅の2階にあるベランダの手すりに干してあったふとんが、たき火の火の粉によって

出火し、ふとんの一部を焼損しました。②また、当該ふとんを部屋の畳上に広げておいたところ数時間後に再度燃え出し、畳及び床の一部を焼損しました。これらの場合の火災種別については「いずれも建物火災とする。」とあります。

　これらの場合、発火源の「たき火の火の粉」や着火物の「ふとん」は一例であり、手すりに干しているなどの状況により判断していることに注意します。

14　屋内と屋外の境界線について

　建物火災に関して、屋内と屋外の境界線はどこでしょう。例えば軒下、差し掛け等については「建築基準法施行令第2条第1項第2号の規定の範囲を屋内とする。すなわち、建物の外壁又はこれに代わる柱の中心線（軒、ひさし、はね出し縁その他これらに類するもので当該中心線から水平距離1メートル以上突き出たものがある場合においては、その端から水平距離1メートル後退した線）で囲まれた水平投影部分を屋内とする。」とあります。

15　建築物用途別分類について

　用途名目の欄にある「小分類8を除く用途名目」は、各分類における下一桁が8のものを除く用途名目を指します。

(2)　収容物について

> **収容物**
> 　「収容物」は原則として柱、壁等の区画の中心線で囲まれた部分に収容されている物をいうこととしており、バルコニー、ベランダ等に置かれた物で建物内に収容されている他のものと一体化しているものは、「収容物」の範囲に含まれる。
> 　しかしながら、ポーチ、ピロテイの下に置かれた物、あるいは、車庫内からはみ出してしまっているような車両等、建物内の収容物と一体化しているとは認められないようなものについては「収容物」に含まれない。

ADVICE！

1　倉庫外の商品の火災について

　倉庫内から荷積みのため連続して屋外に商品が並べてあり、屋外の商品が燃えた場合の扱いは、倉庫（建物）内の収容物と一体化しているものとして建物火災とし、用途は倉庫になります。

2　店舗外にはみ出した商品の火災について

　食料品店の商品（木台、木箱、ダンボール箱等を含む。）が店舗内から道路にはみ出して並べてあり、これらのみが焼損した場合は建物火災になります。これは、建物の収容物とは原則として柱、壁等の区画の中心線で囲まれた部分に収容されている物をいいますが、食料品店の商品のように一部はみ出している物は、収容物として扱う方が妥当であると解されて

いるからであり、建物火災として扱われています。

　なお、はみ出した状態が建物内部の商品等と連続しておらず、明らかに内部と区分された状態で屋外にあり、これが焼損した場合はその他の火災として扱います。

3　車庫外にはみ出した自動車への放火について

　建物の一部を利用した車庫から、一部をはみ出して止めている自動車のみが火災になった場合で、建物内の収容物と一体になっていると認められない場合は、建物火災には該当しません。この場合、車両のみが焼損していれば車両火災ですが、建物にも延焼している場合は、2種類の火災種別が複合していることから、損害額の大きい方と社会通念上の判断が関係してきます。

　また、ここでは、自動車のはみ出しの状況から収容物に当たるかの判断が調査員に必要となってくることから、調査員により判断が異ならないように、事前にどの程度のはみ出しまでなら収容物とするかを定めておくことを勧めます。

　消防本部によっては、車両がおおむね半分はみ出しているか否かにより、収容物とする根拠を示していることもあります。

4　建物内の車両の火災

　建物内に収容されている車両（収容物として扱う車両）から火災が発生し、仮に建物へ延焼しても、これは車両火災から建物火災への延焼火災でなく、この車両は建物の収容物であることから建物火災となります。

　これは、車両だけが焼損しても同様であり、火災報告において、車両の損害額は収容物の損害となり、車両の焼損台数も計上しないことになります。

　この例は、自動二輪車、自転車、車両の機能を有していないもの等あらゆるものが考えられますが、収容物かどうかの判断等は同様になります。

(3)　林野火災について

林野火災
ア　林野火災にいう森林とは、森林法第2条第1項にいう森林と同意義である。森林は次のように分けて考えることができる。
　(ア)　自然林
　(イ)　育林（一定の目的のために木竹を植え込み、補植、枝打、間伐、下刈り等を行って木竹を育生しているもの）
イ　牧野とは、牧野法第2条にいう牧野と同意義である。牧野法が適用されるのは、国有地、公有地又は地方公共団体若しくは農業協同組合にその管理を委託した民有地であるが、これら以外のものであっても、ここにいう牧野の概念に該当するものはこれに含まれる。
ウ　次のものが焼損した場合は、林野火災として取り扱う。

> ㈠　薪、炭等に使用する目的で育生している雑木林
> ㈡　原野以外で雑草、かん木類が生育している山地

ADVICE！

原野の火災

　原野の火災は、林野火災に含まれます。「原野以外で雑草、かん木類が生育している山地」は、原野に該当しない雑草、かん木類が生育している山地も林野火災に該当するということを表しています。

⑷　車両火災について

車両火災

　車両火災の自動車車両にいう「原動機によって運転することができる車両」については、登録の有無は問わないが、児童、生徒向けの玩具用若しくは遊技用又は専ら競技用に供されているものは含まない。

　なお、「被けん引車」とは、原動機によって運行することができる車によって「けん引」させる目的で作られた車をいうが、車両にけん引されているリヤカー、荷車その他の軽車両を含む。

ADVICE！

1　放置車両の火災

　道路脇、空地等に放置されている車両が火災になった場合は、火災発生直前に運行できる状態であれば車両火災となり、出火前にタイヤ、ハンドルがない等、運行不能の状態であればその他の火災として扱いますので、防ぎょ活動中や鎮火後の見分で客観的事実を確認するほか、付近住民、発見者等からの供述を参考にします。

2　転落放置自動車からの出火

　道路から谷底に転落し、引き揚げることなく放置されている自動車から出火した場合でも、転落している状態で、火災発生直前に自動車としての機能があったかで判断します。

3　ナンバープレートなしパワーショベルの火災

　工場内で使用するパワーショベルやナンバープレートのないフォークリフトは、車両登録番号（ナンバープレート）の有無ではなく、いずれも原動機により運行できれば車両火災となります。

4   修理中のトラックからの出火

修理中の車両については、自動車修理工場において大規模な修理のために屋根、エンジンを取り外した状態のトラックの荷台から出火した場合でも、車両火災とします。

5   修理中のドッグ内船舶からの出火

修理のためにドッグに入っている船舶についても車両と同様の考えで船舶火災とします。

なお、造船中のため、ドッグに入っている船舶から出火した場合はその他の火災となりますので、製造中の車両についても同様に解します。

6   オートバイでけん引中のリヤカーの荷物から出火した場合

オートバイでけん引中のリヤカーの荷物から出火した場合は、けん引中であれば車両火災になります。これは、「被けん引車」には原動機によって運行できる車（登録の有無を問わない。）によってけん引される目的で作られた「被けん引車」のほか、車両にけん引されているリヤカー、荷車その他の軽車両が含まれるからです。

したがって、人力により運行している場合及びけん引中でない状態での出火はその他の火災になります。

7   トラックの荷台の廃材等が燃えた場合

トラックの荷台の上に積んであった廃材が燃えた場合、トラックが車両としての機能を有していれば車両火災になります。

8   駅構内にある機関車部門から切り離された貨車のみ焼損した場合

駅構内にある機関車部門から切り離された貨車のみ焼損した場合は、「取扱要領の車両火災の定義は「原動機によって運転することができる車両」となっているが、これは動力以外（人力、畜力）によって運転される車両を排除する意味であり、本問の貨車は、鉄道事業法（昭和61年法律第92号）における旅客・貨物の運送を行うための車両又はこれに類する車両に該当し、車両火災の「鉄道車両」に含まれる。」とあります。

9   電動アシスト自転車について

電動アシスト自転車は、原動機でないので車両火災の車両には該当しません。

10   電気自動車について

近年増加の一途をたどっている電気自動車については、車両火災のうち「自動車車両」の定義に「鉄道車両以外の車両で、原動機によって運行することができる車両をいう。」とあります。

そして、原動機の意味は辞書により「自然界のさまざまな形態のエネルギーを機械的エネルギーに変換する装置の総称」とあります。

　以上のことから、電気自動車は「自動車車両」に該当すると解し、車両火災の区分では自動車登録番号の分類番号の頭文字により「貨物車」「乗用車」「特殊車」に分類されます。

　なお、ゴルフ場の電動カートや障害者等が利用する電動三輪車は車両火災の車両に該当していません。

(5)　その他の火災について

　その他の火災とは、建物、林野、車両、船舶及び航空機の各火災種別に該当しない火災である。具体的には、次に掲げるもの等の火災をいう。
ア　建物の外壁及び屋根等に取り付けてある看板、ネオン塔、広告塔、物干し、日除け及び建物に付属する門又は塀の類
イ　路上広告塔、アーケード、空地の枯草及び立木類

(6)　火災の種別が2種類以上複合する場合について

　火災の種別が2種類以上複合する火災の場合は、火災統計上の必要から焼き損害額の大なるものの火災種別によることを原則としており、調査員が焼き損害額の大なるものの火災種別を選ぶことが社会通念上適当でないと判断した場合は、焼き損害額の大小にかかわらず火災種別を選べることになっています。

ADVICE！

火災種別が複合している場合

　「火災報告上の火災の種別は六つに分けてあるが、火災の実態は千差万別で、車両から出火して建物に延焼したり、枯草から出火して建物に延焼する場合がある。これらは、車両火災と建物火災又は、その他の火災と建物火災のように火災種別が複合している。そこで、統計上の必要から、焼き損害額（火災損害額ではないことに注意）の大きな方の火災種別をその火災の「火災の種別」としたものである。」とあります。

　まず、ここでは「火災損害額」でなく「焼き損害額」であることと、焼き損害額が同額の場合は火元の火災種別によることに注意します。

　さらに、焼き損害額により火災種別を選ぶことが客観的な社会通念の感覚と違うと判断される場合は、焼き損害額の大小によらないことに注意します。

(7)　その他

ADVICE！

1　放火自殺による火災
①　建物の中で灯油をかぶり放火自殺を図った場合
②　建物の中で灯油をかぶり放火自殺を図ったが、建物から屋外へ出て死亡した場合

③　庭で放火自殺を図り建物内に入り死亡した場合

　①は建物に損害はなくても建物火災となります。②は建物にも屋外の物件などにも焼き損害がない場合、火災が発生したのが建物内であることから建物火災となり、この逆に③は屋外において放火自殺を図り建物内に移動して亡くなった場合で、焼き損害がない場合は、その他の火災となります。

2　石油ストーブが異常燃焼を起こした場合

　建物内で石油ストーブが異常燃焼を起こしたため、石油ストーブを屋外に放り出したところ、庭の立木等が焼損した場合は、「火災と認定した時点は屋外であるから（住宅内では異常燃焼）、「その他の火災」として取り扱われる。」とあります。

❷　爆発　▶01表010行(3)

> 爆　発
> (1)　「爆発」は、人の意図に反して発生し又は拡大した爆発現象をいう。
> (2)　「爆発現象」は、化学的変化による爆発の一つの形態であり、急速に進行する化学反応によって多量のガスと熱とを発生し、爆鳴・火炎及び破壊作用を伴う現象をいう。
>
> ---
>
> 　爆発現象により、建物等の損害が発生したが焼き損害がなかった場合「1」を記入する。
> 〔例示〕
> 　プロパンガスが煮物のふきこぼれによりたち消えして室内に滞留し、何らかの原因により引火爆発したことで天井、窓ガラス等が破損したが、建物等の焼き損害はなかった。

　火災扱いをする爆発については、「爆発現象」という定義に該当するものをいいます。

ADVICE！

1　瞬間的な混合ガスの爆発について

　「爆発現象」に該当する瞬間的な混合ガスなどの爆発では、周囲の物件を破壊するほか、燃焼が継続せず消火の必要もない瞬間的な火炎や高熱により、焦げた、すすけた、溶融した等の火災損害の「焼き損害」に該当する場合もあります。この場合も火災扱いする爆発になりますが、01表010行(3)には「1」を記入しないことになります。

　そして、ここで「1」を記入していない場合は、焼損程度のところで焼損区分の焼損番号を記入することになります。

2　爆発燃焼が継続して焼き損害が出た場合

最初に爆発し、爆発の火炎により燃焼が継続して「焼き損害」が出た場合は、「火災」であり、火災扱いする「爆発」ではありません。

しかしながら、このように爆発してから炎上火災になった場合に「爆発火災」と表現されることもあり、火災扱いする「爆発」と混同しやすいことと、「焼き損害」がないものの火災扱いする「爆発」に該当すると判断しがちであることに注意が必要です。

また、まれにですが、火災の延焼中にスプレー缶などが破裂しただけで、爆発若しくは爆発火災と表現する方がいますので、注意しましょう。

3　出火時刻　▶01表010行(4)〜(8)

> 出火時刻
> 　消防機関が火災になったと認定した時刻をいう。
> 　出火時刻が不明の場合、不明箇所すべてに「99」を記入すること。なお、この場合に、9時の「09」と混同しないように注意すること。
>
> 解説
> 【出火時刻不明OKエラー】　オンラインシステムにおいて出火日時分が不明な場合、「日時分不明」、「時分不明」又は「分不明」を選択入力する。

ADVICE！

1　出火時刻の決定について

この出火時刻については、火災の定義に当てはまった時刻であり、安易に決定するのでなく、火災現場の実況見分における焼損状況と火災の発見者、通報者、初期消火者等の供述等から十分考察して、根拠を明確にして推定します。

2　出火時刻の数字の書き方

いずれも消防本部で決めることですが、出火時刻については火災報告では「年」、「月」、「日」、「時」、「分」の数字を入れ、推定する時刻であることから火災調査関係の書類には、令和○○年○月○日○○時○○分頃等と「頃」の文字を入れることを勧めます。

近年は市町村部局において、元号を用いずに西暦で表現されている都市もありますが、火災報告は「令和○○年」と元号を用いていますので、火災調査関係書類においても元号を用いることを勧めます。

また、一桁の数字の場合に、「05時08分」と「0」（零）を入れるか質問されることがあります。

火災報告の出火時刻は、火災報告では、「0」を入れる表になっていますが、火災調査書類に記載するときは、各消防本部の内部規程若しくは消防本部の属する市町村の文書管理に

関する規程等に数字の書き方について示されていることと思いますので、それに基づき記載することになります。仮にそれらの決まりがなければ、火災調査員が迷わないために各消防本部で定めておくことです。

3　無炎燃焼を継続した場合の出火時刻

微小火源等により無炎燃焼を継続した場合の出火時刻は、無炎燃焼から有炎燃焼になった時刻を推定しますが、「無炎燃焼のまま消火された」又は「自然鎮火した」場合は、現場の調査員が現場の状況や関係者の供述内容等から合理的に推定した時刻になります。

推定時刻といっても根拠が必要になりますから、現場に臨場もしていない職員が推定することのないようにしましょう。

4　野焼きの出火時刻

野焼きをしていた際、ほんの僅かな時間たまたま目を離した隙に野焼きの火が拡大したため、通報により消防車が出動して消火した場合の出火時刻は「この場合は、野火実施予定線を越えて拡大し、客観的に消火の必要があると判断するに至った時刻である。」とあります。

5　フライパンの過熱による火災の出火時刻

揚げ物をするため食用油の入ったフライパンをガスこんろにかけ、油温が上がるまでと思いその場を離れて、このことを忘れてそのまま放置したことから、時間の経過とともに火災になった場合の出火時刻は、食用油の入ったフライパンをガスこんろで温め始めた時刻ではなく、その過熱により燃え出し、客観的にこれを消火器具、簡易消火用具等による消火が必要であると判断された時刻になります。

6　出火時刻は必須項目

出火時刻では、「年」と「月」の不明は認めていません。

4　覚知時刻　▶01表010行(9)〜(16)

> 覚知時刻
>
> 　消防機関が火災を覚知した時刻をいうものであり、以下の「入電時刻」又は「指令時刻」を記載すること。なお、指令システム等において、「入電時刻」及び「指令時刻」を自動的に記録している場合は両方について記載すること。

ADVICE！

1　覚知時刻とは

覚知時刻は、消防機関が火災を覚知した時刻をいいますが、消防機関については次のとお

り、いくつかの場所が考えられます。

　ここでいう覚知する消防機関については、消防法第24条に「火災を発見した者は、遅滞なくこれを消防署又は市町村長の指定した場所に通報しなければならない。」という規定があることから、この消防機関は、消防署又は市町村長が指定した場所であり、それには消防本部、消防署、市役所、役場等いくつかの場所が考えられます。

2　消防団員の覚知時刻

　消防職員はもちろんのこと、消防団員が火災を覚知した場合においても覚知時刻は、消防団員が火災を覚知した時刻となります。

3

5　放水開始時刻　▶01表010行(17)〜(24)

放水開始時刻
　火災現場で常備消防隊、消防団が筒先から放水を開始した時刻をいう。
　ただし、放水がない場合は空欄とする。

ADVICE！

1　インパルス銃等での消火

　消防隊がインパルス銃やジェットシューター等で消火した場合も放水に該当し記入しますので、放水開始時刻を記入します。

2　屋内消火栓での消火

　事業所の自衛消防隊が屋内消火栓で消火した場合は、自衛消防隊であり、取扱要領で定義している「常備消防隊、消防団」が放水をしていませんので、放水開始時刻は記入しません。

6　火勢鎮圧時刻　▶01表010行(25)〜(28)

火勢鎮圧時刻
　火勢が消防隊の制ぎょ下に入り、拡大の危険がなくなったと現場の最高指揮者が認定した時刻をいう。
　ただし、放水がない場合は空欄とする。

ADVICE！

1　残火処理時刻ではない

　取扱要領にもあるとおり、火勢鎮圧時刻は、火勢が消防隊の制ぎょ下に入り、拡大の危険

がなくなったと現場最高指揮者が認定した時刻であり、残火処理を行う時刻ではないことに注意します。

2 放水なしの場合

　消防用設備等のスプリンクラー設備や消防隊が消火器で火勢を鎮圧させた場合でも火災報告上では、放水がなければ火勢鎮圧時刻は必要ありません。

3 火勢鎮圧の経緯の記録

　消防用設備等で火勢を鎮圧させた場合に火勢鎮圧時刻が必要ないことは、決まり事であり仕方がありませんが、実務上は、当該火災の火勢鎮圧に至った経緯を残し、以後の火災予防や警防活動に反映させることが必要です。

　一つの方法として、火災調査書類の中の「火災状況見分調書」や「消防用設備等の状況」等に火勢制圧の経緯を記録することです。

　＊「火災状況見分調書」は消防本部により「現場見分調書」等と各様式の名称が違うこともあります。

4 放水の定義

　事業所の従業員が屋内消火栓設備を使用して火勢を鎮圧させても、ここでいう「放水」は、消防隊が火災現場で放水したこととしており、火勢鎮圧時刻は該当しないことになります。

5 インパルス銃等で火勢を鎮圧させた場合

　前記放水開始時刻の項でも説明していますが、消防隊が消火活動に使用する「インパルス銃」「ジェットシューター」で火勢を鎮圧させた場合は、消防隊の放水として放水開始時刻が必要となりますので、火勢鎮圧時刻も記入することになります。

6 消防隊の放水がない場合

　取扱要領上では、消防隊（消防団含む。）の放水がない場合は、火勢鎮圧時刻がないことから、「火勢鎮圧」とは扱わないと解します。

7 鎮火時刻　　▶01表010行㉙〜㉜

> **鎮火時刻**
> 　現場の最高指揮者が再燃のおそれがないと認定した時刻をいう。
>
> > **解説**
> > 【鎮火時刻不明OKエラー】　オンラインシステムにおいて鎮火日時分が不明な場合、「日時分不明」、「時分不明」又は「分不明」を選択入力する。

ADVICE！

1 事後聞知の場合

事後聞知の場合で火災扱いするときは、現場調査員が現場の状況や関係者の供述などから判断して、再燃の危険がなくなったと推定した時刻とします。

推定するといっても根拠が必要になりますから、現場に臨場していない職員が推定することのないようにしましょう。

出火時刻は特殊な例を除き推定になりますが、鎮火時刻は事後聞知という例外のほかは、消防隊が認定した時刻になります。火災調査書類への「鎮火時刻」の記載で「頃」という表現はしていないことが多いと思われますが、事後聞知に限り「頃」と記載する方法もあります。

2 爆発の場合

火災扱いをする爆発の場合は、消防の現場最高指揮者が出火又は再爆発のおそれがないと認定した時刻が鎮火時刻になります。

3

8 覚知方法 ▶01表011行(33)

覚知方法

消防機関が火災を覚知した方法をいい、次表により番号を記入する。

覚知方法区分		覚知方法番号
消防機関側	通報者側	
火災報知専用電話	固定電話※1から（NTT加入電話※2を除く）	1
〃	固定電話※1から（NTT加入電話※2）	2
〃	携帯電話から	3
加入電話	固定電話から	4
〃	携帯電話から	5
警察電話	—	6
駆け付け通報	—	7
事後聞知	—	8
その他	—	9

※1 「固定電話」とは、携帯電話を除く電話のことをいう。

> ※2　「NTT加入電話」とは、NTTの一般公衆網（アナログ・ISDN）に接続され
> た固定電話のことをいう。

ADVICE！

1　消防機関の定義

消防機関には、消防団のほか、消防本部、消防署、市役所、役場等も含まれると解されています。

2　非常通報装置等の覚知区分

社会福祉施設等に設置してある非常通報装置等による覚知方法は、電話回線を介して119番通報されることから、覚知方法区分は、火災報知専用電話になります。

3　警察電話の区分

覚知方法の警察電話による区分は、警察専用電話によるものを示しており、警察からの加入電話で通報（連絡）があった場合の覚知方法は、加入電話になります。

4　事後聞知とは

事後聞知とは、通報方法にかかわらず鎮火後に消防機関が覚知したものです。例えば、火災を起こした当事者が自分で火を消した後に消防機関に通報をした場合、「1　火災報知専用電話」か「8　事後聞知」かは、鎮火時間が通報を受けた時間より後か前かで判断します。

9　初期消火器具　▶01表011行㉞

初期消火器具

　主として使用した器具を次表により番号を記入する。また、火災鎮圧に主として効果があった器具の場合、次表の番号に「50」を加えた番号を記入する。

　ただし、初期消火なしの場合は空欄とする。

初期消火器具区分	初期消火器具番号
水　　バ　ケ　　ツ	11
水　　　　　　　　槽	12
乾　　　燥　　　砂	13
膨張ひる石又は膨張真珠岩	14
水　消　火　器	21

酸 ア ル カ リ 消 火 器	22
強 化 液 消 火 器	23
泡 消 火 器	24
二 酸 化 炭 素 消 火 器	25
粉 末 消 火 器	26
ハ ロ ゲ ン 化 物 消 火 器	27
屋 内 消 火 栓 設 備	31
ス プ リ ン ク ラ ー 設 備	32
水 噴 霧 消 火 設 備	33
泡 消 火 設 備	34
二 酸 化 炭 素 消 火 設 備	35
ハ ロ ゲ ン 化 物 消 火 設 備	36
粉 末 消 火 設 備	37
屋 外 消 火 栓 設 備	38
動 力 消 防 ポ ン プ 設 備	39
水道、浴槽、汲み置き等の水をかけた	41
寝 具、 衣 類 等 を か け た	42
も み 消 し た	43
そ の 他	44

※ここでいう「二酸化炭素消火設備」とは、「二酸化炭素消火設備」以外の「不活性ガス消火設備」を含むものをいう。

〔例示〕 粉末消火器を使用し、初期消火に成功した場合「76」を記入する。

ADVICE !

1 初期消火器具は一つ

　火災報告では、初期消火器具は一つを記入するスペースしかないことから、複数の初期消火器具を使用しても、主として使用した器具一つを選び記入することになります。

2 火災鎮圧に有効だった初期消火器具番号の記入方法

　火災鎮圧に主として効果があった器具の場合は、初期消火器具番号の番号に「50」を加えた番号を記入します。

　そして、この例示として「粉末消火器を使用し、初期消火に成功した場合「76」を記入する。」とありますが、前段の説明では火災鎮圧に効果のあったものとあることから、初期消火に成功しなくても火災の鎮圧に効果があれば「50」を加えることに該当します（火災鎮圧は消防隊の放水による火勢鎮圧と同意義と解されます）。

　　例　初期消火活動に強化液消火器を使用するとともに、寝具をかぶせましたが、強化液消火器「23」よりも寝具をかぶせたことが火災鎮圧に効果が大きかった場合は、寝具、衣

類をかけた「42」に「50」を足し、「92」を記入します。

3   初期消火器具区分には消防用設備も含まれる

初期消火器具区分には器具だけでなく、スプリンクラー設備等の消防用設備等も含まれていますので、現場調査に際して注意します。

4   初期消火なしの場合

初期消火なしは、初期消火活動なしと解し、その場合、当該列番号は空欄となります。このように空欄のまま報告する列番号については、突合に際して注意するか、記入漏れなのではないかチェックすることが必要になります。

5   もみ消したとは

「もみ消した」は、たばこの火などを手や足でもみ消すことを想定しています。

6   その他とは

「その他」はここで分類されていない初期消火の方法を示しており、川に飛び込んで火を消した、なたで火をたたき消したなどの例があります。

10   最寄り消防機関からの距離   ▶01表011行(42)

最寄消防機関からの距離

出火場所から最も近い常備消防機関（署、出張所等）までの距離を記入する。

ただし、出火場所が非常備の市町村の区域内の場合は、記入を要しないものとする。（距離は100mを単位とし、100m未満の端数がある時は、これを四捨五入する。）常備、非常備市町村は次表により記入する。

常備・非常備 市町村区分	常備・非常備 市町村区分番号
常備市町村	1
非常備市町村	2

ADVICE！

1   最寄消防機関

出火場所から最も近い「最寄消防機関」と示していますが、ここでいう消防機関は覚知時刻や覚知方法で説明した消防機関でなく、常備消防機関の消防署、消防出張所等の「常備」のみであることに注意します。

2　敷地の広い事業所等の位置基準の設定

　出火場所から最も近い消防署等への距離を測定する際は、図上で測定する直線距離になると思われますが、出火した対象物が敷地の広い大規模な事業所や学校等の場合は、どこを基準に距離を測るかあらかじめ定めておくことを勧めます。

　例えば、学校の場合は、校門を基準にするか、（校長室等が所在する）本校舎の出入口にするか、出火した校舎の出入口にするのか、出火した校舎等の消防署へ一番近い箇所にするか等を事前に示しておくことです。

　この基準は消防本部によりいろいろ違いますが、消防本部の中で根拠を示し、基準を明確にすることにより、火災調査員が迷わず迅速的確に火災報告を作成することにつながります。

　また、実況見分調書等の火災調査書類の中で当該距離を記載することがあれば、なおのこと基準を明確にしておく必要があります。

3　消防対象物が二つの市町村にまたがっている場合

　消防対象物が二つの市町村にまたがっている場合は、原則として火災発生場所（出火箇所）を管轄している市町村が報告を行うことから、火災発生場所（出火箇所）を起点にして距離を測定することを勧めます。

11　火元―業態　▶01表011行⒅

> 業態（火元の業態）
> 　火元が事業所である場合のほか、火元が事業の用に供する車両、船舶、航空機その他の物件である場合に記入する。記入は、別表第2により分類し、細分類番号を記入する。
> （注）必ず4桁（頭の0も記入）とする。
> 〔例示〕　0111
>
> ---
>
> 別表第2　業態別分類表
> 　業態別分類表の適用に関する通則
> 1　「業態」とは、原則として、事業所において業として行われている事業の態様をいい、教育、宗教、公務、非営利団体等の諸活動を含む。ただし、家庭内における主婦の家事労働は含まない。
> 2　「事業所」とは、工場、店舗、病院、事業所等、1区画を占めて物の生産、販売、又はサービスの提供が業として行われている個々の場所をいう。
> 3　業態別分類は、1事業所ごとに適用する。ただし、事業の用に供する車両、船舶、航空機その他の物件については、事業所に準じて業態別分類を適用する。
> 4　業態が複合する場合の業態の分類方法は、P複合サービス事業の他、次に定め

るところによる。

(1) 1つの事業所において2種以上の異なった事業を兼ねて行っている場合には、出火した場所の業態による。ただし、出火した場所が業態別に区画されていないときは、過去1年の総収入又は総販売額の多い方の業態による。

(2) 季節によって定期的に事業を転換する場合には、火災発生時の業態による。

(3) 販売に伴う軽度の加工、修理等のように主たる事業に付随して行われる事業は、主たる事業に含まれる。

5 業態を分類するに当たっては、まず、大分類（19項目）を判定し、次いで中分類、小分類、細分類（業務例示）の順位で判定する。この場合において、「公務」とは、官公署の行う本来の行政事務をいい、国又は地方公共団体がもっぱら社会公共のために自ら経営する非権力的な事業は公務以外の業態に分類する。

なお、業務例示に該当するものがないときは、類似している事業の業務例示と同じ要領で業務例示をあらたにつける。

ADVICE !

1 別表第2「業態別分類表」の枠囲み注意書について

注意書の「第1号様式の記入に当たっては、細分類欄の番号及び業務例示欄の業務名を記入する。」でいうところの細分類番号は、第1号様式（その1）の「01表011行⒅」に4桁の番号を記入し、業務名は、第1号（その1）の最上段の(ウ)に業務例示欄の業態名を文書で記載するということであり、業務例示に該当する例示がない場合は、適宜例示を付して記載します。

2 業態を記入する場合①

事業所の敷地内（構内）の建物以外の物件から出火した場合でも業態を記入します。

3 業態を記入する場合②

取扱要領では業態の次に用途を選ぶ順になっていますが、建築物用途分類で大分類「居住専用建築物」とその付属建築物、大分類「居住産業併用建築物」の付属建築物以外の建物から出火した場合には、原則として業態が必要になりますので、用途の大分類を選んだ後に業態について検討する方法もあります。

4 業態を記入しない例外

① 事業部分と居住部分が併用されている建築物のうち、おのおの占有者が違う場合に居住部分から出火したとき。

また、占有者が同じであっても、事業部分と居住部分が事実上区画されている場合の居住部分から出火したとき。

② 事業所等の建築物の共用部分、機械室、変電室、ポンプ小屋等で共用のために施設された場所から出火したとき。

③ 事業所の構内であるが、事業が行われている場所以外の公衆便所から出火したとき。

5　業態が複合する場合の取扱い

① 一つの事業所において、2種類以上の事業を行っている場合は、出火箇所で行われている事業の業態を選びますが、複数の事業の場所が区画されていないときは、過去1年間の総収入若しくは総販売額の高い事業の業態を選びます。

② 夏は氷屋を経営し、その他の季節は小型貨物運送業を営む場合など、季節により定期的に事業を転換する場合は、出火時の事業の業態を選びます。

6　その他の留意事項

① 事業の用に使用している車両は、事業を行っていない夜間に駐車場に駐車しているときも、当該車両から出火すれば業態が必要になりますが、休日に事業に使用している車を使用して私的にゴルフに出かけた際に出火した場合は、事業とは無関係であることから、業態は必要ありません。

② 販売に伴う軽度の修理等は、主たる業務に付随していると解されますので、この事業は主たる事業に含めます。

③ 直接販売することを目的として製造している「豆腐店」、「かまぼこ店」等は、小売業に分類しますが、

「(1)　街で見受けられる豆腐屋のように、一般の家庭消費者を対象に販売するための製造は「5796　豆腐・かまぼこ等加工食品小売業」と記入する。

(2)　豆腐を製造していても、百貨店、マーケット、食料品店等に主として卸売りする豆腐の製造は、たとえその一部の豆腐を小売りしていても「0993　豆腐・油揚製造業」と記入する。事業所名のある場合は事業所名も記入する。」とあります。

④ 官公庁の事務のうち、現業のものにあっては、事業の内容により、その業態を選びます。

⑤ 販売に係る業態のうち、「卸売業」は、物品の製造を行わないで、小売業その他の事業所を対象として物品を売る事業をいいます。

「小売業」は、個人用又は家庭消費のために商品を直接売るもの又は産業用使用者に少量の商品を販売する事業をいいます。

「製造業」は、物品を製造して、その物品を卸売する事業をいいます。

⑥ 屋台のおでん屋から出火した場合は、業態は「酒場、ビヤホール」になりますが、屋台であり事業所名がない場合は、事業所名は空欄になります。

⑦ 歩道の「郵便ポスト」から出火した場合は、「郵便局」の業態を選びます。

⑧ 官公庁、会社工場、劇場、遊園地、百貨店などの中にある売店や飲食店は、当該事業所の経営以外のものが経営している場合は、別の独立した事業所として小売業や飲食店に分類されます。

⑨　休業中の建物の場合、休業前と建物の用途、業態、防火対象物の区分を変更をしていなければ、休業前の業態、用途等を選びます。

⑩　空家の建物から出火した場合は、事業は行われていないため業態については該当しませんが、用途にあっては、空家になる前の直近の用途を選びます。

⑪　建築中の建物から出火した場合は、事業が行われていなければ業態については該当しませんが、用途については、建築中の木造建築物や防火構造建築物から出火した場合は、屋根をふき終わった時点から建物とみなして、建物火災とします。

　また、建築中の耐火建築物ではスラブを打ち終わった時点から建物とみなすため、10階建の建物のスラブ打ちが5階まで完了しているものは4階建までが建物であり、その上階から出火し、その部分が焼損した場合はその他の火災となります。このときに4階以下も焼損している場合は、火災種別が二以上複合するときの例によることとなり、建物火災として扱えば用途は必要となります。

⑫　廃屋や解体中の建物の場合は、建物としての機能が損なわれていると認めるときは、建物として取り扱わず、その他の火災となり、業態も用途も必要ありません。

12　火元―用途　▶01表011行⑭

用途（火元の用途）

　火元が建物である場合に、別表第1により小分類番号を記入する。なお、別表第1にいう「建築物」とは、第1の6の⑴に定める建物と同意義である。

（注）必ず3桁（頭の0も記入）とする。

〔例示〕　011

解説
【OKエラー04】　オンラインシステムにおいて、第1表の⑭業態」と「⑭用途」の組み合わせが社会通念上「良し」とされる場合チェックを入れる。（突合番号087に対応）

別表第1　建築物の用途別分類表
　建築物の用途別分類表の適用に関する通則
1　「建築物の用途」とは、建築物が占用されている目的をいう。
2　この表における用語の意義は、それぞれ次に定めるところによる。
⑴　「住宅」とは、一般世帯が入居するものをいう。
⑵　「共同住宅」とは、一般世帯が2世帯以上それぞれ独立して生活を営むことができるように隔壁で区画されており、かつ、共用部分のあるものをいう。
⑶　「寄宿舎」とは、1人で独立して家計を維持する者の集まりが居住する建築物で、個々の炊事施設を有しないものをいう。

　(4)　「事務所」とは、机上事務又はこれに類する事務が行われているものをいい、会議室、受付室、タイプ室、守衛室、小使室、銀行の窓口部分その他これらに類するものを含む。

　(5)　「店舗」とは、卸売、小売その他商品を直接取り扱って取引が行われているものをいう。

　(6)　「工場」とは、機械又は設備により物の製造、改造、加工、修理、洗浄、選別、包装等の作業が行われているもので、比較的規模が大きく機械化の程度の高いものをいう。

　(7)　「作業場」とは、機械又は器具等を使用して物の製造、改造、加工、修理、洗浄、選別、包装等の作業が行われているもので、比較的規模が小さく機械化の程度の低いものをいう。

　(8)　「倉庫」とは、商品、製品、原料、材料その他事業に関係のある物品を保管又は貯蔵するものをいう。

　(9)　「納屋」とは、農器具、肥料、農産物その他農業に関係のある物品を収納するものをいう。

　(10)　「物置」とは、家庭生活に関係のある物品を収納するものをいう。

　(11)　「置場」とは、物品を置くだけのもので、通常壁面が開放となっているものをいう。

　(12)　「車庫」とは、車両又はこれに類するものを格納するものをいい、飛行機格納庫、艇庫その他これらに類するものを含む。

　(13)　「養畜舎」とは、家畜、その他の鳥類、獣類若しくはは（爬）虫類を飼育し、又はこれらを入れておくものをいう。

　3　建築物の用途を分類する単位は、1棟ごととする。

　4　建築物の用途を分類するに当たっては、原則として、まず、居住専用、居住産業併用、産業用の大分類を判定し、次いで中分類については、その棟が属する構の用途によって判定し、小分類については、その用途によって判定する。ただし、居住専用建築物又は病院、診療所若しくは学校の類については、他の産業用の建築物と同一の構内にあっても、それぞれ居住専用建築物又は産業用建築物の特殊対象建築物へ分類する。

建築物用途別分類〔略〕

ADVICE！

1　「第1の6の(1)に定める建物」について

　取扱要領「用途（火元の用途）」の説明にある「第1の6の(1)に定める建物」とは、火災種別［▶ p.11］の建物火災に該当する建物を示しています。

2   建築物の用途について

火元の建築物が占有されている目的をいいます。

この占有は、本来の占有目的であり、一時的な占有（使用）目的、付随的な占有目的は、本来の占有目的に含めます。

例   専用住宅や共同住宅の居間において、日中、洋裁や人形の加工等をしていますが、夜間は片付けて居間として、そこで就寝している場合は、便宜上、一時的に居間を使用して加工等をしているものであることから、専用住宅若しくは共同住宅の居間として分類します。

事業所の大会議室で、従業員教育のため映画の上映、体育館や公会堂を利用して映画を上映している場合は、一時的に映画を上映しているものであり、映画館の用途ではなく、それぞれの用途に分類します。

3   建物の用途分類について

建物の用途分類の単位は1棟であり、「建築物の用途別分類表」の大分類にある次の三つに分類されます。

(1)   居住専用建築物

専ら居住の用に供する建築物

(2)   居住産業併用建築物

居住部分と事業部分とが結合した建築物で、その延面積の20パーセント以上を居住部分が占めている建築物

(3)   産業用建築物

事業部分のみの建築物及び居住部分と事業部分とが結合してはいるものの、居住部分がその延面積の20パーセントに満たない建築物

4   長屋住宅について

長屋住宅とは、共同住宅と同様に一般の世帯が2世帯以上独立して生活できるように隔壁で区画されていますが、共同住宅と違い、廊下、階段、通路等の共用部分のないものをいい、用途は住宅となります。

5   下宿について

下宿の場合、宿泊料を受けて営業しているものは、住居部分との比率（20パーセント以上か否か）により、中分類を分類して、小分類「247」若しくは小分類「082」に分類しますが、素人下宿は個人住宅と実態は同じであることから住宅に分類します。

6   寄宿舎について

寄宿舎は、学校や会社が学生や従業員等を集団的に居住させている施設で、主として単身者が居住するものをいい、宿泊料の有無は問わないで、大分類「居住専用建築物」、中分類「準

住宅」、小分類「寄宿舎（121）」に分類します。

7　取扱要領の火元の用途について

　消防法施行令上の従属部分とみなし、単一用途として取り扱われる用途は、取扱要領の火元の用途とは違うことに注意します。取扱要領の用途は、1棟を単位に、大分類、中分類、小分類の順に分類します。

8　消防法施行令第8条の区画の単位について

　消防法施行令第8条の規定で区画されていても、取扱要領の用途は1棟を単位に分類します。

9　中分類21から24までの複合建築物

　中分類の21から24までが複合する建築物は、中分類の29から小分類を選びます。

10　季節で占有目的が違う建築物の場合

　季節により占有の目的が違う建築物は、出火時に占有されている目的の用途で分類します。

11　空家の業態について

　事業が行われている場所（構内）における空家については、それが空家となる直前、その場所で行われている事業の施設であり、かつ、居住専用建築物及び居住産業併用建築物の付属建築物でない限り、その構内で行われている事業の業態を適用します。

12　建築中の建物の用途

　建築中の建物は、例えば共同住宅として建築中であれば、建物火災として取り扱う屋根がふき終わっていれば用途も選ぶことになりますので、共同住宅の用途を選びます。

13　空家の用途分類

　空家の場合は、以前使用されていた用途に分類しますが、使用はされていないものの、売却がされていれば、売却後の用途に分類します。

　　例　共同住宅だったものが空家となっていたところ、事業者が当該事業に使用する目的で共同住宅を購入した場合、当該事業への使用前であっても当該事業の用途に分類します。この場合、事業は行われていないので業態と防火対象物の区分は記入しません。

14　「その付属別むね建築物」の分類

　中分類の01から07までには、「その付属別むね建築物」とあり、08の特殊建築物には「その付属別むね建築物」がないことから、08の特殊対象建築物の付属の別棟建築物に該当する場合は、小分類「089」のその他の建築物の名目を選ぶことになります。

15　車両等の用途について

火元が建物以外の車両、船舶、航空機、林野、その他についても火災報告第1号様式（その1）の最上段にあります「火災報告非集計項目」の㈩に具体的な用途を記載します。

13　火元─防火対象物等の区分　▶01表011行㊿

防火対象物等の区分

ア　消防法施行令（昭和36年政令第37号）別表第1に掲げる対象物を次の区分番号により記入する。

防火対象物の区分		防火対象物の指定区分番号
(1)	イ	11
(1)	ロ	12
(2)	イ	13
(2)	ロ	14
(2)	ハ	49
(2)	ニ	50
(3)	イ	15
(3)	ロ	16
(4)		17
(5)	イ	18
(5)	ロ	19
(6)	イ	21
(6)	ロ	51
(6)	ハ	22
(6)	ニ	23
(7)		24
(8)		25
(9)	イ	26
(9)	ロ	27
(10)		28
(11)		29
(12)	イ	31
(12)	ロ	32
(13)	イ	33
(13)	ロ	34
(14)		35
(15) 官公署		36

⒂	事　務　所	37
⒂	そ　の　他	38
	⒃　　イ	39
	⒃　　ロ	41
（16の2）	指定地下街	42
（16の2）	その他の地下街	43
（16の3）		44
	⒄	45
	⒅	46
	⒆	47
	⒇	48

（注）　㋐　15項の防火対象物が官公署、事務所等に分かれている場合は、その主たる部分の番号を記入する。

　　　　㋑　16の2項の「指定地下街」とは、消防長若しくは消防署長又は市町村長が消防法第8条の2の規定により指定したものをいう。

　イ　車両火災の区分

　　車両火災の場合、次のとおり区分し、次表により記入する。

　㋐　鉄道車両

　　　〔例示〕　普通鉄道、地下鉄、モノレール、案内軌条式鉄道、ケーブルカー、ロープウェー、トロリーバス

　㋑　貨物車

　　　自動車登録規則及び道路運送車両法施行規則に定める自動車登録番号の分類番号の頭文字が1・4・6のものをいう。

　㋒　乗用車

　　　自動車登録規則及び道路運送車両法施行規則に定める自動車登録番号の分類番号の頭文字が2・3・5・7のものをいう。

　㋓　特殊車

　　　自動車登録規則及び道路運送車両法施行規則に定める自動車登録番号の分類番号の頭文字が0・8・9のものをいう。

　㋔　二輪車

　　　道路運送車両法に定める原動機付自転車及び同法施行規則に定める二輪自動車に該当するものをいう。

　㋕　その他

　　　㋐～㋔に該当しないものをいう。

車両火災の区分	区分番号
鉄道車両	62

貨物車	63
乗用車	64
特殊車	65
二輪車	66
その他	67

　ウ　船舶火災

　　船舶火災を次のとおり区分し、次表により記入する。

　㋐　客船

　　　客船（13人以上の旅客定員を有する船舶）、貨客船（13人以上の旅客定員を有し、かつ貨物の運送をあわせてする船舶）及び自動車航送船（船舶により自動車並びに人及び物を合わせて運送する船舶）をいう。

　㋑　貨物船

　　　貨物船（貨物の運送に従事する船舶）、専用船（特定の種類の貨物の運送に適した構造を有する船舶）及び油送船（油類の運送に従事する船舶）をいう。

　㋒　漁船

　　　漁船法に定める船舶をいう。

　㋓　プレジャーボート

　　　専らスポーツ又はレクリエーションに用いられるヨット、モーターボート等の船舶をいう。

　㋔　その他

　　　㋐～㋓に分類されないものをいう。

船舶火災の区分	区分番号
客船	80
貨物船	81
漁船	82
プレジャーボート	83
その他	84

　防火対象物の区分のうち、建築物については、消防法施行令別表第1の各項を根拠にしており、それぞれの区分の定義についても同様になります。

　取扱要領の区分は、消防法第17条に該当するものだけでなく、取扱要領における建物火災の建物に該当する建築物（工作物）全てを区分します。

14　出火箇所　▶01表011行�51

> 出火箇所
> 　出火箇所は火災の発生した箇所（推定できる場合も含む。）を別表第7により分類番号を記入する。
>
> ---
>
> 　別表第7　出火箇所分類表
> 　　出火箇所分類表の適用に関する通則
> 1　「出火箇所」とは、火災の発生した箇所である。
> 2　この表における用語の意義は、それぞれ次に定めるところによる。
> ⑴　「主として建物火災に適用するもの」とは、建物の内部（建物内に収容されているものを含む。）及び建物に付設してある工作物等から出火した火災について適用する。したがって、建物に付設してある工作物からの出火の場合は、当該工作物の付設されている建物の箇所（部分）、位置別の分類に従い記入するものとする。
> ⑵　「主として林野火災に適用するもの」及び「主として車両・船舶・航空機火災に適用するもの」並びに「その他」とは、それぞれ火災の発生した箇所の火災種別により分類する。
> ⑶　「共用部分」とは、不特定のものが比較的多数利用する箇所をいい、居住専用建築物、産業用建築物にこだわらない。
> ⑷　「位置別」とは、占用されている目的によって区分されない屋根裏、壁内等をいう。
>
> 出火箇所分類
>
> | 大 分 類 | 中 分 類 | 小 分 類 | 番　号 | 説　明　事　項 |
> |---|---|---|---|---|
> | 〔略〕 | 〔略〕 | 〔略〕 | 〔略〕 | 〔略〕 |

ADVICE！

1　分類方法

　出火箇所は、取扱要領「別表第7　出火箇所分類表」の「大分類」、「中分類」と分類し、「中分類」の中の「小分類」から該当する「番号」と「説明事項」から内容を選び、火災報告には小分類の4桁の番号のみ記入します。

2　出火箇所不明の場合

　出火箇所不明の場合は、4桁の「9999」を記入します。

3   1件の火災の原則

　出火箇所の判定については、「第1   4   火災件数の取扱いについて」の「ADVICE」[▶ p.7]で説明している「1件の火災の原則等」等に留意します。

4   大分類から選択の原則

① 　小分類に「その他」や「外周部」のように同一の用語が複数ある場合は、「大分類」の火災種別で選びます（原則のとおり、大分類から選べば間違いはなくなります。）。

② 　出火箇所は、取扱要領「別表第6   火災報告突合表」で確認すると、火災種別にかかわらず選ぶことができますが、「別表第7   出火箇所分類表   2(2)」には「それぞれ火災の発生した箇所の火災種別により分類する。」とあります。取扱要領の各種別表では分類が分かれているものは、いずれも大分類から中分類、小分類と分類して選ぶことを原則としていることと、前述のように、「その他」、「外周部」のように複数ある同一用語の場合も、大分類の火災種別から選ぶことが原則です。

　ですが、大分類に「主として…」とあるとおり、火災調査員が必要と認めれば他の分類から選ぶことができるものと解されます。

　また、この突合表の変更を確認しますと、以前は火災種別から出火箇所を選び「OKエラーもありえる」とされていたものが、その部分は削除され、今は、火災種別によらなくてもエラーにならなくなりました。しかし、エラーにならないからなんでもよいのではなく、前述の「それぞれの火災の発生した箇所の火災種別により分類する。」という通則が変更されていないことからも、大分類から中分類、小分類を選んでいくことが原則であり、必要と認めるときに他の分類から選ぶことになると解されます。

5   小分類からの選択

　小分類にそのものズバリの文言（広告塔、郵便ポスト等）がある場合は、その小分類を選んでもエラーになりません。火災報告では、選んでいないと読み取れないということからも、必要と認めるときは火災種別は考慮せずに、他の大分類、中分類からも分類できると解されます。

15   出火原因   ▶01表011行(52)～(54)

> 出火原因
> 　出火原因は次のとおり区分し、それぞれについて別表第3により分類番号を記入する。
>
> 　　　　別表第3   1表　発火源
> 　　　　別表第3   2表　経　過
> 　　　　別表第3   3表　着火物

〔例示〕　都市ガスこんろで煮物をしていたが、来客のためその場を離れていた間に、掛けてあった「ふきん」が落ちてこんろの火に触れて着火し、さらに付近のカーテンに燃え広がった。

(52) 出火原因		(53)	(54)
発　火　源		経　過	着　火　物
54		58	60
2　1　0　1		4　2	2　5　4

なお、出火原因が「不明（調査中を含む。）」の場合は「9」を1桁記入する。

(52) 出火原因		(53)	(54)
発　火　源		経　過	着　火　物
54		58	60
9		9	9

ADVICE！

出火原因の構成

　出火原因は、取扱要領「別表第3　出火原因分類表」のとおり、次の三つから成り立っており、出火原因欄にはこの分類の番号のみ記入します。

①発火源　出火に直接関係するか、それ自体が発火し出火させたもので、別表第3の1表から分類します。

②経　過　火災に至る現象、状態、行為について、別表第3の2表から分類します。

③着火物　発火源が最初に着火したものを別表第3の3表から分類します。

　出火原因といいますと、放火、たばこ、こんろ、火遊び等と表現することを思い浮かべますが、取扱要領上の出火原因は、発火源、経過、着火物になります。

　ただし、住民に対する火災予防広報に関しては、消防白書の出火原因の項で分類している火災四半期報関係（火災報告取扱要領の解説④）の出火原因の区分での分類を従来どおり活用して、具体的な表現で、分かりやすく広報する必要があります。

●出火原因の区分

　発火源、経過、着火物の出火原因を区分するときは、取扱要領別表第3で全ての火災を区分することになります。しかし、次の例のように発火源で分類するものと、経過で分類するものがありますので注意が必要です。

〔例〕

別表第3	内　容	小　分　類
1表　発火源	たばこ	「4201」
	こんろ	「1101」「1127」「1206」「1209」「2101」「2102」「2201」「2202」「2203」「2302」「2402」「2501」「2526」「3101」「3201」「3301」「4306」
	ストーブ	「1102」「1103」「1104」「2103」「2104」「2105」「2204」「2205」「2206」「2502」「2503」「2504」「2602」「2603」「2604」「3202」「3402」「4310」
	排気管	「4314」「5105」
2表　経過	火遊び	「93」
	放火	「91」

●出火原因の中の「発火源」、「経過」、「着火物」の判定例

事　　例	発火源	経　過	着火物
プロパンガスこんろのパイプの結合部から漏れたプロパンガスが、電気冷蔵庫のリレーの火花によって引火して火災となった場合	「1313」電気冷蔵庫	「26」引火する	「225」液化石油ガス（プロパンガス）
通行人がたばこの吸い殻を投棄したところ、道路脇の空地の枯草に着火した場合	「4201」たばこ	「64」不適当なところに捨て置く	「311」枯草
電気釜の電源コードが短絡してコードの被覆が燃え出して畳に延焼した場合	「1508」器具付きコード	「12」電線が短絡する	「131」畳
夕食に鶏の唐揚を揚げるため、プロパンガステーブルのこんろを点火させ、フライパンに植物油を入れてかけた。来客のためその場を離れて隣	「2202」ガステーブル（液化石油ガス）	植物油の入ったフライパンをガステーブルのこんろにかけたことを忘れていた場合「65」	「237」動植物油類

室で客と話をしていると、時間の経過とともにこんろにかけられたフライパン内の油温が上昇し出火した場合	放置する・忘れる	
	当該行為を忘れないで客と話をしていた場合「38」過熱する	

16　出火原因―発火源　▶01表011行⒄

　出火原因の中の発火源は、取扱要領「別表第3　1表　発火源」により、「大分類」、「中分類」、「小分類」の順に選択し、小分類の分類番号を火災報告に記入します。

ADVICE！

1　小分類に該当する発火源が認められない場合

　小分類に該当する発火源の内容が認められない場合は、大分類と中分類を選び、小分類は下2桁が「99」のその他を選びます。

　そして、火災調査書類などに内容を記載する必要がある場合は、「その他」とせず、具体的な名称を記載します。これは、実務において、当該火災の発火源を確認する必要がある際に、「その他」という記載では分かりにくく、統計を取る際や火災予防広報に際しての資料とするのに、火災調査書類を再読しなければならないことになるからです。

2　モーターが発火源の場合

　中分類「14　電気装置」の小分類「1402　モーター」が発火源の場合において、当該モーターが洗濯機の部品である場合は、中分類「13　電気機器」の「1314　電気洗濯機」を選びます。

　このように、電気機器の部品として使用されているモーターやコンデンサーなどが発火源となった場合は、当該電気機器を選ぶことになります。

3　発火源が不明若しくは調査中の場合

　発火源が不明若しくは調査中の場合は、4桁の「0009」ではなく、「9」の1桁を記入します。

4　発火源を小分類から選択した場合

　発火源を小分類から選ぶと、中分類「22　液化石油ガスを用いる移動可能な道具」の「2202　ガステーブル」が該当しているのに、「ガステーブル」だけが頭の中にあり、中分類「21　都市ガスを用いる移動可能な道具」の「2102　ガステーブル」を選んでしまうような単純ミスをしてしまうこともあります。

5 　ライターで新聞紙に火をつけた場合

　ライターで新聞紙に火をつけ、他の可燃物に火を放った場合、発火源は「4109 　火のついた紙」になりますが、助燃焼材として他の可燃物の上に新聞紙を置いて、新聞紙にライターで火をつけた場合の発火源は「4203 　ライター」になります。

6 　発火源がマッチかライターに判定できない場合

　発火源が小分類のマッチかライターに判定できない場合の大分類は、「マッチ又はライターと判定できるのであれば、発火源の大分類は火種（それ自身発火しているもの）の「4」、中分類はたばことマッチの「42」、小分類はその他のたばことマッチの「4299」となる。」とされています。

　この場合、発火源は「マッチかライター」なのに小分類の「その他のたばことマッチ」と内容と意味が違うと感じます。ですが、これはあくまでも小分類のその他の内容であり、火災報告では当該小分類の番号を記入し、火災調査書類には番号のほかに、小分類の内容でなく「マッチ又はライター」等と具体的に記載することを勧めます。

7 　マッチによる放火の場合

　火のついた線香にマッチを載せて置き、その上に新聞紙を載せて数分後に出火させ放火した場合の発火源は、マッチがなくても出火した場合は「4102 　線香」であり、マッチがなければ出火しないと認められる場合は「4202 　マッチ」を選びます。

8 　漏電の場合

　漏電でモルタルラスが熱せられて木ずりから出火した場合の発火源は、高温体の「1701 　モルタルラス」になり、経過は「11 　漏電」、着火物は木ずりの「121」となります。

9 　電源コードからの出火の場合

　電気ポットの電源コード内の線が短絡していたため、コードの被覆が燃えだして畳に燃え広がった場合、発火源は「1508 　器具付きコード」、経過は「12 　電線が短絡する」、着火物は「131 　畳」ということになります。

10 　小分類・電気ストーブの場合

　別表第3には「1102 　電気ストーブ・火鉢（開放式）」、「1103 　電気ストーブ・火鉢（半密閉式）」、「1104 　電気ストーブ・火鉢（密閉式）」がありますが、それぞれ吸排気方式により区分されています。なお、吸排気方式は石油ストーブ又はガスストーブに用いられるのが一般的となっています。

| 開放式 | 自然通気型 | 燃焼筒の自然通気により燃焼に必要な空気を室内から取り入れ、燃焼排ガスをそのまま室内に排出するもの |

	強制通気型	送風機の通気力により燃焼に必要な空気を取り入れ、燃焼排ガスをそのまま室内に排出するもの
半密閉式	強制通気型	送風機と排気筒の通気力により燃焼に必要な空気を室内から取り入れ、燃焼排ガスを排気筒から排出するもの
	強制排気型（FE式）	燃焼に必要な空気を室内から取り入れ、排風機を用いて燃焼排ガスを排気筒から強制的に排出するもの
密閉式	強制給排気型（FF式）	給排気筒を屋外に出し、送風機等により強制的に給排気を行うもの

　電気ストーブには機器により大小がありますが、一般的に小型・軽量化されているものが多いこと、また、電気ストーブにおける排気筒の設置は考えにくいことを踏まえて「移動可能な電熱器」に区分されています。給排気筒がなければ、開放式と考えられます。

11　排気（ガス）が発火源の場合

　排気ガスは一般的に考えると二酸化炭素、窒素酸化物等の混成ガスであると考えられますが、この場合の排気ガスがどの物質なのか、また、どのような状態から発火源とされたかで判断します。例えば、排気ガスに火の粉が含まれていて、それによって着火したのであれば「43　火の粉」の中のどれかになると思われます。また、排気ガスが大気中に放出された状態で、そのものが発火源になるほど高温であったということであれば、該当するものがないため「9999　その他」になると思われます。

12　屋内配線とコードの違い

　「1506　屋内配線」は、屋内において固定して使用する電線をいいますが、電気機械器具内の配線等は含みません。

　「1507　コード」は、設備及び器具に付随しないテーブルタップやコードコネクタで接続したコードです。

13　屋外線とは

　「1510　屋外線」は、送電線や引込線など火災報告取扱要領ハンドブックに例示がない屋外にある配線を示しています。

14　接地線とアース

　「1511　接地線」はアースと同じです。

15　延長コードの受口部分が発火源の場合

　「1606　テーブルタップ」になります。

16　建物の埋込式コンセントが発火源の場合

「1609　接続器（その他）」になります。

17　ガスこんろとガステーブルの違い

「2101　ガスこんろ」は1口のガスバーナーで移動可能なもの、「2102　ガステーブル」は2口以上のガスバーナーで常時設置して使用するもの（魚焼きグリル付きのもの含む。）となります。

17　出火原因—経過　　▶01表011行(53)

出火原因の中の経過は、発火源が火災に至る直前の経過を「現象」、「状態」、「行為」に分けて考察し、取扱要領「別表第3　2表　経過」により、「中分類」、「小分類」の順に選択し、小分類の分類番号を火災報告に記入します。

なお、別表第3の2表には「大分類」の欄はありますが、内容がないため分類しません。

ADVICE!

1　経過の考察について

経過は「発火源」、「着火物」と違い、火災現場において物的証拠としてそのもの自体を確認できないことから、関係者の供述に頼りがちです。しかし、出火建物の施錠の状況や助燃材の状況から「放火」という経過が考察されるほか、ガスこんろの火力調整ツマミ、ガス栓の状況などから使用放置が考察されるなど、火災現場の客観的事実が経過を考察する上で重要になることもあります。

2　子供が花火をしていた場合

子供が花火をしていた場合において、普通に花火をしていて落下した花火で出火した場合の経過は、中分類「4　火源あるいは着火物が運動により接触する」の小分類「47　火源が転倒落下する」を選びますが、子供が花火の火薬をほぐすなどして遊んでいるうちに出火した場合は、中分類「9　その他」「93　火遊び」を選びます。

また、花火を用いて放火した場合は、中分類「9　その他」の「91　放火」になります（子供でも放火の意思があれば「放火」の経過を選びます。）。

3　経過が不明（調査中）の場合

経過が不明（調査中）の場合は、2桁の「09」ではなく、「9」の1桁を記入します。

4　小分類に該当する内容がない場合

中分類を選んだものの、小分類に該当する内容がない場合は、小分類の下1桁が「9　その他」を選び中分類の番号に「9」を合わせた数字を火災報告に記入します。

　そして、火災調査書類などに内容を記載する場合は、前記発火源と同様に具体的な経過を記載します。

5　過熱防止装置付きガステーブルからの火災

　ガステーブルで、動植物油を鍋に入れ加熱している状態で一定の温度を超えれば、出火します。過熱しないよう気をつけて火力を調整すればよいのですが、見ていても加熱しすぎてしまい出火すること、又はその場を離れてしまい過熱して出火することがあると思います。これらの場合、それぞれ「38　過熱する」又は「65　放置する、忘れる」になるかと思います。このことを踏まえると、過熱防止装置付きガステーブルでグリルが二つあり、片方のみに過熱防止装置が付いていて、過熱防止装置が付いていないグリルでてんぷら油火災が生じたときは、上記の他「63　考え違いにより使用を誤る」又は「66　本来の用途以外の不適の用に用いる」になるかと思います。

　基本的には、事案ごとに現場での見分と原因判定に基づいてご報告いただければと思います。

●経過の各分類の説明と事例等

小分類	内　　容	説　　　　　　　明
中分類「0」		
09	不明	小分類「09」は経過が調査中のものと不明の場合に選びますが、火災報告への記入は「9」の1桁のみです。
中分類「1」電気的の原因で発熱する		
10	半断線により発熱する	配線コードやケーブルの素線が一部断線したり、平行線の片側が断線したことにより、許容電流が不足して、その部分で発熱して出火した場合に選びます。 断線の原因は問いません。
11	漏電（地絡）する	ここでは、漏電と地絡があります。 ①漏電は、電流が漏電して電流路以外の部分が発熱して出火させた場合に選びます。漏電が考えられる現場では、漏電点、出火箇所（発熱し出火した箇所）、接地点を中心に見分することが重要になります。 ②地絡は、プラス側が直接大地と短絡した場合と、他の電路を介して大地へ短絡し出火した場合に選びます。
12	電線が短絡する	電線が短絡して出火した場合に選びますが、電圧側と接地側が直接接する場合と他の導体を介して結ばれた場合、層間短絡などがあります。

小分類	内　　容	説　　　　　　　　明
13	電線が混触する	電圧や電気系統の異なる回路が接触して、過電圧などにより発熱して出火する場合に選びます。人為的に誤配線した場合は、中分類「6　使用方法が不良に基づく」の中から、その行為について該当するものを選びます。
14	過多の電流を流す	電気機器等に過電流が流れて、出火した場合に選びます。
15	スパークする	電気配線のプラス側がマイナス側以外に触れて、その部分でスパークした（火花が出た）ことにより出火した場合や、モーターのブラシやスイッチ（接点）でのスパーク、アーク放電等により出火した場合に選びます。 また、短絡に際し短絡痕は認められないものの、短絡時のスパークにより出火した場合にも選びます。
16	金属の接触部が過熱する	電気配線や電気機器の端子と配線の接触部が緩むことにより、接触抵抗により過熱して出火した場合に選びます。 また、接続部が緩むだけでなく、接続不良により過熱し出火した場合も選びます。
17	静電スパークが飛ぶ	静電気が放電して発生したスパークにより出火した場合に選びます。
18	絶縁劣化による発熱	絶縁物が経年劣化や水分等の影響により、絶縁が低下して発熱し、出火した場合に選びます。
19	その他	中分類「1　電気的の原因で発熱する」のうち、小分類「10」～「18」に該当しない経過の場合に選びます。
中分類「2」化学的の原因で発熱する		
21	爆発する	ここでの爆発は、都市ガス等が漏えいしているところで何らかの火源により引火して爆発したものではなく、爆薬、火薬などの爆発性物質が衝撃などで爆発し出火した場合に選びます。前記の場合などは「26　引火する」を選びます。
22	反応が急激に起こる	化学反応が急激に起こり、発火した場合に選びます。あくまでもそのものが発火した場合であり、化学反応で可燃性蒸気が発生し何らかの火源で引火した場合は、「26　引火する」の経過になります。
23	異物が混入して発熱する	化学薬品等の中に本来入れるべきではない物が混入したことにより、発熱反応を起こして発火した場合に選びます。
24	ガス管などが噴出	ガス管などから漏えいしたガスが何らかの火源により出火し

小分類	内　　容	説　　　　　明
	する	た場合に選びます。火源が特定でき、その火源により引火した場合は「26　引火する」の経過になります。
25	スパークによる引火	引火性の気体や液体が、電気に関するスパークや放電により引火した場合に選びます。
26	引火する	液体や固体から発生する可燃性蒸気やガスが、何らかの火源により引火した場合に選びます。火源には「25　スパークによる引火」にある電気に起因するスパークは除きます。 都市ガスが漏えいしているところで何らかの火源により引火して爆発したときに、化学反応で可燃性蒸気が発生し何らかの火源で引火した場合、ガス管などから漏えいしたガスが、火源が特定でき、その火源により引火した場合は、それぞれ「26　引火する」の経過になります。
27	自然発火する	自然発火したものを選ぶもので、化学変化や分解が急激なものか時間を要したものかは問いません。
28	薬品類が互いに混触する	複数の薬品類が混触（混合や接触）して、それらが発火した場合に選びます。
29	その他	
中分類「3」熱的の原因で発火する		
31	可燃物が沸騰したり溢れでる	着火物となる可燃性液体等の可燃物が、沸騰により溢れ出たり、容器から溢れ出して着火した場合に選びます。
32	消したはずのものが再燃する	消火行為をして消したと思ったものから出火したものを選びます。 住民の消火行為、自衛消防隊等の消火行為のほか、消防隊の消火活動も含みます。
33	余熱で発火する	ある程度の時間を経過したが熱が冷めず、そのものが発火した場合に選びます。自然発火することもある物質の場合は、出火当時に熱が残っていた、つまり余熱があれば、本小分類を選びます。
34	摩擦により発熱する	摩擦により発熱して出火したものを選びます。
35	輻射を受けて発火する	ストーブの側にあった布団がその放射熱で着火した場合のように、発火源と着火物に距離があり、発火源の放射熱で着火物が着火した場合に選びます。

3

小分類	内　　容	説　　　　　　　　　明
36	高温物が触れる	高温物が着火物に直接触れた場合に選びます。 ここでいう高温物は、炎を出していないものであり、高温の気体は含みません。
37	伝導過熱する(1)	発火源と着火物の間に不燃性のものを介しているものの、発火源の炎や熱が着火物に伝わり出火したものを選びます。 これは、調理場でのガスこんろの炎による熱が遮熱材等を介して、その内側の木材等を着火させる火災に該当します。
38	過熱する	発火源により着火物が過熱され出火した場合に選びます。 ガスこんろ火災で、フライを揚げるためフライパンの油を熱している途中、その場を離れ、油を熱していることを忘れて、ほかのことをしていた場合は「65　放置する、忘れる」の経過を選びますが、油を熱していることを忘れていなければ、その場を離れても、この「38」を選びます。
39	その他	

中分類「4」火源あるいは着火物が運動により接触する

小分類	内　　容	説　　　　　　　　　明
41	可燃物が火源の上に転倒落下する	可燃物が距離のある発火源の上に落下して出火した場合に選びます。 落下や倒れたりすることは、自然（物理的）に落下するか、人が関わり（意図的でない）落下させるかは問いません。
42	可燃物が動いて火源に触れる	可燃物が距離のある発火源に触れて出火した場合に選びます。 可燃物が接触するときに自然（物理的）に接触するか、人が関わり（意図的でない）接触させるかは問いません。 ガスこんろに点火したところ、てんぷら鍋の中の油に着火しましたが、天ぷら鍋が傾いていて中の油がこぼれたためと分かった場合、この「42」を選びます。
43	容器から火種がこぼれる	容器や器具等を使用中に、その容器等から火種がこぼれ出て、着火物（可燃物）に着火させた場合に選びます。
44	炭火がはねる高温の飛沫が飛ぶ	ここでは、「炭火がはねる」と「高温の飛沫が飛ぶ」の2通りあります。 ①「炭火がはねる」は、木炭を器具等で使用中に、何らかの原因で炭火がはねて着火物（可燃物）に着火させた場合に選びます。 ②「高温の飛沫が飛ぶ」は、高温の液体等から何らかの原因

小分類	内　　容	説　　　　　　明
		でその飛沫が飛び、付近にあった着火物（可燃物）に着火させた場合に選びます。
45	火の粉が散る遠くへ飛火する	ここでは、「火の粉が散る」と「遠くへ飛び火する」の2通りあります。 ①「火の粉が散る」は、器具等を使用して焼却していたところ、火の粉が飛んだり散ったりして、着火物（可燃物）に着火させた場合に選びます。 ②「遠くへ飛び火する」は、各種燃焼現象において発生した火の粉が遠くへ飛んで着火物（可燃物）に着火させた場合に選びます。
46	火花が飛ぶ	機械器具等を使用中に発生した火花が飛び、着火物（可燃物）に着火させた場合に選びます。
47	火源が転倒落下する	発火源が距離のある着火物（可燃物）の上に落下して出火した場合に選びます。 発火源が落下や倒れたりすることは、自然（物理的）に落下するか、人が関わり（意図的でない）落下させるかは問いません。 本小分類は「41　可燃物が火源の上に転倒落下する」のと逆で、発火源が落下するものです。
48	火源が動いて接触する	発火源が距離のある着火物（可燃物）に触れて出火した場合に選びます。 発火源が接触するときに自然（物理的）に接触するか、人が関わり（意図的でない）接触させるかは問いません。
49	その他	
中分類「5」器具機械の材質や構造の不良に基づく		
51	火源が破損腐食する	ここでは、「火源が破損する」と「火源が腐食する」の2通りあります。 ①「火源が破損する」は、発火源の器具機械が破損して着火物（可燃物）に着火した場合に選びます。 ②「火源が腐食する」は、発火源の器具機械が腐食して形が崩れたことで、着火物（可燃物）に着火した場合に選びます。
52	機械が故障を起こす	発火源となる器具機械が故障したため出火した場合に選びます。

小分類	内　　容	説　　　　　　明
53	構造不完全デザイン不良	器具機械等が製作時の構造や接続等が不完全な場合や、設計と違うデザインや材質の違う部品等を使ったために出火した場合に選びます。
54	材質が不良である	器具機械等の材質が、本来は不燃材を用いなければいけないところを可燃性の材料であったために出火するなど、材質が不良であると認められる場合に選びます。
55	塗料が悪い	器具機械に使用されている塗料がその部分に合わないものを用いるなど、塗料の材質等が悪く出火したと認められる場合に選びます。
56	火源が漏洩する	使用している器具機械等から発火源となる火源が、何らかの原因で漏洩し出火した場合に選びます。
57	着火物が漏洩する	使用している器具機械等の燃料等の着火物（可燃物）が、何らかの原因で漏洩し出火した場合に選びます。 ここでは、「56　火源が漏洩する」のと逆で、着火物が漏洩するものです。
58	容器（着火物用）が破損腐食する	ここでは、「容器が破損する」と「容器が腐食する」があります。 ①「容器が破損する」は、着火物（可燃物）を収容した容器が破損して着火物（可燃物）が漏洩して出火した場合に選びます。 ②「容器が腐食する」は、着火物（可燃物）を収容した容器が腐食して形が崩れたことで、着火物（可燃物）が漏洩して出火した場合に選びます。
59	その他	
中分類「6」使用方法が不良に基づく		
60	意図なしにスイッチが入る	器具機械のスイッチが意図なしに入ってしまい、着火物（可燃物）に着火し出火した場合に選びます。 器具機械のスイッチが入るときに自然（物理的）に入るか、人が意図せずに誤ってスイッチを入れたかは問いません。
61	機械の調整が適当でない	器具機械の調整が適正でなかったため、当該器具機械が発火源となり出火した場合に選びます。
62	かまど等の火を燃しすぎる	かまどで火を燃しすぎて出火した場合に選びます。
63	考え違いにより使	発火源となる可能性がある器具機械の操作を、通常と違う使

小分類	内　　容	説　　　　　明
	用を誤る	い方や考え違いで使用して出火した場合に選びます。 例えば、電気アイロンを使用中のAが用事を思い出し、スイッチを切ってその場を離れました。そこにBが通りかかり、アイロンのスイッチが入っていると勘違いして、逆にスイッチを入れてしまい、その場を立ち去ったために時間の経過で出火した場合の経過は、この「63」を選びます。
64	不適当なところに捨て置く	発火源となる可能性があるものを捨ててはいけないところに置いていたり、捨てたために出火した場合に選びます。 通行人がたばこの吸いさし（消していない）を道路脇の空地の枯草の上に投棄した際に、枯草に着火した火災等で選びます。
65	放置する、忘れる	発火源となる可能性のある器具機械を使用中に、そのまま放置するか、使用していることを忘れたために出火した場合に選びます。 放置や忘れることは時間の長さではなく、出火に起因する程度の時間ということになります。 夕食用に鶏の唐揚を揚げるため、ガスこんろに植物油を入れたフライパンを載せ、点火しました。来客のためその場を離れて隣室で客と話をしている際に、植物油の入ったフライパンをこんろにかけたことを忘れたため、時間の経過とともにフライパン内の油温が上昇し出火した場合等で選びます。
66	本来の用途以外の不適の用に用いる	発火源となる可能性がある器具機械をその使用用途や、使用目的以外の方法で使用したため出火した場合に選びます。 電気ストーブをこたつの中に入れて使用していたところ、こたつ布団に着火して出火した場合等に選びます。
67	残り火の処置が不充分(2)	容器等に入っていない裸火を完全消火せずにそのまま放置したため、再び燃え上がり出火した場合に選びます。
68	器具を可燃物と共に可燃物の中にしまいこむ	発火源となる可能性のある器具を着火物(可燃物)とともに、可燃物の中にしまい込んだため、出火した場合に選びます。
69	その他	
中分類「7」主に交通機関に起こる事故		
71	衝突により発火	車両（電車・船舶・航空機も含む。）同士の衝突や車両等が他の建物、工作物等に衝突した際に発火して出火した場合に

3

小分類	内　容	説　　　　明
		選びます。
72	墜落により発火	航空機等の飛行しているものが地上に墜落して出火した場合に選びます。
73	逆火	車両等の内燃機関の逆火により出火した場合に選びます。また、ガスの溶接器等の逆火により出火した場合も交通機関ではありませんが、本小分類に該当します。
79	その他	
中分類「8」天災地変による		
81	地震のために家が倒れる	地震に起因して家屋が倒れて出火した場合に選びます。
82	風のために家が倒れる	台風の強風や竜巻等の風の現象に起因して家屋が倒れて出火した場合に選びます。
83	水害で薬品に火がつき発火	自然災害の水害で水の侵入に起因して薬品から出火した場合に選びます。
84	落雷する	落雷に起因して出火した場合に選びます。 落雷は直撃雷・側激雷・誘導雷・進入雷に分類されますが、発火源の分類では①直撃雷と②間接雷（側激雷・誘導雷・進入雷）の2種類に分かれています。 ①　直撃雷とは、直接構造物に雷が落ちることをいいます。 ②-1　側激雷とは、直撃雷の周囲で起こる放電で、雷の主放電路から分かれた放電路による場合と、樹木などに落雷し付近の人や物に再放電する場合があります。 　これは、雷のときに高い樹木の下にいると被害にあうといわれているものです。 ②-2　誘導雷とは、電撃の一つで、落雷や雲間放電によって雷雲底部の負電荷が中和されることにより、地上に帯電していた正電荷が地面に向かって放電するものです。 ②-3　進入雷（侵入雷）とは、送電線などに落雷した場合に電線などを通じて雷の電流が建物の内部に入り放電するものです。
89	その他	
中分類「9」その他		
91	放火	放火の意図が認められる場合又は放火と判定できる状況証拠資料が認められる場合に選びます。

小分類	内　　容	説　　　　　　　明
		14歳未満の行為者でも放火の意思があれば「放火」として扱います。 〔状況証拠資料の例〕 　・出火点に放火の発火源や燃焼を促進するもの等が認められる。 　・放火でなければ出火しないと認められる。 　・火災の前に窃盗の痕跡が認められる。
92	放火の疑い	他の発火源は否定され、放火以外は考えられないが、状況証拠資料がない場合に選びます。 「放火の疑い」は、「放火により出火した疑いがあること」と勘違いされることがあります。これは、状況証拠もあり、「放火」により出火した可能性が高く、<u>本来は「放火」に分類するものであるが</u>、その時点では断定できずに、「放火の疑いがあります」などと、「疑い」という言葉を付けて表現していますと、この経過を選んでしまう間違いが起きることがあります。 この「92　放火の疑い」は、<u>状況証拠が全くない場合である</u>ことに注意します。
93	火遊び	14歳未満の火遊びと認められる場合に選びます。 14歳以上については、その現象・状態・行為について考察します。 〔例〕　マッチを大量に燃やしていたところ、その意図に反して付近の枯草等に着火して拡大した場合は、「66　本来の用途以外の不適の用に用いる」となりますが、マッチを大量に燃やしていたところ、付近の引火性液体の可燃性蒸気に引火した場合は、「26　引火する」になり、大量のマッチを発火源として、放火する意思があれば「91　放火」になります。
94	放火、火遊び以外で無意識に火をつける	「放火」「火遊び」が故意に火をつけることに対して、「無意識」に火をつけることです。自然発火、再燃、天災等を除き、放火、火遊びその他着火する行為自体は人間が意識的に行っているものに対して、ライター等の有炎火等を用いて無意識に着火物に着火させたと認められる場合に選びます。
99	その他	

(注)(1)　煙突等で所定の熱遮断をしたものについて
　　(2)　使用時のまま位置にあるもの

18 出火原因—着火物   ▶01表011行⑸

　出火原因の中の着火物は、原則として発火源が最初に着火したものを、取扱要領「別表第3　3表　着火物」により、「大分類」、「中分類」、「小分類」の順に選択し、小分類の分類番号を火災報告に記入します。

ADVICE！

1　配線からの出火例

　発火源の中分類「15　電灯電話等の配線」の各種配線からの出火で、焼損物件が配線のみの場合、着火物は「192　電線被類」を選びますが、出火した配線から他の着火物に着火した場合は、それを着火物とします。

　例としては、「137　カーペット」、「176　カーテン」や「252　衣類」など配線の直近にある着火物（可燃物）が考えられます。

2　その他を選ぶ場合

　その他を選ぶ場合は、大分類「9」、中分類「99」を選んで、小分類の「999」を記入します。そして、火災調査書類などに内容を記載する場合は、具体的な名称を記載します。

　例えば、建築物内の収容物ですが、小分類にその内容が認められない場合は、大分類「2」、中分類「29」、小分類「299　その他」を選びます。

3　着火物が不明の場合

　着火物が不明（調査中）の場合は、大分類「0」、中分類「00」、小分類「009　不明」を選びますが、3桁の「009」ではなく、「9」のみ1桁を記入します。

4　発火源がそのまま着火物になる場合

　着火物は、発火源がそのまま着火物になる場合があり、このときに着火物の小分類に該当するものがなければその他を選びます。

　例えば、作業場に置かれたモーターから出火し、モーターのみが焼損した場合、モーターは大分類「車両」の中分類「自動車」の「414」と「電車等」の「424」にありますが、本事例のモーターは、建築物内の収容物であることから、大分類は「2」、中分類が「29」、小分類は「299」になり、具体的な名称が必要な場合は、「モーター」となります。

5　着火物の内容が複数ある場合

　着火物は、前記のモーターのように同じものが複数ある場合があります。

　このような場合は、原則のとおり、大分類、中分類と順に選んでから小分類を選ぶことになります。

　例えば「紙屑」では建物内にある紙屑ならば「282」になり、その他の火災に該当する屋外に野積みされた紙屑であれば「324」を選びます。

6　選択順の例外

　着火物は原則として、「大分類」、「中分類」、「小分類」と順に選びますが、着火物が建物内に収容されている椅子などのように、大分類「1　建築物・建具」、中分類「17　家具調度」の中に「椅子」といった具体的な内容がある場合は、大分類にかかわらず「172　椅子、ソファー」を選び、大分類「2　建築物内収容物」からは選択しません。

7　発火源から延焼した場合

　テレビのスイッチを入れたところ故障していたトランスから出火した場合、テレビのみの焼損であれば、着火物は「999　その他」になりますが、テレビから最初にカーテンへ延焼すれば、着火物は「176　カーテン」を選びます。

　このように、発火源のみの焼損の場合と発火源から着火物（可燃物）に延焼した場合では、着火物が違うことになりますので注意します。

3

19　気象状況—風向　▶01表011行�56

風向

　　風向は、次表により記入する。

風　向　区　分	風向番号
無　風　状　態	11
北	12
北　北　　東	13
北　　　　東	14
東　北　　東	15
東	16
東　南　　東	17
南　　　　東	18
南　南　　東	19
南	21
南　南　　西	22
南　　　　西	23
西　南　　西	24
西	25
西　北　　西	26
北　　　　西	27
北　北　　西	28
風　向　不　明	99

ADVICE !

風向について ━━━━━━━━━━━━━━━

　本来は出火した時点の風向を記入します。しかし、出火時分は火災原因調査の段階で諸種の状況から判断し推定するものであり、また、風向については数分の間にそれ程変化するものではないので、火災を覚知したときの当該消防機関又は最寄りの公共機関等の風向計により観測したものとします。

　気象状況は出火時刻の気象状況であり、風向は覚知時刻でも可とされます。しかし、事後聞知のときなどは、覚知時刻でなく、推定した出火時刻にしないと説明がつきません。また、分単位で風向、風速を残していない場合は、最寄りの時間のものにすることも上記の質疑応答から説明がつきます。

20　火元建物のり災前の状況―住宅防火対策　▶01表012行⑺⑹～⑼⑵

消防用設備等の設置状況・住宅防火対策

ア　消防用設備等の設置状況

　⑺⑹　消火器具

　⑺⑺　屋内消火栓設備

　⑺⑻　スプリンクラー設備

　⑺⑼　水噴霧・泡・二酸化炭素・ハロゲン化物・粉末消火設備

　⑻⑽　屋外消火栓設備

　⑻⑴　動力消防ポンプ設備

　⑻⑵　自動火災報知設備

　⑻⑶　漏電火災警報器

　⑻⑷　非常警報器具・非常警報設備

　⑻⑸　避難器具

　⑻⑹　誘導灯・誘導標識

　⑻⑺　消防用水

　⑻⑻　連結送水管

　⑻⑼　排煙設備

　⑼⑽　連結散水設備

　⑼⑴　非常コンセント設備

　⑼⑵　無線通信補助設備

※⑺⑼ここでいう「二酸化炭素」とは、「二酸化炭素消火設備」以外の「不活性ガス消火設備」を含むものをいう。

　　以上の各設備については、防火対象物が消防法第17条第1項に該当する場合、

各消防設備の設置状況について、次表により記入すること。

ただし、該当しない場合は空欄とする。

	設置状況	使用の状況	区分番号
政令による設置対象（10条～29条の3）	有	有	1
		無	2
	無		3
政令による設置対象外	有	有	4
		無	5
特殊消防設備等（設備等設置維持計画による設置）	有	有	6
		無	7
必要とされる防火安全性能を有する消防の用に供する設備等	有	有	8
		無	9

イ　住宅防火対策

⒃　住宅用消火器

⒅　住宅用スプリンクラー設備

⒆　簡易消火具

⒇　住宅用自動消火装置

(81)　住宅用火災警報器

(82)　住宅用自動火災報知設備

(89)　寝具類

(90)　衣服類

(91)　カーテン・布製ブラインド

(92)　じゅうたん等

上記の住宅用防災機器の設置状況は、専用住宅、共同住宅の住戸部分及び併用住宅の住宅部分から出火した火災について、次表により記入すること。

ただし、該当しない場合は空欄とする。なお、(89)～(92)の防炎物品の場合は出火室について記入する。

(81)住宅用火災警報器		
設置状況	作動の状況	区分番号
有	有	1
	無（維持管理不適・故障）	2
	無（その他）・不明	3
無		4
不明	（設置の有無が判明しないもの）	5

（注） 1 法令基準どおり設置されていたが、未設置場所からの出火であったため作動しなかった場合においては、設置状況は「有」とし、作動の状況は「無（その他）・不明」とすること。

2 住警器の電池が抜かれている等維持管理が不適の状態であっても、住警器が感知できる区域の外で火災が発生している場合の作動の状況は「無（その他）・不明」とすること。

3 住警器が法令どおりでなく、一部にだけ設置されている場合の設置状況（例：寝室A設置有り・寝室B設置無し等）については、設置状況は「無」とすること。

⑺～⑻、⒀～⒁の住宅防火対策		区分番号
設置区分	使用の区分	
有	有	6
	無	7

参考
・住宅防火対策の推進について（平成3年消防予第46号消防庁長官）

ADVICE !

1 該当しない場合

該当しない場合とは、具体例を挙げることは困難ですが、あくまで消防法第17条第1項に該当する建物の住戸から出火した場合にあてはまらないという意味で解釈します。

2 設置区分、使用の区分の項目について

⒀寝具～⒁じゅうたん等について設置区分、使用の区分の項目がありますが、設置区分が「有」で使用の区分が「無」の場合も考えられます。例として、高層建築物において防炎仕様のじゅうたんを使用しなければならない中で（設置区分「有」）、防炎仕様のものを使用していない（使用の区分「無」）などの例があります。

第4 02表の解説

1 出火階数 ▶02表010行(1)、(2)

> 出火階数
>
> 　火元が建物である場合に、当該火災の出火した部分の階数を該当する欄に記入する。ただし、不明の場合は空欄とする。

ADVICE！

1 階数に含まれない場所から出火の場合

　階数は建築基準法施行令により判断することとなりますが、屋上部分の階段室等階数に含まれない場合は、直近の階数とするなど、消防本部において火災報告上の原則を決めておく必要があります。これは、火災調査書類では、「屋上部分の階段室約○○平方メートル焼損」等と具体的に記載すると思われますが、火災報告では統計上の理由から、階数のみを記入することになるためです。

2 出火階数不明の場合

　出火階数が不明の場合の空欄はありますが、(1)と(2)の双方に記入があることはありません。

3 死者が発生した火災の場合

　死者が発生した火災の場合は、「死者の調査表」07表012行(62)、(63)にも火元建物の出火階数が必要になります。

2 焼損程度（火元建物の損害状況） ▶02表010行(3)

> 焼損程度（火元建物の損害状況）
>
> 　焼損の程度は、次のとおり区分し、次表により記入する。なお、01表(3)「爆発」欄が「1」の場合は空欄とする。
>
> ア　全焼
>
> 　　建物の焼き損害額が火災前の建物の評価額の70パーセント以上のもの又はこれ未満であっても残存部分に補修を加えて再使用できないものをいう。
>
> イ　半焼
>
> 　　建物の焼き損害額が火災前の建物の評価額の20パーセント以上のもので全焼に該当しないものをいう。
>
> ウ　部分焼
>
> 　　建物の焼き損害額が火災前の建物の評価額の20パーセント未満のものでぼやに

　該当しないものをいう。
エ　ぼや
　　建物の焼き損害額が火災前の建物の評価額の10パーセント未満であり焼損床面積が1平方メートル未満のもの、建物の焼き損害額が火災前の建物の評価額の10パーセント未満であり焼損表面積が1平方メートル未満のもの、又は収容物のみ焼損したものをいう。

焼 損 区 分	焼損番号
全　　　　焼	1
半　　　　焼	2
部　分　焼	3
ぼ　　　や	4

ADVICE！

1　焼損程度の対象

　焼損程度は、建物の総評価額に対する「焼き損害額」であって、火災損害額ではありません。というのは火災損害額の中には、焼き損害額のほか、消火損害額、爆発損害額が含まれているからです。

　なお、火災損害には、焼き損害、消火損害、爆発損害、人的損害がありますが、人的損害は損害額を計上するものではないので、焼損程度とり災程度の対象にはなりません。

2　焼き損害での「すすけ」の扱い

　焼損程度は「建物の焼き損害」を対象にしていますので、「焼き損害」の定義について確認しますと、取扱要領では「焼き損害とは、火災によって焼けた物及び熱によって破損した物等の損害をいう。」とあり、取扱要領の解説では「焼き損害とは、火災の火炎、高熱等によって焼けた、こわれた、すすけた、変質したもの等の損害をいう。」とあります。

　この違いについては、取扱要領の解説には「すすけ」も焼き損害に含まれるとありますので、焼損程度を区分する上では、取扱要領の解説の説明を基に「すすけ」は含まれるものと解します。

　例えば、大規模な倉庫において、収容物が若干焼損したものの、焼損した収容物から著しい黒煙が出て建物内全体がすすけてしまった場合も、この「すすけ」を焼き損害として損害額を算定しますが、損害額の関係から、部分焼、半焼、全焼になることもあり、実態と違ってしまうことになるような場合は、現場調査員の判断による場合もあります。

　ただし、「すすけ」は焼損面積の算定に際しての「焼損したことによりその機能が失われた」ことには該当しないと解されます。

マイスターからひと言

焼損程度に係る報道対応について　［QUESTION89➡ p.221］

　この焼損程度については、報道機関へ説明するときに苦労することがあります。

　例えば、共同住宅の1室が焼損し、火災報告上の焼損程度が部分焼の場合、報道機関へ説明するときに、「共同住宅が部分焼になりました」と説明しても理解してもらえません。ここで、火災報告について延々と説明するのもどうかと思いますので、例えば「共同住宅の1室が焼損しました」、「共同住宅の1室が全焼しました」などの説明になるのではないでしょうか。

　専用住宅が焼損した場合においては、焼損程度には損害額が関係してきますので、すぐには焼損程度について区分できないと説明するか、客観的事実の木造2階建、建築面積約何平方メートル、延べ面積約何平方メートルの住宅の約何平方メートルが焼損しました、と説明しても報道関係者から理解は得られません。このようなときも社会通念上理解されると思われる「住宅が1棟全焼しました」、「約何平方メートルの住宅が1棟全焼（半焼）しました」などと説明することになるのではないでしょうか。

　そして、後で火災報告の焼損程度を区分した際に、報道へは「半焼」と説明していたものが「全焼」になっても、火災の直後は速報であったからと説明がつきますので、火災直後の市民や報道への説明は、火災報告の焼損程度に捉われることなく、分かりやすい表現で説明することが必要になります。

　なお、この報道機関への焼損程度等の説明（情報提供）では、同じ火災現場であることから、捜査機関と連携を密にして、建物構造、面積、全焼・半焼等について同じ内容になるようにすることが必要であり、それにより消防機関の報道対応が社会的に信頼されることにつながります。

　また、消防本部によっては、焼損程度について、焼損面積の割合と建物の評価額に対する割合に差がほとんどない等の理由から、焼き損害額を考慮しないで建物の焼損した部分の割合により焼損程度を区分していることもありますが、統計的に検討してこれらに差がなく説明もつけば、これも一つの方法であると考えています。

3　火元建物の焼損床面積　▶02表010行⑷

火元建物の焼損床面積

　建物の焼損が立体的に及んだ場合は、焼損したことによって機能が失われた部分の床面積を算出し、平方メートルで記入する。ただし、01表⑶「爆発」欄が「1」の場合空欄とする。

（注）機能が失われた部分の床面積とは、その空間の床又は天井とその空間を構成している表面との2面以上の焼損があった表面で囲まれる部分の床面積をいう。

4   火元建物の焼損表面積   ▶02表010行(5)

> **火元建物の焼損表面積**
> 　建物の焼損が部分的である場合（立体的に焼損が及ばなかった場合）、例えば内壁、天井、床板等部分的なものを内壁何平方メートルと算出し、平方メートルで記入する。ただし、01表(3)「爆発」欄が「1」の場合空欄とする。

ADVICE！

①   焼損床面積について

　建物の焼損が立体的に及んだ場合（その部分の機能が失われた場合）は、その部分を床面積の算定要領（水平投影面積）で算定します。これが焼損床面積であり、小数点以下は四捨五入して平方メートルで表します。建物は立体的なものであり、建物としての機能を有していますが、焼損したことによってその機能が失われた部分の床面積を焼損床面積として計上するものです。

　機能が失われた部分の床面積は、その空間の床又は天井とその空間を構成している表面との2面以上の焼損があった表面で囲まれる部分の床又は天井から水平投影した床面積をいいます。

　また、水平投影に接する焼損部分は立体の構成部分として包含します。

1   「床面積」は「床の面積」とは異なる

　床面積は、床の面積とは異なるもので、建築基準法施行令でいうように「壁その他区画の中心線で囲まれた部分の水平投影面積」をいいます。

　この床面積と床の面積を混同すると、全焼した木造建築物の床がコンクリートのたたきであったり、あるいは土間である場合には、その床が燃えないから焼損床面積がないということになり、不都合が生じます。

　逆に、木製の床や畳などの床のみが表面的に焼損していて、床が焼損している場合に、床の表面積を計上しなければいけないものを焼損床面積として計上していることがあります。注意しましょう。

2   収容物と壁体のみ焼損した場合

　収容物と壁体のみ焼損した場合は、部分的な焼損で立体的に及んでいることにならないことから、焼損床面積として計上せずに、焼損表面積を計上することになります。よって、焼損物件としては収容物の品名と数量と焼損表面積になります。

　また、収容物と床部分の床だけが焼損している現場も同様で、焼損物件として収容物と焼損表面積を計上することになります。

　火災報告では焼損表面積のみ計上となるため、収容物については、実況見分調書に現場の客観的事実としてそのことを記載します。火災報告ではその品名や数量は必要ではありませ

んが、損害額を算定して計上するうえで必要になります。

3　車寄せの床面積の算定

　自動車の雨よけのために玄関等に設けてある壁のない部分（車寄せ）やポーチは、建物としての占有面積を有しないことから、建物の床面積から除外されます。

4　天井からの燃え下がりの場合

　天井からの燃え下がりの場合は、天井面と壁面が焼損しているものの収容物等が焼損していない場合であっても、燃え下がりが壁面の高さとの割合により焼損床面積としている消防本部もあります。これは、そのように取り扱う根拠や合理性、統一性について明確に説明することができれば、消防本部の考えとして、調査員が迷わないよう具体的にその運用を定めておくことも一つの方法ではないでしょうか。

5　収容物のみ焼損した場合

　収容物のみ焼損した場合は、焼損程度はぼやになり、火災報告では損害額を計上しますが、その数量等は報告しません。

　しかし、火災調査書類の中では損害額の算出の根拠となるほか、火災調査書類の実況見分調書等に焼損の事実を記録することからも必要となりますので、詳細に調査しなければなりません。

6　焼損面積の焼損とは

　焼損面積の焼損とは焼き損害のことであり、火災損害ではなく、つまり、火災によって焼けた物及び熱によって破損した物等のことです。

　煙によるすすけは焼き損害に含まれるものの、その部分の機能が失われないこともあるので、その場合は、焼損が立体的に及んだ場合とは解せないことから、すすけのみでは焼損面積の算定に含まれないこともあります。現場の状況により調査員が判断する必要があると解されます。

　この煙のすすけについては、焼き損害としないことを運用で明確に定めている消防本部もあります。

7　四捨五入の表記

　焼損床面積は、1平方メートル以下は四捨五入して平方メートルで表します。火災報告では「建築面積」、「延面積」の各面積についても小数点以下は受け付けないので、それぞれの面積について四捨五入します。

② 焼損表面積について

　焼損表面積については、建物の焼損が部分的であり、立体的に焼損が及ばなかった場合、例えば内壁、天井、床板等で、その表面的な一部分のみが焼損したものを平方メートルで表します。

1　焼損表面積で特に注意すること

① 収容物が壁体に沿って床面から天井面まで置かれており、その収容物と天井面が焼損した場合は、壁体は焼損していないものの、その収容物がなければ壁体は焼損しているとみなし、天井と壁体の2面とその立体としての構成部分が焼損していることから、焼損床面積として、当該面積を計上することです。

② 壁体と天井の2面の焼損がイコール焼損床面積でないということです。焼損床面積は焼損が立体的に及んでいること、つまり、立体としての構成部分が焼損してその機能が失われていることが原則にあるということです。

　例えば、耐火建築物の階段室が、出火室の玄関ドア上部の隙間から延焼し、ドア上部の壁体と天井面のみが焼き損害を受けた場合は、立体的に焼損が及んでいないことから、焼損表面積で計上することになります（別図参照）。

別図　壁体と天井の2面焼損しているが焼損表面積で計上する例

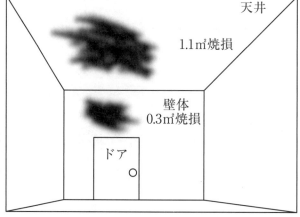

2　窓が焼損している場合

　建物の外壁と窓が焼損している場合は、窓部分については外壁に含み焼損表面積として算定します。

3　四捨五入の誤差について

①　焼損表面積は、それぞれ該当する部分を足して四捨五入して焼損表面積として計上しますが、火災調査書類への記入はそれぞれの表面積を四捨五入して記入する方法があります。

　しかし、この場合、火災報告の数字と火災調査書類の数字が違ってきますので、火災統計作業に際してこのことに留意しなければなりません。

　例えば、内壁面0.3平方メートル、天井面1.1平方メートル焼損した場合は、火災報告の焼損表面積は、0.3＋1.1＝1.4で、四捨五入して1平方メートルとなります。

　また、焼損表面積は四捨五入して計上することから、焼損表面積0.5平方メートルの火災と焼損表面積1.4平方メートルの火災はいずれも「焼損表面積1平方メートル」になりますが、焼損程度は「ぼや」と「部分焼」になることに注意します。

②　焼損床面積、焼損表面積は前述のとおり、火災報告では小数点以下を受け付けないことから四捨五入して計上しますので、火災報告等の統計上の数字と整合性を取るため、火災調査書類も同様に四捨五入した面積を記載する場合は、約○○平方メートルと「約」と記載する方法もあります。

＞マイスターからひと言

　火災調査書類の記入例

　　天井面が1.1平方メートルで壁体が0.3平方メートル焼損している場合は、火災調査書類には階段室内の天井面1平方メートル及び壁体面若干（0.3では四捨五入すればゼロになりますので若干としています。）と表現しています。

5　延焼による焼損棟数　　▶02表010行(6)〜(10)

延焼による焼損棟数

　次により記入する。ただし、01表(3)「爆発」欄が「1」の場合空欄とする。

　（焼損棟数の算定方法）

ア　「焼損棟数」とは、焼損した建物の棟数をいう。

イ　「棟」とは、一つの独立した建物をいう。ただし、渡り廊下の類で二以上の棟に接続しているものは、その部分を折半してそれぞれの棟と同一の棟とする。焼損の程度の区分については、(3)と同じである。

ADVICE！

1　焼損棟数に計上される建物

　焼損棟数に計上される建物は、焼き損害を受けた建物であり、火災損害を受けた建物ではありません。つまり、消火損害（水損等を受けた建物）、爆発損害の建物は、この焼損棟数には計上されないということです。

2　棟の原則等について

　独立した一つの建物とは、建物の主要構造部が、他の建物とつながることなく、独立しているということです。

　地下街、高架下に設けた店舗、事務所、倉庫等の建物の棟数を算定する場合は、その規模、構造等から常識的に算定するのであるが、原則としては、一つのブロックをもって一棟と取り扱うこととしています。ここでは、調査担当者が原則を基に判断することになりますので、管内に地下街や高架下の対象物が存する場合は、火災調査の担当課等が事前に例示を示されることを勧めます。

3　主屋と接続しているものの場合

　主屋と主屋の間が渡り廊下の類で接続されているものは、その部分を折半してそれぞれの棟とします。

　主屋に接着して造られている下屋、風呂場、物置は、主屋と同一の棟とします。

4　屋上に作られた木造の小屋の場合

　耐火建築物の屋上に作られた木造の小屋は別棟としますが、互いに屋内階段で連絡され、建物の機能上一体である場合は一棟とします。

5　耐火建築物の外壁を利用している建物の場合

　耐火建築物の外壁を利用して木造建築物又は防火構造の建物が造られている場合、建物内からの出入りのみで、屋外からの出入口がない等一体となっている場合は一棟で、一体となっていない場合は別棟になります。

6　渡り廊下で連絡している施設の場合

　学校の校舎と体育館のように、日除け屋根を設けた渡り廊下で連絡された施設は、別棟とします。

7　区画していても建物の機能上一体である場合

　木造又は防火構造の建物が防火壁で区画されていても、建物の機能上一体である場合は同一の棟とします。

8　収容物のみの焼損の場合

　収容物のみを焼損した場合でも焼き損害になることから、焼損棟数は計上することになります。

9　建物の総評価額とは

　建物の総評価額とは、社会通念上での建物・建造物の価値であり、算出方法として以下のURL内が参考になります。

http://hoken.kakaku.com/insurance/kasai/select/hyoukagaku/

　詳細については、各市町村の財務部局や一般の会計事務所等の関係機関にご確認いただくことをおすすめします。

6　区画　▶02表010行⑾

区画

　防火区画等を貫通して延焼した場合に、区画の種類を次表により記入する。ただし、該当しない場合又は01表⑶「爆発」欄が「1」の場合空欄とする。

区　画　区　分	区分番号
防火区画（建築基準法施行令第112条）	1
防火壁（建築基準法施行令第113条）	2
共同住宅の特例区画	3
消防法施行規則第13条の区画	4
界壁等（建築基準法施行令第114条）	5

ADVICE！

1　取扱要領上の区画について

　取扱要領上の区画は各法令に適合するもので、耐火構造の床、壁などにより一定の面積や用途に区画された部分をいいます。

2　構造違反について

　当該区画については、消防同意等を担当する係員等と連絡をして確認し、構造違反等が認められれば、建築を所管する行政機関の部局へ連絡するとともに、合同の現場調査が必要になることもあります。

7　り災世帯数（算定方法）　▶02表010行(12)〜(15)

> り災世帯数の算定方法
> ア　一般世帯又は施設等の世帯については、国勢調査の例に準じてり災世帯数を算出する。
> イ　共同住宅の共用部分のみり災した場合には、り災世帯数を計上しない。

(1)　世帯数の算定

　取扱要領の解説によりますと「一般世帯」と「施設等の世帯」とは、次のように区分されます。

(1)　一般世帯

　　　一般世帯には、次のものが該当する。

ア　住居と生計を共にしている人の集まり又は1戸を構えて住んでいる単身者

　　　ただし、これらの世帯と住居を共にする単身の住み込みの雇い人は、人数に関係なく雇い主の世帯に含めている。

イ　上記の世帯と住居を共にし、別に生計を維持している間借りの単身者又は下宿屋などに下宿している単身者

ウ　会社・団体・商店・官公庁などの寄宿舎、独身寮などに居住している単身者

(2)　施設等の世帯

　　　施設等の世帯には、次のものが該当する。

　　　なお、世帯の単位の取り方は、原則として下記のア及びイは棟ごと、ウは施設ごと、エ及びオは調査単位ごと、カは一人ひとりを一つの世帯とする。

ア　寮・寄宿舎の学生・生徒

　　　学校の寮・寄宿舎で起居を共にし、通学している学生・生徒の集まり

イ　病院・療養所の入院者

　　　病院・療養所などに、既に3か月以上入院している入院患者の集まり

ウ　社会施設の入所者

　　　老人ホーム、肢体不自由者厚生施設などの入所者の集まり

エ　自衛隊営舎内居住者

　　　自衛隊の営舎内又は艦船内の居住者の集まり

オ　矯正施設の入所者

　　　刑務所及び拘置所の収容者並びに少年院及び婦人補導院の在院者の集まり

カ　その他

　　　住居不定者や陸上に住所を有しない船舶乗組員など

(2)　世帯と建物の用途について

　取扱要領の解説によりますと、建物の用途は、通常、一般世帯か施設等に居住する世帯かによって決まりますが、個人商店や小規模の事業所で従業員の単身者を取りまとめて賃借り

した住宅に居住させている場合は、その世帯が施設等の世帯であっても当該建物の用途は、住宅になります。

　また、大きな住宅の部屋を幾世帯か他の一般世帯に間貸ししていても建物用途は共同住宅にならないことになりますので、世帯と用途の関係には例外もあることから、用途の決定に際しては、世帯の状況だけで判断することなく、その実態から判断することが必要になります。

ADVICE！

1　旅館に居住している家族について

　旅館、簡易宿泊所等に投宿している者は宿泊人ですが、これらの施設に部屋を借りて居住している家族は、当該部屋を生活の本拠としていることから、この世帯は普通世帯に該当します。

2　事業と居住の用に供する部分が競合する建物について

① 事業部分と居住部分の占有者が違う場合

　居住部分がり災したときは、当該世帯をり災世帯として計上します。

② 事業部分と居住部分の占有者が同じ場合

　どちらの部分がり災しても、当該世帯をり災世帯として計上します。

③ 1階部分で事業をしているものが3階に居住している場合で、2階は他の占有者が営む事業部分があるような、自らの事業部分と居住部分が明確に区分されている場合は、居住部分がり災したときのみ、当該世帯をり災世帯として計上します。

3　使用人、雇い人等について

　一般世帯に常住（住み込み）している当該世帯の使用人、雇い人は、その世帯の世帯員となります。

　寄宿舎、合宿所等の世帯に住み込みで雇われている単身者は、当該施設の世帯員となります。

　家族のある使用人等の場合は、り災した場所に自分の家族と家計を共にして生活している者は、その一団が別の一般世帯となります。

4　り災世帯の算定に係る「住居」と「家計」について

① 住居とは、一つの世帯が独立して居住できるようにできている建物又はこれに類するものをいいます。

② 家計とは、家庭生活を営むための経費の支出をいいます。

8　り災世帯数（り災程度）　▶02表010行(12)〜(15)

> り災程度
>
> 世帯のり災程度は、次のとおり区分する。
>
> ア　全損
>
> 　建物（収容物を含む。以下半損、小損において同じ。）の火災損害額がり災前の建物の評価額の70パーセント以上のものをいう。
>
> イ　半損
>
> 　建物の火災損害額がり災前の建物の評価額の20パーセント以上で全損に該当しないものをいう。
>
> ウ　小損
>
> 　建物の火災損害額がり災前の建物の評価額の20パーセント未満のものをいう。

　り災程度と建物の焼損程度は、次のとおり違いがあります。

①り災程度

　建物（収容物含む。）の総評価額に対する「火災損害額」の占める割合

　　　　　　　　　　　　　　　　（消火損害額・爆発損害額含む。）

②焼損程度

　建物（収容物除く。）の総評価額に対する「焼き損害額」の占める割合

　　　　　　　　　　　　　　　　（消火損害額・爆発損害額除く。）

　なお、火災損害には、焼き損害、消火損害、爆発損害、人的損害がありますが、人的損害は損害額を計上するものではないので、焼損程度とり災程度の対象にはなりません。

　また、焼損程度は一つの建物に一つの焼損程度ですが、り災程度は世帯のり災程度であることから、共同住宅のようにり災世帯が複数ある場合は、それぞれの世帯の専有部分の火災損害額が対象となるため、建物の焼損程度は半焼であっても全損世帯や半損世帯などが存在するほか、り災程度が計上されない世帯もある場合があります。

ADVICE！

1　長屋住宅について

　長屋住宅の場合は、用途は共同住宅ではなく住宅に該当しますが、り災世帯の計上は、実際にり災した世帯が該当することになり、複数になることもあります。

2　生活の本拠としている場所について

　り災世帯は、生活の本拠としている場所が火災損害を受けた場合に計上するものであり、敷地内にある別棟の倉庫や納屋などの人が生活していない建物のみが焼損した場合は、り災世帯には計上しません。

　例えば、共同住宅の1室を借用して、そこに趣味で収集しているものや季節に使用しない

衣類などを置いているなど、当該物品の所有者が別の場所で居住している場合は、共同住宅の1室とはいえ、倉庫として使用しているものであり、生活の本拠としていないので、り災世帯とり災人員は計上されません。

3　り災程度の判定に伴う疑義について

り災程度の判定で、り災人員がいない建物の場合においても損害の程度を全損、半損、小損として区別していることについて

火災報告では「り災程度」は世帯のり災程度であるため、り災世帯、り災人員が計上されない火災にあっては計上されません。しかし、必要と認めて内部の運用で区分し火災調査書類に計上しているのであれば問題はありませんが、火災報告の取扱いに間違いが生じるおそれもあることから、火災報告に基づいた「り災程度」と「焼損程度」で分類されることを勧めます。

9　り災人員　▶02表010行⒃

り災人員
ア　一般世帯がり災した場合には、当該世帯の全ての人員をり災人員とする。
　　ただし、共同住宅の共用部分のみり災した場合には、り災人員を計上しない。
イ　施設等の世帯がり災した場合には、被害を受けた「へや」に居住する人員又は実際に火災損害を受けた人員のみをり災人員とする。

ADVICE!

1　空き家における「り災世帯」と「り災人員」について

ホームレスが使用していた空き家から出火して、当人が火災により死亡した場合は、り災世帯数とり災人員は計上しませんが死者数は計上して、死者の調査表の報告が必要になります。

負傷した場合は、負傷者として計上します。

2　内縁関係者のり災者について

内縁者は、住民票が火災にあった場所と別の場所にあっても世帯員に含まれます。

3　工場等のり災人員について

工場の火災で、従業員の更衣室が焼損し、従業員の通勤着等の私物が焼損した場合、当該従業員は「り災者」ですが、工場内に居住していないのでり災人員には計上されません。

4　「り災人員」と「り災者」について

① 　り災人員とは、り災した世帯の構成人員でありますが、寄宿舎等では火災の発生した部屋又は火災により被害を受けた部屋の人員及び実際に火災の被害を受けた人員となります。

② 　り災者とは、火災によって実際に被害を受けた者をいうのであり、3で説明した例のように「り災人員」の数とは違うことがあります。

10　死者数及び負傷者数　▶02表011行⑰～㉒、㉓～㊱

> 死者数及び負傷者数
>
> 　死者及び負傷者の範囲は、次のとおりである。
>
> ア　「死者」又は「負傷者」とは、火災現場において火災に直接起因して、死亡した者（病死者を除く。）又は負傷した者をいう。この場合消防吏員及び消防団員については、火災を覚知した時より現場を引き揚げる時までの間に死亡した者又は負傷した者をそれぞれ死者又は負傷者とする。
>
> イ　火災により負傷した後48時間以内に死亡したものは、火災による死者とする。
>
> ウ　死者数及び負傷者数は、次のとおり区分する。なお、負傷者数のうちで火災に起因する原因により48時間を経過して30日以内に死亡した者の数を「30日死者」として記入する。
>
> ・消防吏員
>
> ・消防団員
>
> ・応急消火義務者
>
> ・消防協力者
>
> ・その他の者（自損を含む。）

ADVICE！

1　「直接起因する」とは

　客観的相当因果関係において、死亡又は負傷した原因をさかのぼると火災現象によるもので、火災の炎、高熱、煙、爆風、火災により発生した有毒ガスなど火災の現場で発生するもののほか、当該火災の消火活動、救出救助活動、避難行動、火災によりショックを受けて（驚いて）心臓まひになった場合等も含まれます。

2　放火自殺（未遂）について

　放火自殺の場合も、火災による死者（未遂の場合は負傷者）として計上します。

3　「現場」とは

「現場を引き揚げる時」の「現場」とは、警戒区域内のほか、水利部署位置、その他の消防作業を実施している場所も含まれますので、その現場、現場により判断することになります。

4　「引き揚げる時」とは

「引き揚げる時」は、次のようになります。

　　消防吏員　消防活動を終了し帰途についたとき。

　　消防団員　現場で解散する場合は、消防団長若しくはその代行者から解散命令が下されたとき。また、消防車両で引き揚げる消防団員は、帰途についたとき。

　　消防活動に関係のある者　消防作業、救護活動を終了し、帰途についたとき。

5　30日死者について

「30日死者」とは、火災によって負傷したものが、負傷後48時間を経過して30日以内に死亡した者をいう。

30日死者の追跡調査については、病院へ情報提供をお願いしても個人情報のこともあり、情報が得られないこともあります。

また、重傷者の家族に対しても亡くなったときに連絡をもらうわけにもいかず、苦労されていることと思われます。

そこで、重症の傷病者を最初に搬送したときに、病院の事務方の責任者等へ火災報告について説明し理解を求め、消防の窓口も決めておいた職員に確認させるか、救急告示病院であれば、搬送した救急隊長にその後の病状を確認させる等、できる範囲で情報を収集することになります。

11　損害額　▶02表012行(37)～(39)

火災損害の意義

ア　「火災損害」とは、火災によって受けた直接的な損害をいい、消火のために要した経費、焼跡整理費、り災のための休業による損失等の間接的な損害を除く。

イ　火災損害は、焼き損害、消火損害又は爆発損害に区分する。

　(ア)　「焼き損害」とは、火災によって焼けた物及び熱によって破損した物等の損害をいう。

　(イ)　「消火損害」とは、消火活動によって受けた水損、破損、汚損等の損害をいう。

　(ウ)　「爆発損害」とは、爆発現象の破壊作用により受けた前記(ア)(イ)以外の損害をいう。

　火災損害には人的損害も含まれます。

　人的損害は、火災によって負傷若しくは死亡した人的な被害をいい、この負傷や死亡は損害額が算定できないことから、人的損害は損害額としては計上しません。

　なお、火災損害は、次のとおり区分することができます。

$$
火災損害
\begin{cases}
焼き損害 \\
消火損害 \\
爆発損害 \\
人的損害（火災による死者及び負傷者）
\end{cases}
$$

ADVICE！

1　家人等による消火活動中の水損、破損

　消火損害には、消防隊だけでなく、家人等の初期消火活動中等に生じた水損、破損なども含まれます。

2　消火のために要した経費等

　消火のために要した経費等は火災損害額に含めないことから、初期消火にマットや毛布などを使用した際、これが焼損した場合でも損害額に計上しません。

3　出場中の交通事故

　消防隊が火災現場へ出場中に交通事故を起こした際に発生した損害は、火災による直接的な損害ではないことから、火災損害額には含まれません。

4　水道管の破裂

　火災の熱により水道管が破裂して水損した場合、水損は全て消火損害でなく、この場合は、火災の熱によることから焼き損害に計上されます。

5　消火行為に付随して発生した損害

　延焼を防ぐために屋外へ搬出する際に破損させた場合や寝具類を屋外へ搬出して雨により汚損した場合は、消火行為に付随して発生した損害であることから、消火損害に該当します。

　実例では、消火活動に伴う出入口の破損であるとか、倉庫火災で屋外へ搬出した商品の破損、泡消火の泡により損害を与えた場合などは、消火損害に計上していないことが見受けられます。

　これは、火災現場の実況見分が捜査機関と合同で行うことが多く、捜査機関は出火建物、出火箇所を中心に見分するため、これらの消火損害に対する見分がおろそかになりがちだからではないでしょうか。

　消防機関としては、消防法令に基づいて火災調査を実施しているのであり、この火災調査における損害調査を取扱要領に基づき正確に行うために、この消火損害についても担当者を

定めるなどして対応することが必要です。

　なお、この消火損害のうち、水で濡れたものの乾いてしまえば元に戻るものは水損として消火損害に含まれないと解します。例えば、コンクリートのたたきに水がたまっても、水がなくなれば元に戻る場合などです。

マイスターからひと言

トラブル回避のための説明の重要性について

　類焼棟や消火損害の見分に当たり、対象となる建物、工作物、車両、その他の物件については、その関係者の立会いの下に見分を行い、立会者にその被害状況を説明し、互いに確認するとともに「り災申告」「り災届出」「り災証明」等について、説明をしておくことが、事後のトラブルを防ぐことになります。不要なトラブルがあると、肝心な火災調査の進捗が遅れる可能性があります。

　例えば、雨樋が数メートル溶融した類焼等に対して、占有者、管理者、所有者等の関係者に説明や立会いを求めずに、調査員が写真撮影を行いました。後日、当該類焼棟の所有者が、り災証明を求めに来署した際に、雨樋とエアコンの室外機がり災していると申告してきました。調査員が写真を示して説明すると、まず、無断で写真撮影したことに対して説明を求められるとともに、り災証明の内容についても納得されるまで時間を要したことがありましたので、注意しましょう。

4

12　損害状況と損害額　▶02表013行(40)〜(50)、014行(51)〜(53)

損害額の算出方法
　損害額は、り災時における時価による。
　ア　損害額の算出基準は、別表第4のとおりとする。
　イ　損害額は千円単位とし、千円未満の端数金額がある時は、これを四捨五入する。

ADVICE！

1　収容物の損害額について

　収容物（動産）の損害について、共同住宅などにおいて、占有者が1人住まいの場合で1室が全焼し、収容物（動産）について、何がいくつあったか判断できず、かつ占有者が死亡するか、り災申告（り災届出）をしてこないときは、親族や友人などから居室内の家具調度品などの状況を確認するとともに、過去の火災事例から損害額を推定するなど、あらかじめその算出の根拠を定めておくことが必要になります。

　また、家具や電化製品の購入時期が不明なときは、入居時を経過年数の根拠にすることなども定めておき、調査員によりその算出根拠が違わないようにします。

2   修理費の損害額

損害額の算出において、修理をすれば使用できる場合の損害額は、修理費と時価価格のうちで、いずれか小さい方とします。

特に車両火災や機械設備が部分的に焼損したときには、修理費の方が小さいことが多いので注意します。

3   屋外に一時保管の衣類等の焼損について

通常は倉庫内に収容している衣類等が、一時的に屋外に置いているときに焼損した場合の損害額は、一時的とはいえ屋外にあったことから、その他の損害額に計上することになります。

4   ソフトウェアの開発費について

開発したソフトウェアが焼損し、ソフトウェアを記録したマスターテープ等がコピー等もなく再生不能となった場合は、当該ソフトウェアの開発費と資材費を加えた原価により、また、再生可能なものはり災直前の販売価格により算出します。

5   放火自殺の場合の着衣の扱い

放火自殺で使用されたガソリンや灯油は損害額に計上しませんが、着衣は損害額として計上します。

6   交通事故の場合の車両の扱い

交通事故で車両がスクラップ状態になった後に火災が発生した場合は、スクラップの価格をもとに算出します。この場合、交通事故の直後に時間の経過がなく火災になれば、火災種別は車両火災であり、スクラップになった後、しばらく放置された後に出火すればその他の火災となります。

7   爆発後に発生した火災の扱い

爆発後に火災が発生した場合は、取扱要領上の爆発（爆発現象）に該当しないことから、火災による損害として焼損面積等を算出し計上することになります。

取扱要領上の爆発（爆発現象）に該当する場合の損害は、損害棟数等が必要になります。

8   四捨五入について

時価単価は100円未満を切り捨て、損害額は四捨五入しますが、損害額の四捨五入は合計のときではなく、それぞれの区分で行います。

例   極端な例ですが、建物の損害額「300円」、収容物の損害額「300円」の場合は、それぞれの区分の損害額も合計損害額も「0」になります。

ただし、これは、あくまでも火災報告への計上であり、火災の損害額はありますので、

火災調査書類の損害明細書などには損害額の算出と、その金額を計上しておかなければなりません。

火災調査書類の記入例

　火災報告上は損害額が0円の場合でも、損害額が計上されるときは、火災調査書類の損害額合計欄は「0円」でなく「計上するに至らず」、などと記載することを勧めます。

　当研究会では損害があるものの四捨五入して千円に至らない場合は、損害額の欄に「計上するに至らず」とし、損害額が全く算出されない場合は「なし」と記載し、損害が全くないものと火災報告に計上されないものを区別しており、損害額の欄を一見して分かりやすくしています。

9　骨董品や宝石類の扱い

　骨董品や宝石類は、その資産の効用が時間の経過とともに消滅しないことから減価償却は行わず、社会通念上評価されている価格としますが、本人は本物と思っている骨董品なども模造品の場合もあることから、本人の供述のみにより判断をしないことです。骨董品の損害額の算出については、そのときの状況によることになりますが、損害額は本人の供述により算出、〇〇骨董商による鑑定結果の供述に基づき算出、損害保険会社の代理人による鑑定などと、根拠を明確にしておくことも必要です。

10　鉄骨鉄筋・鉄筋コンクリート造建物について

　鉄骨造などの準耐火建築物等の損害については、建築構造・使用形態等に応じ、近いと思われるものを選択して算出します。したがって、木造、鉄骨鉄筋コンクリート等その建築物の構造が近いものを選択して、建築費指数を出します。鉄筋コンクリートの通常の住宅は、鉄筋コンクリート造建物のうち、事務所又は共同住宅のどちらかを選択します。

11　器具及び備品の耐用年数表について

　「前掲のもの以外のもの」の例の中に類似しているものがあれば、ここから選択し、そうでなければ後段になります。

　「主として金属製のもの」と「その他のもの」の耐用年数が違うのは、金属製のものの方がその他のものよりも長く使用できるものが多いとの観点からと思われます。

12　増改築した建物の損害額の算定方法

　火災報告取扱要領の解説②火災報告関係25　建物の損害額の算出　例示4では、改修時のことは考慮しないで建築時の建築費指数で算出していることから、火災損害額の算定に際しても改修時のことは考慮しないと解されます。

しかし、用途を変更して改築した場合や当該建物が増築されている場合は、状況により、次のような算出方法が考えられます。

・　既存の建物に増築部分が接続された場合、既存部分と増築部分に分けて算出し、最後に合算します。

・　既存の建物に上階が増築された場合、既存部分の再建築費と増築部分の再建築費を足して延べ床面積で割ったものを再建築費単価とします（再建築費は再建築費単価に該当部分の面積を乗じたもの）。

・　改築の場合、既存部分の再建築費と改築部分の再建築費を足して延べ床面積で割ったものを再建築費単価とします。

13　林野の損害状況―焼損面積　▶02表013行(43)

焼損面積（林野の損害状況）

ア　林野の焼損面積は、林野の焼損した部分の水平投影面積による。

イ　林野の焼損面積は、アールを単位とし、１アール未満の端数があるときは、これを四捨五入する。

ADVICE！

1　水平投影面積で算定する

林野火災については、焼損部分の表面積でなく、焼損部分の水平投影面積であることに注意します。

2　四捨五入した面積について

林野の焼損面積は、火災報告では１アール未満の端数は四捨五入して計上しますので、火災調査書類も同様に四捨五入した面積を記載する場合は、約○○アールと「約」と記載する方法もあります。

14　車両、船舶、航空機の焼損数　▶02表013行(45)、(47)、(49)

車両、船舶、航空機の焼損数

焼損を受けた車両、船舶、航空機の台（隻、機等）数を記入する。

（注）積載物の焼損の場合も記入する。

ADVICE !

取扱要領上の車両の定義 ━━━━━━━━━━━━━━━━━━━━━━━━━━━━

　取扱要領上の「車両」、「船舶」、「航空機」であることに注意します。

　特に、「車両」は、火災種別での車両の定義のほか、車両火災の区分にあるとおり、「鉄道車両」「貨物車」「乗用車」「特殊車」「二輪車」「その他」が該当することに注意します。

15　爆発の損害状況　▶02表014行(51)〜(53)

> **爆発の損害状況**
> 　爆発現象の破壊作用により受けた破損等の損害を記入する。
>
> **損害棟数**
> 　爆発現象の破壊作用により破損等の損害のあった建物棟数を記入する。
>
> **車両等数**
> 　爆発現象の破壊作用により破損等の損害のあった自動車車両、鉄道車両、船舶、航空機の台（隻、機等）数を記入する。

　「棟」については、焼損棟数で定義している「棟」であるため、渡り廊下で接続されているものはその部分を折半することに注意します。

16　延焼区分等　▶02表014行(54)〜(61)

> (54)〜(61)　延焼区分等
> 　ア　他市区町村へ延焼させた市区町村の記入方法
> 　(54)　「延焼区分番号」は「1」を記入する。
> 　(55)　出火、都道府県、市区町村コードには、01表(1)出火場所、都道府県、市区町村コードと同一のコードを記入する。
> 　(56)(58)(60)　延焼、都道府県、市区町村コードには、延焼を受けた市区町村の都道府県、市区町村のコードを記入する。
> 　(57)(59)(61)　火災番号は、延焼を受けた市区町村で作成される火災報告の火災番号を記入する。
> 　　　なお、4市区町村以上延焼させた場合には、火災報告の空欄に延焼、都道府県、市区町村コード及び火災番号を記入し、附せんをはる。

イ　他市区町村から延焼させられた市区町村の記入方法

⒅　「延焼区分番号」は「2」を記入する。

⒆　出火、都道府県、市区町村コードには、延焼させた市区町村の都道府県、市区町村コードを記入し、⒃〜㈹は空欄とする。

延焼区分	延焼区分番号
延焼させた市区町村	1
延焼された市区町村	2

記入方法をまとめると、次のようになります。

	延焼させた市町村	延焼された市町村
⒅	「1」	「2」
⒆	出火、都道府県、市区町村コードには、01表⑴出火場所、都道府県、市区町村コードと同一のコードを記入	出火、都道府県、市区町村コードには、延焼させた市区町村の都道府県、市区町村コードを記入
⒃ ㈸ ㈹	延焼、都道府県、市区町村コードには、延焼を受けた市区町村の都道府県、市区町村コードのコードを記入	空欄
㈺ ㈶ ㈷	火災番号は、延焼を受けた市区町村で作成される火災報告の火災番号を記入 4市区町村以上延焼させた場合は、火災報告の空欄に延焼、都道府県、市区町村コード及び火災番号を記入し、付せんを貼付	空欄

第5　03表、04表、05表、06表の解説

1　負傷者の区分　　▶03表010～030行

負傷者の区分及び負傷程度

ア　負傷者の区分は次のとおりとする。この場合その他の者（自損）とは、放火自殺（心中を含む。）行為により負傷した者を記入する。

- ・消防吏員
- ・消防団員
- ・応急消火義務者
- ・消防協力者
- ・その他の者（自損を含む。）

イ　負傷程度は次のとおり区分する。

- ・「重症」とは、傷病の程度が3週間の入院加療を必要とするもの以上のものをいう。
- ・「中等症」とは、傷病の程度が重症又は軽症以外のものをいう。
- ・「軽症」とは、傷病の程度が入院加療を必要としないものをいう。

ADVICE !

負傷程度の日数

　各負傷者の区分の負傷程度ごとに人数を記入します。この負傷程度の区分（重症、中等症、軽症）は、救急で取り扱う区分と同日数になります。

2　負傷者の避難方法　　▶04表010～030行

負傷者の避難方法

　負傷者の避難方法を次のとおり区分し、年齢層（0～5歳、6～64歳、65歳～）別にその数を記入する。

ア　自力避難

- ・「施設」とは、器具以外の施設により避難をした負傷者の数を記入する。
- ・「器具」とは、消防法施行令第25条第2項に掲げる避難器具により避難をした負傷者の数を記入する。
- ・「その他」とは、施設、器具以外により避難した負傷者の数を記入する。

イ　消防隊による救助

ウ　避難の必要なし

エ　その他

5

ADVICE！

1　年齢区分

　負傷者の避難方法は、3段階の年齢層に区分しますが、「05表　負傷者の性別年齢区分」では5歳ごとに区分することに留意し、各負傷者の正確な年齢を確認しておきます。

2　消防隊の介助の有無

　「消防隊による救助」は、消防隊の介助が必要な場合であり、消防隊が架梯した3連梯子等を使用して、消防隊の介助を受けずに避難した場合は、「自力避難」に該当します。

3　負傷者の性別年齢区分　▶05表010、020行

> 負傷者の性別年齢区分
> 　負傷者を5歳区分の年齢層で男女の性別に記入する。

ADVICE！

生年月日での年齢確認が確実

　負傷者の性別ごとで、かつ5歳ごとに区分する必要があります。

　実務的には、現場での正確な年齢確認は、生年月日で確認することを勧めます。

　現場で混乱していると実際の年齢を勘違いして申告する負傷者（住民）もいますので、生年月日を確認する方が間違いはありません。

　この項目に限らず、火災調査に関する市民からの年齢確認は、生年月日で確認しましょう。

　また、現場では負傷者（り災者）の立場に立ち、事務的でなく丁寧な接遇を心掛けます。ときとして、生年月日等を含めた各聴取項目の必要性についての説明が必要になることもあるので、混乱した火災現場において、どのように説明し、いかに迅速的確に必要項目を録取するかも含めて調査員に指導し、訓練をしておくことも必要になります。

4　負傷者の受傷原因　▶06表010～060行

> 負傷者の受傷原因
> 　負傷者の受傷原因を、受傷時の状況、年齢層（0～5歳、6～64歳、65歳～）別にその数を記入する。
> ア　受傷原因の区分を次のとおりとする。
> ・火炎にあおられる、高温の物質に接触
> ・煙を吸う

・飛散物、擦過

・放射熱

・飛び降り

・その他

イ　受傷時の状況を次のとおり区分する。

・消火中

・避難中

・就寝中

・作業中

・その他

解説

・受傷原因等は、最初に負傷したものとする。

ADVICE！

1　正確な年齢を確認する

　負傷者の受傷原因は、三つの年齢層に分けて区分しますが、負傷者の性別区分では５歳ごとに区分することに留意し、各負傷者の正確な年齢を確認しておきます。

2　受傷原因は最初に負傷したもので判断する

　受傷原因は、解説でも注意しているとおり、最初に負傷したものであり、重症、軽症で判断しないことです。

　例えば、火災現場で火炎にあおられて手に軽いやけどをして、避難の際に高所から飛び降りて足を骨折した場合でも、受傷原因は「火炎にあおられる・高温の物質に接触」になります。

5

第6　07表「死者の調査表」の解説

　火災により死者が発生すると、「火災報告第1号様式（その1）（その2）」のほかに「火災報告第1号様式（その3）死者の調査表」（以下「死者の調査表」という。）を作成します。

　死者の調査表は、調査項目が多く複雑であるにもかかわらず、死者の発生する火災の経験も少ないことから、調査表の作成に苦慮されていることと思います。そこで、死者の調査表のうち、火災調査の経験の少ない職員へ解説が必要と思われる列番号について説明します。

　死者の調査表については、火災報告のように1火災に一つの調査表ではなく、死者1人に対して一つの調査表で報告しますので、1火災で複数（死者の数）になることもあります。

　調査項目によっては、該当しない場合は空欄になるものもありますので注意が必要です。

　実務的には、死者が発生した火災現場においての調査活動や実況見分では、死者の調査表の調査項目を確認しながら情報収集できるチェック表などを事前に作成し、持参すると便利です。

　当研究会が作成した死者の調査表に係るチェック表を参考にしてください。[➡ p.100]

　死者の調査表は、現場の状況や家族などの供述から、消防職員としての考察を加えて判断し作成することが必要になりますので、現場の客観的事実を現場調査表に詳細に記載しておくことが必要になります。

　特に、出火箇所と推定される箇所と死者の発生した箇所が違う場合は、火災現場の実況見分を実施している調査員とは別の調査員が死者の状況を見分することを勧めます。

　例えば、死者の調査表の「死者の発生した経過」では、

・死者が寝具の側にいてパジャマのような切れ端が認められたなどの現場の状況から寝ていた可能性がある。

・家族や知人による死者が眠る時間についての供述から考察して熟睡していたと判断をする。

・死者が衣服を着ていた状況と死者の側に使用されていない消火器が認められた。

・家族や知人への消火器は普段はどこに置いてあるかを聴取する。

・死者は消火器の取扱いを知っていたと思われるかなどの供述から考察する。

・死者は消火活動を行う途中で亡くなったと判断をする。

など、死者の行動などを考察する上においては、死者の発生場所や現場での状況が重要になるためです。

　死者が複数いる場合は、死者の数だけ調査担当者を割り当てることを勧めます。特に、発見時や出火時にいた箇所が違う場合は複雑になります。

　また、航空機火災や車両火災で車両内等に複数の人がいる場合は、建物ほど複雑ではありませんが、同車両等にいた負傷者を含め性別や年齢を調査する必要もありますので、できる範囲で調査員を割り当てることを勧めます。

1　死者の区分　▶07表010行(7)

> **死者の区分**
> 　死者について、第2火災報告(17)〜(22)死者数に該当する場合「1」、(24)、(26)、(28)、(30)、(32)、(34)、(36)負傷者数（30日死者）に該当する場合「2」を記入する。

ADVICE！

48時間以内の死者・30日死者

　死者の区分の説明のうち「第2火災報告」というのは、取扱要領の第2の火災報告のことであり、列番号は「火災報告02表011行」であり、(17)〜(22)は48時間以内の死者のことで、(24)、(26)、(28)、(30)、(32)、(34)、(36)は30日死者を示しています。

2　死者の発生した火災の種別　▶07表011行(8)

> **死者の発生した火災の種別**
> 　死者の発生した火災の種別は、第2火災報告3(2)により分類して記入する。なお、種別が2以上複合する場合には損害額の多少にかかわらず死者の発生した方の火災の種別を記入する。

ADVICE！

01表010行(2)の火災種別との違い

　第2火災報告3(2)というのは、取扱要領の第2火災報告「第1号様式（その1）01表010行(2)」の火災種別の項目を示しています。

　本項目では死者が発生した火災の火災種別を選びますが、「なお」以下にあるとおり、本調査表では火災種別が複数ある場合に、火災種別を定める根拠となる損害額によることなく、死者が発生した火災の種別を選びます。

　したがって、当該火災の「第1号様式（その1）01表010行(2)」の火災種別と違うこともあります。

3　死者の発生した建物等　▶07表011行(10)〜(45)

> **死者の発生した建物等**
> 　死者の発生した建物等について、第2火災報告の記載要領に基づき記入する。
>
> 解説

> 【死者ＯＫエラー02】オンラインシステムにおいて、死者の調査表の「⒄建築面積」と「⒅延面積」が屋根、ひさし等の面積によって必ずしも「延べ面積」が大きくならない場合にチェックを入れる。（突合番号220に対応）
> 【死者ＯＫエラー03】オンラインシステムにおいて、「出火時死者のいた階が不明の場合にチェックを入れる。（突合番号255に対応）

ADVICE !

類焼棟で死者が発生した場合

　死者が発生した建物について、その業態から消防用設備等までを「死者の調査表07表011行⑾～㊺」に記入しますので、火元で死者が出れば火災報告と同じになりますが、類焼棟で死者が発生（07表011行⑽で２を選択した場合）していれば、類焼棟の情報を記入することになります。

　そのため、死者が類焼棟で発生しているときは、類焼棟の建物についての情報収集が出火建物と同様に必要になります。

4　死者の職業　▶07表012行㊽

死者の職業

　職業については、次表のうち該当する番号を記入する。なお、職業が重複する場合は、出火時の状況により判断し記入する。

〔例示〕　パートタイムで会社員として働いている主婦が家にいて、家事をしている
　　　　時に火災により死亡した場合は主婦で「５」を記入する。

職　業　区　分	区分番号
会　社　員　・　公　務　員	1
作　業　員　・　技　術　者	2
農　林　業　・　漁　業	3
サ　ー　ビ　ス・販　売・自　由　業	4
主　　　　　　　　　　　婦	5
児　童　・　生　徒　・　学　生	6
乳　　　　幼　　　　児	7
そ　　　　の　　　　他	8
不　　　　　　　　　　明	9
無　　　　　　　　　　職	0

ADVICE！

1 死亡時の職業を選択する

死者の職業は、職業が当該区分で重複する場合は火災により死亡したときの職業を選択しますので注意が必要です。

2 職業分類

死者の職業の区分は「その他」と「不明」を合わせて10区分ですので、通常の火災調査時もこの区分に合わせて大分類を区分し、小分類で具体的な職業を記載するようにすると実務的です。

職業の分類につきましては、各消防本部で根拠となるものを示していると思いますが、私どもの研究会では国勢調査に用いる職業分類を小分類とし、大分類は死者の調査表の職業分類により区分することが実務的であると考えています。

3 乳幼児について

乳幼児については、児童福祉法第4条で次のように定めています。

乳児　満1歳に満たない者

幼児　満1歳から、小学校就学の始期に達するまでの者

6

5 死因　▶07表012行(51)

死因

次表のうち該当する死因の番号を記入する。

(注)「その他」に該当する場合には「特記事項」欄に具体的な死因を記入すること。

死 因 区 分	区分番号
一 酸 化 炭 素 中 毒 ・ 窒 息	1
火　　　　　　　　　　　傷	2
打 　 撲 ・ 骨 　 折 　 等	3
自　　　　　　　　　　　殺	4
そ　　　　の　　　　　　他	5
不　　　　　　　　　　　明	9

死者の調査表では、上記死因区分の6分類を念頭に入れ、捜査機関や解剖を担当した医師に説明を求めることがポイントになります。

ADVICE！

1　警察との連携

死因については、解剖の結果による客観的事実等から判断しますが、その確認方法は、死体検案調書を閲覧して、その結果を書類にする方法、捜査機関等への照会書等の文書により照会する方法等があります。

都道府県の各警察本部により対応が違う（死体検案調書を閲覧させてくれない等）こともありますので、各消防本部で事前に所轄警察署とどの方法で行うかについて、火災報告の調査項目等を説明しながら連絡をしておくことも必要です。［QUESTION87▶ p.216］

2　火災によるショック死

火災現場のり災者が、火災によるショックを受けて心臓まひにより死亡した場合は、火災現場における死傷の原因が当該火災と因果関係があれば全て火災による死傷者とします。

3　病死の原因が火災の可能性がある場合

死因が病死の場合、病死の原因が火災によるショックの可能性がある場合は、担当医師等に「火災によるショック等から病死した可能性がある」等の意見を確認する必要があります。

4　死因が持病か火災による負傷か判断できない場合

持病を持っているものが火災で負傷し、30日以内に死亡したとき、死因が持病によるものか、火災により負傷したことによるものかかが判断できない場合は、火災による30日死者として扱います。

6　火元建物等　　▶07表012行(58)〜(60)

取扱要領の死者の調査表の説明では(58)、(59)、(60)は省略されています。

この(58)〜(60)は、火災報告の火元建物と同じになります。

(58)、(59)は、「第1号様式（その1）02表010行(1)、(2)」と同じになり、(60)は、「同様式01表011行(51)」と同じになります。

7　出火時死者のいた場所　　▶07表012行(61)〜(66)

屋内外の別　　▶07表012行(61)

屋内外の別

出火時死者のいた場所で、次表のうち該当する項目の番号を記入する。

屋 内 外 の 区 分	区分番号
屋　　　　内（自　宅）	1
屋　　　　内（自宅以外）	2
屋　　　　外	3
車　　　　両	4
船　　　　舶	5
航　空　機	6
不　　　　明	9

（注）「自宅」とは、主たる生活の本拠としている場所をいう。

　この分類で、屋内（自宅・自宅以外）、区分番号「1」、「2」を選んだ場合のみ、「07表012行⒂～⒁出火当時死者のいた場所―建物内」の調査項目が該当しますが、車両内にいたことを勘違いしてしまうことがありますので、注意しましょう。

建物内―階数　　▶07表012行⒄、⒅

階数
　出火時死者がいた場所の存する階数を記入する。

解説
・階数が不明の場合は、地上「0」階、地下「0」階と記入する。

⒂、⒃に記入する場合は、⒀が「1」か「2」であることを確認します。

建物内―同別　　▶07表012行⒁

同別
　⒂⒃により記入された階が⒄⒅「火元建物の出火階」に記入された階と同一であるか別であるかにより、次表のうち該当する項目の番号を記入する。

区　　　分	区分番号
同	1
別	2
不　　明	9

ここでは階数のみであり、箇所・室は対象ではありません。

箇所室等　　▶07表012行�65

> 箇所・室等
>
> 　出火時死者のいた箇所・室等（推定できる場合も含む。）は、別表第7の分類によりその分類番号を記入する。

① 　「死者の調査表07表012行�65箇所室等」は、出火時に死者のいた場所（推定も含む。）を取扱要領の「別表第7出火箇所分類表」から選ぶのであり、火災現場で発見した場所（死者の発生した場所）と混同しないようにします（同じ場所の場合もあります。）。

　また、箇所・室等は建物内であることに注意します。

② 　火元建物の出火箇所「火災報告第1号様式（その1）01表011行�51、07表012行�60」とも違う（同じ場合もある。）ことにも注意が必要であり、このことは、次の�66につながります。

③ 　出火時死者のいた箇所・室等は、推定できる場合も含まれることから、現場の状況、関係者の供述等あらゆる角度から推定をしなければいけないということで、安易に不明にするものではありません。

同別　　▶07表012行�66

> 同別
>
> 　上記により記入された箇所・室等が、�60出火箇所で記入された箇所・室等と同一であるか別であるかにより、次表のうち該当する番号を記入する。
>
> | 区　　　　分 | 区分番号 |
> |---|---|
> | 同 | 1 |
> | 別 | 2 |
> | 不　　　　明 | 9 |

　「死者の調査表07表012行�65」と同表同行の�60に記入している出火箇所（「別表第7出火箇所分類表」で選んだ分類番号）と同一であるか別であるかを選びますが、この�60は、「第1号様式（その1）01表011行�51」とも同じになります。

8　死者の発生した場所　▶07表012行⑹⑺〜⑺⑴

建物内　▶07表012行⑹⑺〜⑹⑼

> 「死者の発生した場所」
> 「建物内」
> 　⑹⑺〜⑹⑼は、死者の発生した場所が建物内である場合に記入する。

① 「死者の発生した場所」は、「07表012行⑹⑴出火時死者のいた場所」の「屋内外の別」と違いますので注意しましょう。

　　「出火時死者のいた場所」と「死者の発生した場所」は違う場所を対象としていますが、調査の結果は同じ場所であることもあり、違う場所であることもあります。

② 「出火時死者のいた場所」の調査項目には「07表012行⑹⑴屋内外の別」がありますが、「死者の発生した場所」には、屋内外別の調査項目はなく、屋内の場合のみ調査することになります。

建物内―階数　▶07表012行⑹⑺、⑹⑻

> 階
> 　死者の発生した場所の存する階数を記入する。

　ここでの項目は「階」とありますが、階数のことであり、⑹⑺「地上の階数」、⑹⑻「地下の階数」を記入します。「死者の調査表07表012行⑹⑵、⑹⑶」の階数とは違う場合もあり、次の「死者の調査表07表012行⑹⑼同別」につながります。

　また、当該調査項目は死者の発生した場所、つまり、死者のいた場所であり、不明はありませんので注意します。

建物内―同別　▶07表012行⑹⑼

> 同別
> 　上記により記入した「階数」が、「出火時死者のいた場所」の「階数」と同一であるか別であるかにより、次表のうち該当する番号を記入する。

区　　　　　分	区分番号
同	1
別	2
不　　　　明	9

　「死者の調査表07表012行㊼、㊽」が、同表同行の㊷、㊸の出火時死者のいた場所の階数と同一であるか別であるかを選びます。

　㊼、㊽は、前記「13」のとおり不明はありませんが、㊷、㊸が不明の場合は、㊾も不明になりますので注意します。

箇所室等　▶07表012行㊿

> 箇所・室等
>
> 　死者の発生した箇所・室等は別表第7の分類により、その分類番号を記入する。

① 　「死者の調査表07表012行㊿箇所室等」は死者の発生した場所を取扱要領の「別表第7出火箇所分類表」から選ぶのであり、出火時死者のいた場所と違う場合もあることに注意が必要であり、このことは、次の(71)につながります。
　　また、箇所・室等は建物内であることに注意します。
② 　火元建物の出火箇所「火災報告第1号様式（その1）01表011行(51)、（その3）07表012行(60)」と違う場合もあることに注意します。
③ 　死者の発生した場所の箇所・室等を選ぶのであり、不明はありません。

同別　▶07表012行(71)

> 同別
>
> 　上記により記入した箇所が「出火時死者のいた場所」の「箇所・室等」に記入された箇所と同一であるか別であるかにより、次表のうち該当する番号を記入する。
>
> | 区　　　　分 | 区分番号 |
> |---|---|
> | 同 | 1 |
> | 別 | 2 |
> | 不　　　　明 | 9 |

　死者の発生した箇所・室等「死者の調査表07表012行㊿」と(65)に記入している箇所室等の分類番号が同一であるか別であるかを選びます。

　(65)が不明の場合は、(71)も不明になりますので注意します。

9　出火時死者のいた建物等と 同一の建物等にいた者の数 　▶07表012行(72)～(77)

建物内 　▶07表012行(72)～(76)

> 「出火時死者のいた建物等と同一の建物等にいた者の数」
> 「建物内」
> 　(72)～(76)は、出火時死者のいた場所が建物内である場合に記入する。

①　「死者の調査表07表012行(61)屋内外の別」で屋内（自宅・自宅以外）の区分番号「1」、「2」を選んだ場合のみ、同表同行の(72)～(75)が該当し、その人数や該当する区分番号を記入します。

②　「出火時死者のいた場所（箇所室等）」の調査の後、「死者の発生した場所（箇所室等）」の調査になり、ここでまた、「出火時死者のいた建物等」の調査項目に移行することに注意します。

建物内―同棟 　▶07表012行(72)

> 同棟
> 　同棟（共同住宅の場合は同住宅）、(73)同室等、(74)死者1人「同室等」の室等とは居間、寝室、風呂場等の室又は廊下、階段等の区画部分をいう。「同住戸」の住戸とはアパート、マンション等共同住宅の場合の各入居者の専用部分（住戸）をいう。「同棟」の棟とは屋根、柱、壁等の主要構造部分が独立した建築物をいう。棟単位（共同住宅の場合は住戸単位）で死者1人の場合には「死者1人」について、次表のうち該当する番号を記入する。
>
> | 区　　　　　分 | 区分番号 |
> |---|---|
> | 死　　者　　1　　人 | 1 |
> | 該　当　し　な　い | 2 |

①　「死者の調査表07表012行(72)、(73)」は、出火時に死者と当該場所にいた人数を記入し、「同表同行の(74)死者1人」は、出火時に棟単位（共同住宅の場合は住戸単位）に死者1人が該当するかどうかを区分します。

②　「死者の調査表07表012行(72)」は、出火時に死者と同棟（共同住宅の場合は同住戸）にいた者の人数を記入します。

　「棟」とは、屋根、柱、壁等の主要構造部分が独立した建物をいい、共同住宅の場合は同住戸をいいます。

「住戸」とは、アパート、マンション等の共同住宅の場合の各入居者の専用部分をいいます。

③　「死者の調査表07表012行�73」は、出火時に死者と同室等にいた者の人数を記入します。

　　「室等」とは、居間、寝室、風呂場等の室又は廊下、階段等の区画をいいます。

④　「死者の調査表07表012行�74」は、出火時に死者が棟単位で1人かどうかを選びます。

　　棟単位（共同住宅の場合は住戸単位）で、死者が1人の場合は「死者1人」に該当し、死者1人を選びます。

建物内―自宅1人　▶07表012行�75

自宅1人

　出火時死者1人であり、いた場所が自宅の場合に、次表のうち該当する番号を記入する。

（注）「家族別棟」の別棟とは原則として同一敷地内の別棟をいうが、同一敷地外の別棟でも隣接している場合にはこれを含めること。また、共同住宅の場合には、「家族別棟」を「家族別住戸」と読みかえるものとする。

自 宅 1 人 区 分	区分番号
1　人　暮　し	1
家　族　別　棟	2
家　族　留　守	3

①　「死者の調査表07表012行�61屋内外の別」で屋内（自宅）に該当し、同表同行�74の死者1人に該当する場合に記入します。

　　家族別棟の別棟は、同一敷地内の別棟をいいますが、隣接している場合は、同一敷地外も含まれることに注意します。

　　共同住宅の場合は「家族別棟」を「家族別住戸」に読み替えますが、この場合は隣接している共同住宅の別住戸は含みません。

②　「棟」と「住戸」は、「死者の調査表07表012行�72同棟」の定義と同じで、次のとおりです。

　　「棟」とは、屋根、柱、壁等の主要構造部分が独立した建物をいい、共同住宅の場合は同住戸をいいます。

　　「住戸」とは、アパート、マンション等の共同住宅の場合の各入居者の専用部分をいいます。

建物内―施錠　　▶07表012行⒃

> 施錠
> 　死者がいた建物が施錠してあったか否かにより、次表のうち該当する番号を記入する。
>
> | 施　錠　の　区　分 | | | 区分番号 |
> |---|---|---|---|
> | 施 | 錠 | 無 | 1 |
> | 施 | 錠 | 有 | 2 |
> | 不 | | 明 | 9 |

①　出火時に死者がいた建物の施錠の有無について、該当している区分番号を選びますが、共同住宅の場合は住戸の施錠と読み替えます。

　「住戸」は、「死者の調査表07表012行⑺」の定義と同じで、アパート、マンション等の共同住宅の場合の各入居者の専用部分をいいます。

②　建物や住戸の施錠については、当該調査項目のほかにも火災原因調査においても「外部放火」の考察等火災調査では必須の調査項目であることから、消防隊（消防団）に、内部進入する際に確認する習慣付けをすることが必要です。

車両、船舶、航空機　　▶07表012行⒄

> 車両、船舶、航空機
> 　出火時死者のいた場所が、車両、船舶、航空機内である場合に、同車両等内にいた者の人数を記入する。

①　「死者の調査表07表012行⑹屋内外の別」で車両、船舶、航空機を選んだ場合に該当し、同車両等内にいた者の人数を記入します。

②　車両には「第1号様式（その1）01表011行⑸防火対象物等の区分」のうち、車両火災の区分に定義されている「鉄道車両」「貨物車」「乗用車」「特殊車」「二輪車」「その他」が含まれます。

③　実務的には、車両等の火災で死者が発生した現場では、死者を認めたときには、他の乗客等は既に避難している可能性が多いので、この死者が出火時にいた場所や人数の調査に手間がかかります。

　また、火災現場で救出し救急搬送等した傷病者が、48時間以内に死亡したときも本項目は該当することから、重症と思われる傷病者を搬送した時点で人数の把握をしておかないと、その後の調査に人手と時間を要することになります。

　さらに、「死者の調査表07表013行⒅〜⒃」では、出火時死者といた者で死傷者の人数と

性別が調査項目になっていることと、「死者の調査表07表013行�84〜�92」では、出火時死者といた者（死傷者以外も含まれます。）の人数と年齢が調査項目になりますので、そのことにも配慮して現場調査をしなければなりません。

④　当該調査項目は、「出火時死者のいた場所」であり、「死者の発生した場所」でないことに注意します（同じ場所のこともあります。）。

10　同一建物等内での死傷者数　▶07表013行㈦〜㈹

> 同一建物等内での死傷者数（本人を除く。）
> 　出火時に、死者とともに同一の建物内（共同住宅の場合は同一住戸内）、車両、船舶、航空機若しくは場所（屋外）にいた者のうちで死亡した者、又は負傷した者の人数を性別に記入する。

①　本人を除くの「本人」は、当該死者の調査表の該当者を示します。

②　この項目では、同一建物内等にいて、かつ死亡又は負傷した者の人数の性別の情報が必要になります。

　　また、負傷者の場合は、「第1号様式（その2）の04〜06表」での調査項目で年齢別が必要になるほか、死者の場合は別途死者の調査表を作成することになりますので、留意しなければなりません。

③　当該調査項目は、「出火時死者のいた場所」であり、「死者の発生した場所」ではないことに注意します（同じ場所のこともあります。）。

11　出火時死者と一緒にいた者の年齢別　▶07表013行㈹〜㈬

> 出火時死者と一緒にいた者の年齢層
> 　出火時死者のいた建物等と同一の建物等（共同住宅の場合は同一の住戸）にいた者の数を年齢層別に記入する。

①　「建物等」とあることから、車両、船舶、航空機若しくは屋外の場所にいた者の数も年齢層別にその数を記入することになります。

　　また、年齢層別は死傷者以外も含まれますが、当該死者の調査表の該当者は除きます。

②　当該調査項目は、「出火時死者のいた場所」であり、「死者の発生した場所」でないことに注意します（同じ場所のこともあります。）。

12　特記事項

> 「特記事項」
>
> 　各コード番号中「その他」に該当する場合に具体的に記入する。なお、この場合どの項目について記入したものかを必ず列番号で付記する。
>
> （注）コード番号中「不明・9」は調査中も含むものとする。

　具体的内容を記入する欄は、第1号様式（その3）の最下段にある「特記事項」の欄になり、このとき、該当する列番号を記入します。

　「列番号」とは、調査表の各項目の上部に記載されている括弧の番号であり、第1号様式の中には同じ番号の列番号があるほか、同じ列番号を行で区分していることから、列番号の前に表の番号と行の番号を示すことで、より分かりやすくなります。

　火災報告に際しては列番号のみで足りるとされていますが、火災報告作成者と消防本部の火災報告を取りまとめる担当者が違う場合は、表番号から記入する方が分かりやすいため、この方法を勧めます。

　例1　「第1号様式（その2）04表負傷者の避難方法(6)」が「その他」の場合

　　　　具体的な避難方法を記入し、「04表030行(6)」と付記します。

　　　　第1号様式（その2）には「その他」の列が6か所あります。

　例2　「第1号様式（その3）07表012行(48)死者の職業」が区分番号「8」（その他）の場合

　　　　具体的な職業を記載し、「7表12行(48)」と表現します。

6

参考

死者のチェック表

確　認　項　目	チェック欄（記入欄）	備　　考
火災種別	建物・車両・（　　　　　）　　　　　＊死者の発生した火災種別であることに注意	
出火行為者	本人・他人・不明	
死者の発生した建物	火元棟・類焼棟・建物外	
死者の発生した建物概要等 ＊火元の場合は火災調査担当者が調査	業態（　　　　）・用途（　　　　　）・区分（　　　　）・階数（　／　）・焼損程度（　　　　） 建築面積（　　　）・延面積（　　　　）・焼損床面積（　　　）・焼損表面積（　　　　） 防火管理の状況（　　　　　　　　　　　）・消防用設備等の状況（　　　　　　　　　）	
死者の年齢・性別	生年月日　　　年　　月　　日生（　　歳）　男・女	
死者の職業	職業（　　　　　　　　　）　　　　＊職業が重複する場合は出火時の状況により判断	
作業中の死亡	仕事中・仕事外・在校中・在校外・その他	
火気取扱中	喫煙中・暖房器具取扱中・炊事中・その他取扱中・不明	
起床	就寝中・起床中・不明	
飲酒　　　　　傷病	飲酒無・飲酒有・泥酔・不明　　　　　　　傷病無・傷病有・不明	
寝たきり　　　身体不自由者	寝たきり・不明　　　　　　　身体障害者・その他の身体不自由者・不明	
死者の発生した経過等	経過（　　　　　　　　）・理由（　　　　　　　　　　　）・自殺の有・無	
出火時死者のいた場所	屋内（自宅）・屋内（自宅以外）・屋外・車両・船舶・航空機・不明 屋内の場合階数（　　　）・火元の出火階と（同・別・不明） 箇所〔室〕（　　　　　）・火元の出火箇所と（同・別・不明）	
死者の発生した場所	屋内の場合階数（　　　）・出火時死者のいた場所と（同・別・不明） 箇所〔室〕（　　　　　）・出火時死者のいた場所と箇所〔室〕が（同・別・不明）	
出火時死者のいた建物と同一の建物等にいた者の数	同棟〔共同住宅の場合は同住戸〕（　　　　人）・同室等（　　　　　人） 死者1人（該当有・無）・自宅1人（1人暮らし・家族別棟・家族留守）	
出火時死者がいた建物の施錠	施錠無・施錠有・不明　　　　　　　　　　　　　＊共同住宅の場合は住戸の施錠	
出火時死者のいた場所にいた人数	車両（　　　　　人）・船舶（　　　　　人）・航空機（　　　　人）	
同一建物等での死傷者数・性別 （本人は除く）	建物（住戸）内　・　車両内　・　船舶内　・　航空機内　・　屋外 死亡（男性　　　人、女性　　　人）負傷者（男性　　　人、女性　　　人）	
出火時同一建物等に死者と一緒にいた者の年齢 （本人は除く）	氏名（　　　　　）　年　　月　　日生・氏名（　　　　　）　年　　月　　日生 氏名（　　　　　）　年　　月　　日生・氏名（　　　　　）　年　　月　　日生 氏名（　　　　　）　年　　月　　日生・氏名（　　　　　）　年　　月　　日生 ＊人数が多いなど必要な場合は別紙に記入すること ＊氏名の後ろに通し番号をふること	

＊　その他、不明を選んだ場合は、備考欄に理由を記載すること。

＊　本調査表は死者1人に一の調査表を作成するが、重複する調査項目は省略することができる。

火災調査Ｑ＆Ａ

1　実況見分に関するＱ＆Ａ

実 況 見 分

QUESTION 1　　実況見分後の説明について

実況見分後の説明について質問します。

私の消防本部では、『事例でわかる火災調査』（東京法令出版）等を参考にして、火災調査のために実施する鎮火後の実況見分については、焼損している箇所の状況が分かる占有者、管理者、所有者等を立会人にして立会人の指示説明を受けながら実施し、実況見分の終了後に、立会人に火災現場の焼けの状況や焼けの方向性などの客観的事実のほか、それらから推定される出火箇所、出火箇所付近に認められる発火源の可能性のあるもの等を捜査機関若しくは消防機関（双方で実施する場合もある。）が説明することについて、問題は発生していませんでした。

しかしながら先日、ある事業所での火災において、同様に実況見分が終了した後に立会人に説明したところ、後日、本火災が社会的な影響もあったことから、当該事業所の本社の方から連絡があり、消防や捜査機関から火災に関する説明を受けていないとの話がありました。

そこで、実況見分後に捜査機関とともに説明したことを話すと、「あれは『立話』であり、改めて会議室等で説明されるものと思っていたので、説明とは受け取っていない」とのことでした。

このようなことが起きないためには、どのようにすればいいでしょうか。

ANSWER

我々行政が、一方的にこれでよいと思い込んでいることがあることを教えられた例であり、反省するところは次に生かして、火災調査を含め我々消防機関が、より住民（事業者）の立場でプロとしての仕事をしなければいけないということではないでしょうか。

本事例では、実況見分後に、消防機関、捜査機関の双方又はいずれか一方が、立会人に対して「本日実施した実況見分の結果について説明します。」などと前置きをしてから説明していることと思われますが、立会人の方の説明を受けているという認識と違っていたと思われます。

実況見分後の説明は、現場の客観的な事実を立会人に確認してもらいながらの方が分かりやすいということもあり、現場で実施したいところですが、社会的に影響があると思われる火災や大規模な事業所等で発生した火災の場合、立会人個人でなく、事業所等の組織に対して説明する必要があると判断すれば、立会人に対する現場での客

観的事実の説明（お互いに焼けの状況を確認することを含む。）に加え、事業所の会議室等を用意してもらい、改めて図面（フリーハンドの図面や絵のようなものでも可）や写真（デジタルカメラの映像をプリントアウトするかプロジェクターで映し出す。）等を活用して説明会を行うことです。

　この場合、消防機関が単独で事業所等と相談して決めるのでなく、まずは、実況見分を合同で実施した捜査機関等と事前に打ち合わせして合同で実施することを原則とします（捜査機関は捜査、消防機関は調査という違いがありますが、共通の認識をもつことがお互いに重要なことです。）。

　当研究会では社会的に影響がある火災、事業所の関係者が多数いる場合、焼損した機械設備が特殊なもので事業所からの説明を受ける必要があるときは、実況見分の前後に説明会を行っています。

　実況見分の前に説明会を実施する場合は、大規模な機械設備などが焼損した場合、その機械設備を分解したり、どの部分から見分していくかも打ち合わせをする必要があります。

　このときは、第一発見者、初期消火者、通報者等火災の初期の状況を関係者から確認するとともに、最先着消防隊の現場到着時の状況を捜査機関等に情報提供することも必要になります。

　さらに、石油コンビナートの事業所、大規模倉庫（保管物品が複数ある場合）、大規模建築物の場合は、現場到着時や火災防ぎょ活動中にも火災の調査に関することだけでなく、二次災害の発生防止、効果的に火勢を鎮圧させる等のために説明を受ける（危険物を取り扱う事業所では規模等により事業所の技術者等からの説明をルール化しています。）こととしています。

QUESTION **2**　　消防機関による質問範囲について

　放火自殺の可能性がある火災の調査で、放火以外の可能性もわずかにある場合、実況見分によりその可能性を見分しますが、放火自殺を疑う場合、「実況見分」、「発見者への質問」及び「家族や職場の関係者等に対する当日の当事者の行動に関する質問」だけでは判定が困難になることがほとんどであると思います。

　その場合、放火と判定する根拠を現場の状況から見分しますが、自殺の動機についても家族等に対し踏み込んだ質問をし、判断材料の一つとして放火の判定とすることが有効であると思います。

　しかし、このような警察の捜査的な質問を消防が行っていいものでしょうか。

ANSWER

　放火は刑法上の犯罪となることから、検察官（検察事務官を含む。）又は警察官（司法警察職員）は、刑事訴訟法の定めるところにより、当該火災が刑法第2編第9章第

108条（現住建造物等放火）、第109条（非現住建造物等放火）、第110条（建造物等以外放火）等の条文に該当するか否かを捜査します。

　そして、放火の犯罪捜査のため、現場の遺留品、現場の状況、単独犯か複数犯か及び放火の前段に殺人、窃盗等ほかの犯罪の隠蔽があったかなどの動機についても捜査します。

　また、放火自殺の可能性がある場合、この放火が自損行為なのか、放火殺人、殺人後に証拠隠滅のために放火した可能性があるのか動機も含めて捜査します。

　一方、消防機関は消防法第7章に基づき、火災の予防及び警戒体制の確立のために火災調査を実施しています。そして、消防組織法第40条の規定に基づく火災統計報告の項目の一つとして、火災の「発火源」「着火物」と併せて「経過」を調査しており、その「経過」の中に「放火」があります。消防の火災調査では、放火の場合でも火災予防の観点から、「なぜ火災が発生したか」という「発火源」「経過」「着火物」について調査するのであって、行為者と動機について重点を置いた調査をしていません。

　そして、消防の火災調査では、調査の結果で行為者と動機が判明しなくても、放火という「経過」が判定できれば火災統計上も不明火災でなくなります。

　これらのことから、消防は放火の防止対策として、放火されない環境作りを主に行っているわけで、動機に関する部分からの放火防止対策を実施していないのではないでしょうか。

　したがって、消防の火災調査では、火災の発生に係る必要な項目を除き、必要以上に家族や関係者から動機に係る部分の供述を求める必要はないと解します。

　それでも上司等が動機について報告を求めてくるようであれば、消防法で定めるところの警察官と消防の「放火又は失火の火災原因の調査及び犯罪捜査協力」から情報を交換するなどの協力を求めてはいかがでしょうか。

　それよりも、消防は現場の焼損の状況から発火源、着火物を特定するとともに、放火以外の経過について、その可能性があるのかないのか、実況見分をじっくり実施して調査することが重要であると思います。

　捜査機関は、現場の状況と併せて、動機の捜査をしますが、我々消防職員は、捜査機関よりも「火災がいかに発生したか」を重点に現場の見分を徹底することが重要ではないでしょうか。

QUESTION 3　　電気痕と半断線について

　火災の焼損状況は、耐火構造5階建の共同住宅の3階1室が約10平方メートル焼損（床、壁、天井及び収容物が焼損したことから焼損床面積で10平方メートルと判断）したもので、出火当時は一人住まいの占有者は不在で、負傷者もいません。

　この火災の鎮火後の実況見分を捜査機関と合同で実施したところ、出火箇所は、内壁と床の焼けの方向性や収容物の焼損状況から音響機器が収納されている収納棚の正

面から見て右奥の壁際の足付近と判断しました。

　この収納棚の足付近に空気清浄機の器具付きコードがあり、そのコードを詳細に見分するとコードが棚の足付近で断線しており、この付近からコードの被覆が両側に約50センチメートルずつ焼失し、露出しているコードには緑青が出ていました。

　この断線しているコードの供給側をたどるとプラグがコンセントに差されていて、空気清浄機のスイッチは「入」の状態にあるのが認められました。

　そして、この断線箇所は素線がバラバラになり、素線を詳細に見分すると供給側の素線には電気痕が見分され、半断線特有の電気痕であると判断しました。しかし、負荷側の素線は少し離れた位置にあり、素線はバラバラになり所々切れていましたが、電気痕は認められませんでした。

　このようなことは起こるのでしょうか。なお、電気の分電盤は主ブレーカーと分岐ブレーカーの1か所が遮断になっていました。

ANSWER

　現場を見分していないので質問の内容を元に説明させていただきます。

　さて、電気痕については、質問者も疑問に思っているとおり、素線間で短絡した場合は、両方の素線に電気痕が発生しますが、素線が露出していて他のものと短絡した場合で素線一つひとつに電気痕ができる状況は考えにくいです。

　質問の火災では、負荷側のコードの素線が少し離れた位置でバラバラになっていたとのことですが、バラバラになっている部分も含めて、当該器具付きコードの全体の長さを計測し、コードに接続箇所がないか確認されたでしょうか。

　また、当該空気清浄機の社名や商品名、商品コード番号などから、当該空気清浄機のコードの長さを確認して、実況見分時に計測したコードの長さと比較することを勧めます。

　防ぎょ活動中の放水や活動隊員により、一部が移動していることもあり、現場の状況にもよりますが、実況見分でよほど注意深く全体を見分しないと確認できないことがあります。現場保存には十分配慮しているとは思いますが、ストレートの放水を当該箇所にするだけでもコードやたばこの吸い殻などは移動してしまいます。

　現場で探し出したいところですが、これからでは無理だと思いますので、片方の電気痕、コードが半断線になっていた可能性について、現場の状況（コードを踏んでいた棚の足の状況、空気清浄機の内部配線等を含む。）、占有者等の関係者の供述から考察して火災原因は判定できるのではないでしょうか。

　また、発火源の可能性がある器具付きコードを見分するときは、既存のコードを付け替えたりしていないか確認するとともに、その長さを測定し、長さが中途半端なとき（器具付きコードの長さはどれくらいのものが多いか、時間のあるとき事前に調べておくことも必要です。）は、より詳細に実況見分を実施しましょう。

QUESTION **4**　　原因別調査上の注意点

　火災の現場はそれぞれ状況が違い、何に注意して見分し調査するか、いつも悩んでしまいます。そればかりか調査漏れがあったり、後で苦労しています。先入観を持って調査することはよくないと分かってはいるのですが、火災の原因ごとに調査するというのも違うと思いますので、それぞれの原因ごとに調査するうえでの注意点を説明していただけないでしょうか。

ANSWER

　火災の原因は、「放火」「火遊び」などの経過によるもの以外は「発火源」が関係してきますので、発火源ごとの調査に係る注意事項などについて説明します。

　「発火源」は、火災調査（実況見分、質問調書の録取、鑑定・鑑識、実験等）を実施して、その結果「経過」「着火物」とともに判定するもので、調査する前に決め付けるものではありません。しかし、実務上は質問のとおり、発火源により調査項目が違ってきますので、鎮火後に出火箇所と推定される箇所で考えられる「発火源」（複数になることもあります。）を考慮して調査することが必要になります。

　当研究会では、次の調査事項を考慮して調査を実施していますので参考にしてください。

〈参考〉発火源別の主な調査事項等

　凡例：各項目の数字は、火災報告取扱要領の別表第3「出火原因分類表」の1表「発火源」のもので、1桁が「大分類」（＝大）、2桁が「中分類」（＝中）、4桁が「小分類」（＝小）の数字になり、カッコの数字が調査事項です。

大1　電気による発熱体

中11〜18　移動可能な電熱器、固定の電熱器、電気機器、電気装置、電灯電話等の配線、配線器具、漏電により発熱しやすい部分、静電スパーク

(1)　製造会社、製造年月日、型式、製品名、用途（家電用、営業用含む。）、構造（材質、形状）、サイズ、電圧、電流、購入店等

(2)　器具付きコードの種類、コードの長さ、コードの太さ、コード（配線）の

電気痕、断線、配線被服、素線の本数等

(3)　コードの修理（素人の修理痕等）

(4)　短絡（スパーク）箇所

(5)　配線接続部の緩み

(6)　安全装置（温度ヒューズ、温度調整機能等）の有無と作動状況等

(7)　トランス、コンデンサー、基盤の状況

(8)　周囲の状況（離隔距離）

(9)　各部品の状況（例：扇風機のモーターの軸受け）

(10)　通電の有無を確認できる状況

(11)　プラグ、コンセントの状況

(12)　たこ足配線の有無とたこ足配線の状況

(13)　分電盤の状況（容量、各ブレーカーの作動・位置・状況等）

(14)　停電等（電力供給側の異常）の有無

⒂　通電から出火までの時間経過

⒃　使用者、取扱者、所有者、管理者等（必ず※人定を行う。）

⒄　日常の使用状況、使用の履歴、故障、修理の履歴、改造の履歴、点検の履歴（必要により修理業者、点検業者）

⒅　保安装置の有無と状況

⒆　絶縁試験の結果と記録

⒇　絶縁物の必要の有無と出火前の状況

(21)　出火前の器具の使用状況

(22)　使用の手順（当日、日常、マニュアルの有無）

(23)　当日を含む数日間の異常の有無（必要により最終点検日から）

(24)　スイッチ、安全装置の状況

(25)　発熱（電熱）部分の状況

(26)　出火当日の気象状況（降雨、降雪、強風が影響する場合）

(27)　漏電の可能性がある場合は、漏電点、接地箇所及び経路のほか、漏電経路の測定、漏電の理由、引込線、屋外線の状況

(28)　静電気が発生する場合は、除電器の有無と定格

(29)　工事を実施している場合は施工業者、工事実施者、資格の有無

(30)　着火物の状況

※　「人定」とは、その人物を特定することをいい、次の調査項目を確認します。

　・氏名・生年月日（人定の場合は、年齢ではなく生年月日を確認する。）・性別・住所・職業

⼩1518〜1522　交通機関内配線

交通機関内の配線は、他の電気による発熱体と調査項目が違うこともありますので、次のとおり説明します。

⑴　車両の製造会社、年式、型式、車体番号、車両登録番号

⑵　点検、整備、改造、故障の履歴

⑶　出火前の使用状況（特に、当日の運転状況、時間、距離、速度（高速道路の走行））

⑷　所有者、管理者、運転者、同乗者（要人定、運転者は運転経験）

⑸　出火前の車両の状況（エンジン回転数、電気系統、制動力、音、臭い、事故の発生等）

⑹　燃料の種類、燃料の量

⑺　各オイルの量、確認状況

⑻　バッテリーの容量（大きさ）（純正のものかどうか）

⑼　バッテリーターミナルと配線の取付け状況（緩みがないか）

⑽　短絡（スパーク）箇所とその理由

⑾　短絡箇所周囲の可燃物

⑿　スパークの場合、燃料漏れの有無、その理由、漏洩箇所、漏洩箇所の配管の材質、配管結合部の状況又は燃料以外の着火物の状況

⼤2　ガス油類を燃料とする道具装置

⊕21、22　ガス（都市、液化石油）を用いる移動可能な道具（器具）

⑴　ガスの種類

⑵　ガス計量器の位置、マイコンメーターの状況、開閉コック等の状況

⑶　器具の種類、製造会社、型式、構造、製造年月日

⑷　故障・修理履歴、点検履歴、改造履歴

⑸　日常の使用状況、使用頻度

⑹　腐食、変形、破損の有無

⑺　器具及び周囲の清掃状況

⑻　出火前の使用状況

・何をどうするためにどうした

・考え違い・使用用途が違っていた（本来の用途以外の使用をした）

・使用放置した（忘れていた・時間経過を誤った）

(9)　出火前の使用時間（時間経過）

(10)　所有者、管理者、使用者（日常、出火前）（要人定）

(11)　ホースの状況

(12)　使用実態の確認（元栓の状況、各器具栓の状況（器具栓の確認には、火力調節、温度調節の状況を含む。））

(13)　ガス漏れの有無（有の場合は漏洩箇所の確認）

(14)　こんろの場合、五徳上の物品（内容物含む。）の状況、溢れ出たものの状況

(15)　こんろ、グリルなどの安全装置の状況

(16)　こんろのバーナーヘッドなどの各部品が適正に設置されているか。

(17)　器具に付着している溶融物等の状況

(18)　器具の周囲の状況（直近の可燃物、落下危険、移動危険があるものの状況、輻射・伝導過熱の危険性）

(19)　不完全燃焼の有無（不完全燃焼の痕跡）

(20)　乳幼児、犬などの動物が点火スイッチを押す（点火する）可能性

(21)　着火物の状況

小2111、2212　溶接機・切断機

　ガスを用いる移動可能な道具のうち、溶接機・切断機は調査項目が違うこともありますので、次のとおり説明します。

(1)　溶接機・切断機の燃料（都市ガス・液化石油ガス・アセチレン）

(2)　ボンベの容積、接続管の材質・口径・長さ・接続部、火口の大きさ

(3)　構造の概要、製造年、型式、製造者

(4)　修理履歴、点検履歴

(5)　出火前の作業状況（使用時間、作業場所、取扱者（要人定・資格の確認））

(6)　溶断・切断の部位

(7)　ガス調節（調整圧力）、点火方法と手順

(8)　養生シート等の状況、養生実施者（要人定等）

(9)　出火当時の作業状況

(10)　溶接機・切断機の使用に係る客観的事実の確認

(11)　作業現場の周囲の状況（着火危険のある物との距離・状態・品名等）

(12)　飛散する火花の大きさと距離

(13)　ガス漏れの有無（ゴムホース等の経歴、接続部、詰まり）

(14)　逆火に至る理由

(15)　着火物の状況

⊕23、24　ガス（都市、液化石油）を用いる固定したガス設備

(1)　ガスの種類

(2)　ガス計量器の位置、マイコンメーターの状況、開閉コック等の状況

(3)　器具の種類、製造会社、型式、構造、製造年月日

(4)　故障・修理履歴、点検履歴、改造履歴

(5)　日常の使用状況、使用頻度

(6)　構造の不備、腐食、変形、破損の有無

(7)　器具及び周囲の清掃状況

(8)　熱源の状況、構造、種類

(9)　燃料の供給配管　口径、長さ

(10)　換気設備の有無、作動の事実確認

(11)　出火前の使用状況

Q&A

・何をどうするためにどうした

・考え違い・使用用途が違っていた（本来の用途以外の使用をした）

・使用放置した（忘れていた・時間経過を誤った）

・乾燥室の場合は温度経過

⑿　所有者、管理者、使用者（日常、出火前）（要人定）

⒀　使用実態の確認（元栓の状況、各配管の開閉栓の状況）

⒁　ガス漏れの有無（有の場合は漏洩箇所の確認）

⒂　溢れ出たものの状況

⒃　安全装置の状況

⒄　各部品の適正な設置、適正な火力調整、温度・蒸気圧の調整

⒅　設備に付着している溶融物等の状況

⒆　設備の周囲の状況（直近の可燃物、落下危険、移動危険があるものの状況、輻射・伝導過熱の危険性）

⒇　不完全燃焼の有無（不完全燃焼の痕跡）

㉑　煙突、排気筒の取付け、管理（清掃）の状況

㉒　着火物の状況

⊕25、26　油を燃料とする移動可能な道具及び固定設備

⑴　燃料の種類

⑵　燃料タンクの位置、構造、容量

⑶　器具の種類、製造会社、型式、構造、製造年月日

⑷　故障・修理履歴、点検履歴、改造履歴

⑸　日常の使用状況、使用頻度

⑹　点火装置の概要

⑺　腐食、変形、破損の有無

⑻　器具及び周囲の清掃状況

⑼　出火前の使用状況

・何をどうするためにどうした

・考え違い・使用用途が違っていた（本来の用途以外の使用をした）

・使用放置した（忘れていた・時間経過を誤った）

⑽　出火前の使用時間（時間経過）

⑾　所有者、管理者、使用者（日常、出火前）（要人定）

⑿　燃料供給装置の状況

⒀　使用燃料の誤り（誤りに至った経緯、実施者）

⒁　使用実態の確認（各コックの状況、各器具栓の状況（器具栓の確認には、火力調節、温度調節の状況を含む。））

⒂　油漏れの有無（有の場合は漏洩箇所の確認）

⒃　こんろの場合、五徳上の物品（内容物含む。）の状況、溢れ出たものの状況

⒄　こんろ、グリルなどの安全装置の状況

⒅　こんろのバーナーヘッドなどの各部品が適正に設置されているか。

⒆　器具、設備に付着している溶融物等の状況

⒇　器具、設備の周囲の状況（直近の可燃物、落下危険、移動危険があるものの状況、輻射・伝導過熱の危険性）

㉑　不完全燃焼の有無（不完全燃焼の痕跡）

㉒　乳幼児、犬などの動物が点火スイッチを押す（点火する）可能性

㉓　煙突、排気筒の取付け及び清掃状況

㉔　ダンパーの状況

㉕　着火物の状況

小2510　内燃機関

油を燃料とする移動可能な道具のうち、内燃機関は調査項目が違うこともありますので、次のとおり説明します。

(1) 車両の種類、年式、型式、車体番号、車両登録番号、製造（販売）会社

(2) 燃料の種類

(3) 故障・修理履歴、点検履歴、改造履歴（点検、修理、改造者）（要人定）

(4) 日常の使用状況、使用頻度、走行距離

(5) 当日の使用状況、走行距離、走行時間、出火前の速度

(6) 所有者、管理者、使用者（日常、出火前）（要人定）、出火前の使用者の運転歴

(7) 着火物の漏洩の状況（燃料、潤滑油等）

(8) 交通事故の有無（衝突、横転、破損の状況及び破損箇所）

(9) 交通事故から出火までの時間経過

(10) 出火前の異常（エンジン回転、電気系統、制動装置、異音、異臭）の有無（有の場合はその内容）

(11) 高温になるエンジン本体、エキゾーストマニホールド、触媒等の状況

(12) 冷却装置（冷却水、ファンの状況含む。）の状況

(13) バッテリー、各配線コード、リレー等の電気系統の状況

(14) 逆火に係る各調整の状況（点火時期、混合ガス）

(15) 着火物の状況

⊕27 明り

(1) 明りの種別（材質）、形状

(2) 受け皿、容器の形、材質

(3) 日常の使用状況、使用頻度、使用時間

(4) 当日の使用状況、使用時間、使用目的、出火前の周囲の状況（周囲の可燃物、清掃状況、風の影響等）

(5) 所有者、管理者、使用者（日常、出火前）（要人定）

(6) 火源若しくは着火物の移動（転倒、落下）の可能性とその理由

(7) 着火物の材質、種類、形、状況

⊛3 まき、炭、石炭（コークス）を燃料とする道具装置

「2 ガス油類を燃料とする道具装置」の調査事項に準じるほか、炭火のはねについて、次の事項を調査します。

(1) 炭火がはねた理由

(2) 炭火がはねてから出火までの時間経過

(3) はねた火種の大きさ

(4) はねた距離

⊛4 火種（それ自身発火しているもの）

⊕41 裸火（器に入っていないもの）

(1) 裸火の種別（材質）、形状

(2) 受け皿、容器の形、材質

(3) 日常の使用状況、使用頻度、使用時間

(4) 当日の使用状況、使用時間、使用目的、出火前の周囲の状況（周囲の可燃物、清掃状況、風の影響、気象状況等）

(5) 所有者、管理者、使用者（日常、出火前）（要人定）

(6) 裸火の火種を使用する理由

(7) 火源若しくは着火物の移動（転倒、落下）の可能性とその理由

(8) 着火物の材質、種類、形、状況

(9) たき火の場合（前記調査事項のほか、次のア～オを調査）

Ｑ＆Ａ

ア　たき火の状況（燃焼物の種類と量）

イ　実施場所の状況

ウ　目的

エ　実施者

オ　残り火の処置（使用放置の理由含む。）

⊕42　たばことマッチ

(1)　たばこの種類

(2)　灰皿の大きさ、材質

(3)　灰皿の中の吸い殻の量、他の可燃物の混在、灰皿の破損の有無

(4)　喫煙者（複数の場合あり）、マッチ、ライターの使用者（要人定）

(5)　日常の喫煙習慣、出火前の喫煙状況（喫煙量含む。）

(6)　出火前の喫煙時間

(7)　たばこ（マッチ）若しくは着火物の移動（転倒、落下）の可能性とその理由

(8)　着火物の材質、種類、形、状況（灰皿の周囲の状況含む。）

(9)　たばこの投棄について（投棄場所、投棄時間）

(10)　消し忘れ若しくは使用放置の理由及び時間経過

(11)　マッチ、ライターの使用目的（経過につながる調査含む。）

(12)　マッチ、ライターの着火物

⊕43　火の粉

(1)　火の粉を発生させる容器、設備（種類、構造、製造会社、設置年月日）

(2)　火の粉を発生させる容器、設備（日常の使用状況、使用頻度、使用時間）

(3)　当日の使用状況、使用時間、使用目的、出火前の周囲の状況（周囲の可燃物、清掃状況、風の影響、気象状況等）

(4)　所有者、管理者、使用者（日常、出

火前）（要人定）

(5)　火の粉の種類（紙、木等）と飛散量

(6)　火の粉の飛散距離、飛散時間、飛散理由

(7)　着火物の状況

⊕44　火花（固体の衝撃摩擦による）

(1)　火花を発生させる容器、設備（種類、構造、製造会社、設置年月日）

(2)　火花を発生させる容器、設備（日常の使用状況、使用頻度、使用時間）

(3)　当日の使用状況、使用時間、使用目的、出火前の周囲の状況（周囲の可燃物、清掃状況、風の影響、気象状況等）

(4)　所有者、管理者、使用者（日常、出火前）（要人定）

(5)　火花の大きさと飛散量

(6)　火花の飛散距離、飛散時間、飛散理由

(7)　異物混入の有無、異物混入の経緯、異物混入時期

(8)　着火物の状況

⑤　5　高温の固体

⊕51　高温気体で熱せられたもの

(1)　煙突、煙道などの設備（種類、構造、製造会社、設置年月日）

(2)　煙突、煙道などの設備（日常の使用状況、使用頻度、使用時間）

(3)　当日の使用状況、使用時間、使用目的、出火前の周囲の状況（周囲の可燃物、清掃状況、風の影響、気象状況等）

(4)　所有者、管理者、使用者（日常、出火前）（要人定）

(5)　煙突、煙道と壁との距離

(6)　設備、器具の温度調整の状況

(7)　可燃物の接触の有無、理由

(8)　煙突、煙道などの腐食、破損箇所の

有無、状況

(9)　構造不完全の有無、状況

(10)　着火物の状況

⑪5105　排気管

(1)　車両の種類、年式、型式、車体番号、車両登録番号、製造（販売）会社

(2)　燃料の種類

(3)　故障・修理履歴、点検履歴、改造履歴（点検、修理、改造者）（要人定）

(4)　日常の使用状況、使用頻度、走行距離

(5)　当日の使用状況、走行距離、走行時間、出火前の速度

(6)　所有者、管理者、使用者（日常、出火前）（要人定）

(7)　出火前の使用者の運転歴

(8)　着火物の漏洩の状況　燃料、潤滑油等

(9)　交通事故の有無　衝突、横転、破損の状況及び破損箇所

(10)　交通事故から出火までの時間経過

(11)　出火前の異常（エンジン回転、電気系統、制動装置、異音、異臭）の有無　有の場合はその内容

(12)　高温になるエキゾーストマニホールド及び触媒を含む排気管の状況

(13)　着火物の状況（ウエスなどの可燃物含む。）

⊕52　摩擦により熱せられたもの

(1)　摩擦が起きる容器、設備（種類、構造、製造会社、設置年月日）

(2)　摩擦が起きる容器、設備（日常の使用状況、使用頻度、使用時間、作業工程）

(3)　当日の使用状況、使用時間、使用目的、出火前の周囲の状況（周囲の可燃物、清掃状況、風の影響、気象状況等）

(4)　所有者、管理者、使用者（日常、出火前）（要人定）

(5)　軸受の種類、材質、取付け状況

(6)　モーターの回転数、馬力

(7)　ベルトの張り具合

(8)　注油箇所、注油の状況

(9)　切削工具の構造

(10)　被切削材の材質など

(11)　切削工具の回転数

(12)　切削油の種類と注油の状況

(13)　切削屑の状況

(14)　着火物の状況

⊕53　高温の固体

(1)　金属を溶融させる設備、高温になる設備（種類、構造、製造会社、設置年月日）

(2)　金属を溶融させる設備、高温になる設備（日常の使用状況、使用頻度、使用時間、作業工程）

(3)　当日の使用状況、使用時間、使用目的、出火前の周囲の状況（周囲の可燃物、清掃状況、風の影響、気象状況等）

(4)　所有者、管理者、使用者（日常、出火前）（要人定）

(5)　溶融温度、加熱温度（加熱方法）

(6)　溶融物の溶融片の大きさ、飛散距離

(7)　保護装置の状況

(8)　着火物の状況

⊗6　自然発火あるいは再燃を起こしやすい物

⊕61、62　自己反応性物質及び自然発火性物質・禁水性物質

(1)　危険物の種類、品名、性状

(2)　取扱者・主任者、所有者、管理者、使用者（日常、出火前）（要人定）

(3)　購入年月日、購入先（流通経路）、

保管方法、保管期間

(4)　保管場所（建物構造、開口部、換気扇、広さ）

(5)　保管方法（堆積方法、保管容器、収納容器）

(6)　他の保管危険物等の状況、保管物の配置状況

(7)　出火前の異常の有無（臭い、音）

(8)　出火前の取扱い状況（日常と違う取扱いを含む。）

(9)　出火当時（当日）の気象状況

(10)　着火物の状況

⊕63　その他の自然発火しやすいもの

(1)　油の種類、油の量

(2)　高温になる理由、熱源

(3)　作業者（日常、出火前）、所有者、管理者（要人定）

(4)　作業時間、作業方法（日常、出火前）

(5)　保管容器、保存方法、保存場所

(6)　気象状況、保存場所の温度

(7)　着火物の状況

⊕64　再燃により出火原因となりやすいもの

(1)　燃焼（焼却）時間、燃焼物の量

(2)　燃焼の火源、燃焼方法

(3)　放置（保存）時間、放置（保存）場所、放置（保存）方法、収納容器（材質含む。）

(4)　作業者（日常、出火前）、所有者、管理者（要人定）

(5)　消火方法、消火者（要人定）

(6)　着火物の状況

⊗7　危険物品

⊕71〜74　火薬類、酸化性気体、酸化性液体、酸化性固体

(1)　火薬、各危険物の種類・品名・性状

(2)　取扱者・主任者、所有者、管理者、作業者（日常、出火前）（要人定）

(3)　取扱者、作業者の経験・経歴等

(4)　購入年月日、購入先（流通経路）、保管方法、保管期間

(5)　作業（保管）場所（建物構造、開口部、換気扇、広さ）

(6)　保管方法（堆積方法、保管容器、収納容器）

(7)　他の保管危険物等の状況、保管物の配置状況

(8)　出火前の異常の有無（臭い、音）

(9)　出火前の取扱い状況、作業工程（日常と違う取扱いを含む。）

(10)　作業時の火気取扱いの状況、火気取扱い設備等の状況

(11)　出火当時（当日）の気象状況

(12)　着火物の状況

⊗8　天災

⊕81　雷

(1)　落雷場所、周囲の状況

(2)　保護装置の有無及び保護装置の作動状況

(3)　落雷対象物の名称、種類、構造、使用状況

(4)　落雷対象物の使用者、所有者、管理者（要人定）

(5)　落雷対象物の使用状況（日常、出火前）

(6)　出火当時（当日）の気象状況（注意報、警報等の発令の有無を含む。）

(7)　着火物の状況

(8)　直接雷（直接構造物に雷が落ちるもの）

(9)　間接雷（即激雷・誘導雷・進入雷に分類）

[▶ p.54]

> **経過と着火物について**
>
> 1　経過により調査項目が変わるのでなく、火災に至る直前の「現象」「状態」「行為」に分けて考察しますので、これらの発火源の調査事項が重要になります。
>
> 2　経過は、関係者の供述が主になることが多くなりがちですが、実況見分における器具の使用状況を確認できるスイッチの位置、配線の状況などの客観的事実を確認することにより、経過を考察することもあります。
>
> 3　着火物は、発火源がそのまま着火物になる例もあるほか、同じ名称が大分類ごとに複数ある場合もあるので注意します。

実 況 見 分 調 書

QUESTION **5**　　事後聞知火災の場合

　事後聞知火災で火災報告取扱要領の解説では、「道路上に放置されたごみや車両火災で物件が片付けられ、消防機関が焼損物件を現認できないことがあり、警察署等の官公署で撮影した現場写真で火災の三要素を確認できれば火災として取り扱う」とあります。さらに、本書では、「警察からの写真のみで焼損物が現場等で確認できない場合は、その原因については判定できずに「不明」として処理することが多くなると思われる」とあります。

　火災が発生したと思われる日時から約2か月後に警察署から写真と情報の提供があり、提供された写真等の状況から、原因については「放火」として調査報告書を作成中です。

　本事案では、警察からの写真と情報の提供のみで現場見分はできず、焼損物件も現認していません。このような場合、

① 実況見分調書をどのように作成するべきでしょうか。

② 警察から提供された写真のみで消防が現場見分を実施した火災と同じように実況見分調書を作成してよいのでしょうか。

③ 警察から提供された写真のみで実況見分調書を作成する場合、実況見分の実施日時はどのように考えたらよいのでしょうか。

　適切な方法等がありましたらご教示ください。

ANSWER

　火災報告取扱要領では、「警察署等の官公署で撮影した」とありますが、実務上では、官公署が撮影していなくても、火元者である占有者や所有者が撮影した写真で、その写真の状況や供述の内容から判断され、火災として取り扱う場合もあると思います。

つまり、調査員が客観的に判断し、組織として火災扱いすることになれば、必要な調査をするのではないでしょうか。

また、本書の中で、現場を確認していないことから不明になることが多い旨の説明［第1　1　ADVICE5　事後聞知火災について➡p.2］をしていますが、これは、通常は火災の現場、特に焼けの方向性や焼損の状況が確認できず、火災当時の状況についても供述が得られない場合などは、出火箇所、発火源、経過、着火物の判定ができないと思われるからです。

ただし、火災によっては、火災直後の現場を確認できなくても、供述の内容、現場の写真などを参照し、消防職員としての考察を加えて原因が判定できる場合もあると思いますので、その現場ごとに違ってくることについて、その全てを説明できないことも、どうかご理解ください。

① 　**実況見分の方法**（調書作成に当たって）

まず、実況見分の実施の有無についてです。火災の現場を克明に残し、火災の原因判定の資料とする実況見分は、火災調査を法に基づき実施している消防機関として、火災ごとに実施する必要があるのではないでしょうか。

そして、実況見分の結果、焼損物が全て片付けられ、清掃もされている状況を残すことは、この火災が事後聞知火災であることの説明になりますし、その場所で、立会人の指示説明により復元できることもあります。

② 　**警察からの写真提供**

資料として消防職員が書類を作成し、その書類に添付する方法のほか、警察官から質問調書を録取して、その質問調書に写真を添付する方法もあります。当研究会では、警察官の負担を考慮して資料を作成することとしています。

なお、今後は、質問者の消防本部の調査規程等で、実況見分の実施、警察からの写真提供などについて、このような場合はどうするという根拠を事前に明確にしておくことも必要なことと思います。

また、捜査機関が刑事訴訟法等に基づき火災事件と扱う事案と消防機関の火災の定義が違うことから、捜査機関からの情報提供が遅れたり、情報提供がなく、報道により火災を覚知することもありますので、捜査機関には消防の火災定義について事前に説明し協力を求めておくことが重要になります。

③ 　**実況見分の日時**

実施した日時です。その時に見分したままの状況で作成します。その中で、立会人の指示説明により、必要な現場の状況をできる限り書類に残すことになります（実況見分調書には、現場の位置、現場付近の状況など、火災調査に必要なことがあります。）。

QUESTION **6**　　五感を活用した事実の記載について

　先日、取灰から出火したと思われる火災が発生しました。実況見分時、火災現場に捨てられた取灰は完全に消火していましたが、取灰をすくい取った地面に熱気が残っていました。

　温度を測定する機器がすぐに調達できず、調査員数人が手をかざしたところ、明らかな熱気を感じ取ることができました。この「調査員が熱気を感じた」という事実を実況見分調書に記載し、取灰中に残り火があった可能性を示す一つの根拠として、原因判定書で引用することに問題はないでしょうか。

　また、出動時の見分調書においては、臭いや音についても記載が認められていますが、実況見分調書において「臭い、音」等、五感を活用した事実の記載についての説明をお願いします。

ANSWER

　実況見分調書は、火災調査をその任務としている行政機関として、火災現場の鎮火後の客観的事実を克明に残すほか、復元の状況を記録する現場保存の資料で火災の原因や火災による損害調査の基礎資料とするために作成することを目的としており、火災原因判定書で原因を判定する場合に必要なことは実況見分調書、火災状況見分調書（出場時の見分調書）や質問調書等からそのことを引用する必要があることから、実況見分調書等にはそれが記載されていなければなりません。

　実況見分調書に記載する客観的事実は、写真や復元図面で確認できる事実だけでなく、例えば「臭気」の事実は使われることがあるのではないでしょうか。

　実例で説明すれば、現場に油膜は認められないものの、現場にある炭化物から石油（ガソリン、灯油等）の臭気が認められ、ガス検知器（北川式ガス検知器）等で測定をして、その場で検知管の変色等を撮影し、その事実を記録するほか、炭化物を保管する等した場合には、その旨を実況見分調書に記載するのではないでしょうか。しかしながら、臭気の場合もその後にガス検知器を使用するほか、後に科学的に鑑定をする等してその事実を明確にするのであり、臭気がしただけの記載では客観的事実の立証としては乏しくなります。

　本火災事例の取灰の場合は、どこの場所に「熱気を認める」と実況見分調書に記載することは客観的な事実であり、そのことは問題ありませんが、重要なことは、当該熱気が認められる地表面の色と周囲の地表面との色の違い（熱気があるということは、地表面が乾燥して色が違う場合が考えられます。）、取灰の上部と下部の色の違い等、写真で記録できることは記録して、そのことを記載することが、より客観的な事実を証明することにつながるのではないでしょうか。

　一つの取灰だけの部分の記載例でいえば、「取灰を見分すると、濡れた状態で一様に焦げており、……上部から除去すると蒸気が認められ、さらに除去していくと下部

は乾いており、取灰を取り除いた地表面は土であるが、○○色になっていることから、素手で触れてみると乾いており、熱気が認められる」等となります（熱気の温度は温度計等の測定器がなければ、「人肌と変わらない」「素手では触れられない」等の具体的な例を挙げられるのであれば、挙げた方がいいでしょう。）。

　また、当該取灰の周囲の焼き状況を詳細に見分し、出火箇所の説明に必要があれば、当該位置からの焼けの方向性を説明できるようにすることと、当該取灰に関する供述を関係者から録取しておくことが重要になります。

　これは、取灰を誰がいつ置いたか等の時間的経緯、取灰の量はいつもと変わらないのか、いつもより多いのか、取灰の周囲に何があったか（実況見分時に確認できていれば、立会人の指示説明でも可）、いつもと違うものはなかったか等が重要なポイントで、着火物の可能性があるものは何かを含め調査することが必要になるのではないでしょうか。

　実況見分時に、発火源ばかりを意識して、着火物の見分がおろそかになることがよくありますので、注意しましょう。

　先入観をもった火災調査はよくないといつも言っていますが、当該取灰のように出火箇所が絞られるときは、当該出火箇所に関することを詳細に見分し、詳細に関係者から供述を録取するのであり、出火箇所が絞り込めない場合は、焼損が認められる範囲の全ての発火源について、詳細に調査するということになります。

　本火災事例では、取灰の量や時間的経過、周囲に置かれていたものが明確であれば、再現実験をすることにより、「熱気を認める」ことの客観的事実が証明されるのではないでしょうか。

　以上の説明のとおり、「臭気」「熱」等の五感に関することでも客観的事実であれば、必要により実況見分調書に記載することは問題ありませんが、より客観性を担保するために、科学的鑑定や温度測定等を並行して実施して、そのことを記載することをお勧めします。

QUESTION **7**　死者の表現について

　死者が出た火災で、実況見分調書における死者の記載要領について、上司から「死者は……」と記載すべきでないと指摘されましたが、現場の状況から明らかに火災による死者と考えられる場合にも「死者」という表現は記載できないのでしょうか。

ANSWER

　火災現場で明らかな死亡状態であると認められ、救急搬送を行わない場合でも、現場に医師の派遣を要請（医師の派遣は警察若しくは消防で要請）し、死亡の確認をしてから見分を行うことと思われます（火災現場での死者については刑事訴訟法で第229条の変死（者）の疑いがあることから、警察官が検視を行うほか、医師が死体検

案を行い死亡診断書、死体検案書を作成されることとなります。）。

　そして、消防機関が火災現場で見分を行う段階では、当該死者の死因が火災による
ものか、その他の原因であるものか特定できないため、実況見分調書（消防本部によ
り死者の見分結果を書類にする場合の調書の名称は違うこともあります。）には「焼
死者」と記載することはできませんが、死亡確認された後であれば、「死体」「死者」「遺
体」等の表現をすることになり、明らかな死亡状態と認め、死亡確認する前に見分し
ているのであれば、「明らかな死亡状態の人体」等の表現になります。

　いずれにしても、当該調書の冒頭に「いつ、誰が、死亡確認（明らかな死亡状態と
判断）した事実関係」を記載する必要があります。

QUESTION **8**　　客観的な表現方法（焼損状況）について

　実況見分調書は、現場の客観的事実を克明に残す書類として、火災の調査では重要
な書類であることは認識していますが、作成には非常に苦労しているところです。

　すなわち、どのように表現して文章を作成し、調書にするかというところが悩みの
種なのです。

　写真を見れば分かるので、状況は「写真のとおり」と書きたいところです。

　最近はインターネットで検索できるので、例えば、木造住宅の小屋組材に関する各
部の名称「むな木」「たる木」「もや」「つり木」「小屋ばり」等は分かるのですが、そ
れぞれの焼けている状況をどのように表現するのかということです。

　たる木が焼け細っていると判断して「たる木が全体的に焼け細っている」と表現す
ると、「たる木が最初からこの太さで、表面が焼けているのではないか」などと指摘さ
れます。

　どのような表現をすればいいのか説明をお願いします。

ANSWER

　実況見分調書は日常生活や国語の授業では使用しない単語を使うほか、表現方法も
独特のものがあります。また、同じ火災現場はないということで、焼損物件の位置、
大きさ、用途、焼損状況などが違うことから、その作成は苦手な職員も多く、苦労さ
れていることと思います。

　しかし、実況見分調書は現場の客観的な事実が表現されていればよいので、あまり
難しく考えることはありません。

　まず、質問にある「写真を見れば分かる」ということについて少し説明します。

　実況見分調書の図面や写真、特に現場の写真は客観的事実をそのまま表しているの
で、実況見分調書に不可欠の客観性が担保されています。

　しかしながら、写真だけでは、その部分の客観的事実は表現できても、具体性に欠
けるため、写真中の位置を特定して説明を加えなければ逆に分かりにくいものとなっ

てしまいます。文書で説明しながら写真で視覚により分かりやすくする、と考えましょう。

　そして、写真の中である部分（箇所）を「強調」することや、「示す」ことが必要なときは、明らかに火災現場のものでないと分かる矢印や番号などを置いて撮影することにより、より分かりやすくなります。この方法は、まず全体の状況を撮影してから特定箇所を撮影するときに使用するようにします。

　次に、たる木の焼けに関する表現についてですが、質問の表現方法から判断しますと、対比的な表現がないことから、指摘されているのではないかと思われます。

　例えば、「○○のたる木を見分すると、西側から2本目までのたる木は表面的な焼けで亀甲模様も認められないが、3本目のたる木は全体的に焼け細っており、4本目以東のたる木には焼けが認められない」などと表現できるでしょう。

　焼け細りの表現は「角材の角が焼失」しただけでなく、面の部分が焼失し細くなっている状態や、板状のものの端が焼失している場合にも使います。

　また、前記の表現のように、「焼け細り」という表現を無理に使わなくても、「たる木の角が焼失し丸みを帯びている」などと表現する方法もあります。

　このように、客観的事実を担保できる表現であれば間違いではありませんので、専門用語にこだわる必要はありません。

〈対比的な記載例〉

　6畳間の東側に位置する押入れを見分すると、襖は認められないことから敷居を見分した。敷居の長さは1.8メートルあり、北寄りは表面が炭化しているものの亀甲模様は認められないが、北の端より0.7メートルの箇所から南側は炭化部分に亀甲模様が認められ、南側の柱付近は敷居の溝を残さないほど燃え込んでいる。

QUESTION 9　客観的な表現方法（木片の状態）について

　果樹園の中で木片が燃えた火災の原因調査です。
・木片が燃えていた場所が果樹園の中の公道に接する場所であること
・垣根として植えられた樹木の影になっていたこと
・発生時刻は夕方で、果樹園に接する公道は、この時刻でもほとんど人通りがないこと
・発火源となるものが何も見当たらないこと
・周囲にたばこの吸殻が認められず、焼損したものが木片だけで、周囲の落ち葉には焼損が認められないこと
　などから、何者かがライター等の有炎火を用いて放火したものと判定したところです。ですが、上司から「木片の状態が分からない」と指摘を受けました。
　本火災の発見状況と消火方法は、果樹園から少し離れた場所を歩いていた親子連れが煙を見て何かと思い近づいて、木片が燃えていたのを発見し、足で踏み消したもので、

木片が燃えていた状態も鎮火後の木片の大きさについても調査書類には記載してあります。

　「木片の状態」とは何を意味するのかを他の調査員と悩んでいるところです。どのように記載すればいいのでしょうか。

ANSWER

　現場の写真などを見ていないので質問の内容から推測しますと、「木片の状態」とは、例えば木片が角材を切断したものか、切り株のようなものなのか、切ったばかりの枝のようなものなのか、枯れ枝なのか、などの状態をいっているのではないでしょうか。

　上司を含め調査員の皆様は、現場や写真を見ているので、前記の例のどれに該当するか分かっていることから、調査書類に木片が枯れ枝であるとか、折れた枝が風化しているとかの説明が記載されていないのではないでしょうか。

　同じ木片でも角材を切断したものや切ったばかりの枝では、ライターを用いても火がつきにくいことから、当該木片が枯れ枝でライター等の有炎火で容易に火がつきやすく放火しやすい着火物であるという説明が必要だったのではないでしょうか。

　いくら人通りが少ない場所であっても、放火する際の着火物はそれなりに着火しやすいものを選ぶのではないでしょうか。

　このことを上司に確認されてはいかがですか。

　そして、もしも枯れ枝ならば「木片」と呼ばずに「枯れ枝」とした方が分かりやすく、実況見分調書でそのような表現をしていれば、他の火災調査書類を作成する際に、火がつきやすい枯れた枝であるとの説明も記載していたのではないでしょうか。

　当研究会員も過去に、堤防で釣り人が木製の風化した防舷材にたばこの吸殻を差し込み、防舷材が焼損した火災を経験しました。火災調査種類を作成する際、風化して微小火源でも着火してしまう防舷材の表現に苦労したことを思い出し、本質問も同様では、と考えました。

　火災調査では、火災ごとに調査のポイントが違います。本質問の火災においては、出火時刻、出火場所もポイントになると思いますが、焼損しているものが限られており、その焼損物件＝着火物であることも含め、「着火物が着火しやすい」ということがポイントになるのではないでしょうか。そして、その着火物がわざわざ持ち込まなくても出火場所にあるのか、ないのか（わざわざ持ち込んだものかどうか）を記載しておくことが、以後の火災予防広報の面からも必要になります。

QUESTION 10　　実施回数の数え方

　実況見分調書は、死者、現場、収去物件など日付が変わったり、実施場所が異なったりした場合、第1回、第2回と記載していました。

質問調書は、被質問者ごとに第1回、第2回と取り、火元者、第一発見者がいれば、質問調書第1回は、2通存在する記載方法を採っていました。

あるとき疑義が生じ、実況見分調書も物件ごとに第1回、第2回と質問調書と同様にしなくてはいけないのではないかという意見が出ました。

もし、3棟燃えた同一火災で、火災調査の負担を軽減するため、棟ごとに異なった者が見分を行って調書を作成した場合、「実況見分調書第1回」が3通存在することになります。

通常、実況見分調書は、複数棟燃えても同一の調査員が作成することが多く、質問調書は、交替制勤務や関係者の事情により複数の調査員で作成することが多いのが実状です。

したがって、実況見分調書と質問調書では、実施回を異なった取り方をするものだと思っていました。

どちらが正しいのでしょうか。

ANSWER

質問調書は、1人の供述人に対して、1度の録取では火災の原因判定を考察するのに供述内容が足りないとき、火災調査の進捗状況により再度確認する必要があるときや、供述人の供述内容が二転三転するときには複数回質問調書を録取する必要があります。当該供述人の供述が何回目かを明確にするため回数を記録することにより、『何回目の供述で「○○○」の供述をしていた。』などと火災原因判定書などで引用すると分かりやすくなり、この方法で行っている消防本部が多く、当研究会でも勧めているところです。

しかしながら、この録取の回数を記録するのは、火災調査の便宜上行っているものであり、このようにしなければいけないということではありません。

例えば、火災原因判定書などに引用する際、「○年○月○日の○○の供述によると」などとする方法もあるということです。

いずれにしても、質問調書は複数回録取できるからと安易に何回も取るのではなく、発見、通報などの善意の市民や、り災している火元者の負担を考慮して極力一度で済むようにしましょう。

実況見分調書は、火災現場の客観的事実を克明に残すほか、復元などの状況を記録する証拠保全の資料であり、1件の火災事案を単位に作成することを原則としています。

しかしながら、質問にもあるとおり、現場から物件を収去（保管）する場合や移動不可能な大規模な施設、設備などを別の日にその場で分解して見分するときなどは、実況見分を複数回実施することがあります。この実況見分は、写真撮影もその実施日に撮影することとなり、実況見分実施者も立会者も違うことが予想できますので、前

回の実況見分と違い、当該実況見分は第何回目であることを明確にする必要があるのです。それを分けないで一つの実況見分調書にすると、複数の実況見分実施者が一つの調書を作成したり、見分する対象（分解や復元により）が違うこともあり、責任の所在が明確でなくなるほか、分かりにくい調書になりますので、実況見分ごとに分けて作成することとしています。ただし、これは法令で決められているわけではありません。

　質問にある1件の火災で複数棟焼損している火災現場の実況見分において、何らかの事情により一定の範囲の建物ごとに実況見分を実施したときは、それぞれ実況見分調書を作成することとなりますが、この場合は、1件の火災現場の場所（一定の範囲ごとの建物、対象物）を分けて実施しているもので、いずれも当該火災の1回目の実況見分であると解し、回数の後に○○棟（○○方、○○倉庫）などと分かりやすい名称などを記載する方法を当研究会では勧めます。

　しかしながら、この方法も運用であり、法令で決められている方法ではないことから、火災調査を実施する各消防本部で分かりやすく、作成しやすい方法を事前に定めることが必要です。

　一つの消防本部で、火災により回数の記載方法が違っているのでは、実況見分調書を作成する職員も混乱しますし、一貫性がなく、社会的に信頼されない火災調査書類となるおそれもありますので注意しましょう。

2 質問調書に関するQ&A

QUESTION11　　質問調書が複数枚の場合の割印及び訂正印について

① 当消防本部では、質問調書について、供述内容に誤りがない場合にフルネームのサインを記入していただいています。

　サインで済むはずの質問調書ですが、2枚以上にまたがってしまった場合には、割印を押してもらった方がいいのでしょうか。

　その割印ですが、質問者の割印ではいけないのか、との疑問もあります。ちなみに当消防本部の火災調査規程には、質問調書の割印は必要であるとの記述がありません。火災調査報告書の決裁が済みましたら、プリントアウトして紙文書で綴じ込んでいます。

② ①と重複しますが、他の調査書類（例えば実況見分調書）に割印は必要でしょうか。

　インターネットで他消防本部の火災調査規程を見ると、実況見分調書に割印が必要との記載があるものもあります。

　割印の法的根拠があるのかないのか、それとも習慣なのかわかりません。賃貸契約等の書類では、実印で割印、また印鑑証明を添付すると聞いています。

③ 質問調書に供述者からサインをもらった後、内容が変わらない範囲での修正は、

質問者の訂正印でもいいのでしょうか。

ANSWER

　質問は三つに分かれていますが、関連している内容ですので、まとめて説明します。

　まず、「割印」についてですが、「割印」は、二つ以上の独立した文書の関連性を示すために各文書にまたがって押印するもので、署名者として使用した印鑑でなくてもかまいません。これは、行政庁が公印を押す書類の割印を押す場合に公印で割印するのでなく、楕円形の割印専用印を押印する場合などのことです。

　次に、「契印」は、2枚以上の文書を一つの文書であることを証明するために押す印で、後日、その一部が差し替えられたりすることを防止します。

　方法としては、各ページの見開きに各ページに半分ずつまたがるように押印する方法、ページを折り返してそこに押印する方法（必ず、全部の見開きや折り返した箇所に同じように押印します。）のほか、袋綴じの場合は製本テープで製本化して、その製本テープの継ぎ目のところに押印します。

　市町村によっては、「割印」を「契印」と呼んでいることがあるほか、「割印」に「契印」も含めて「割印」と呼んでいることもありますが、使い分けた方がいいと思います。

　このように、「割印」と「契印」についての定義はありますが、（消防本部の属する）市町村の文書管理規程、文書事務の手引き等で定めがあると思いますので、一度、確認されるといいでしょう。

　当研究会員が属する市町村の例でいえば、文書事務の手引きでは、「契印」は、1通の文書で、用紙が2枚以上にわたる場合に、これらが1通の文書であることを証するため、作成名義人（契約書の場合は、契約の当事者双方）の印を用いて用紙の綴じ目に押印した印影をいいます。特に重要な施行文書（契約関係書類、訴訟関係書類、登記嘱託書、指令書などの権利義務に関する文書）について、抜取りや差込みを防止するために用いられます（製本テープの場合は先の説明と同様です。）。

　「割印」は、文書の施行に当たって施行文書上部と決裁文書とにわたって押された印影をいいます。文書の真正を確保するとともに、施行の事実を証するために用いられます。

　なお、平成15年度からの電子システムの導入により、電子の決裁済文書と施行する紙の文書とで割印を押印することが、物理的に不可能になったことから、割印の押印を省略することにしました。

　ただし、写真付きの身分証明書等については、文書の真正を確保するため、割印を押印する旨の説明があります。

　また、火災調査に関する規程では、火災調査の関係書類には、必要により「契印」することを定めています。

　これらのことを踏まえて、質問調書の契印については、質問調書が2枚以上になる場合には、これらが1通の文書であることを証するために質問調書作成者の印（作成者の氏名等に押印した印）で契印しています。

　実務的には、質問を録取して質問調書を作成（必要により現場で録取する以外はパソコンで作成しています。）し、プリントアウトして複数枚（両面印刷時も同様）になるときは、質問調書作成者が当該調書を綴じて契印してから供述人に読み聞かせるか閲覧させ、供述人の署名をもらうことになります。

　複数枚の質問調書に契印をしないで最後のページに署名をいただいたのでは、途中のページを入れ替えたと言われても説明がつかなくなります。

　実況見分調書は、決裁を受け、訂正箇所を訂正し調書が完成した後に作成者が「契印」をします（実況見分調書に添付されている図面も一つの書類と考えます。）。また、実況見分調書では、プリントした写真を添付する場合には、決裁を受け完結した実況見分調書の写真を後日入れ替えられることのないように、写真と用紙に契印します（写真を用紙に印刷した場合は必要ありません。）。

　次に、質問調書の訂正についてですが、質問調書の文字は改変（改変とは書かれた文字に手を加えて別の文字に改めるもので、削除や加入の意味ではありません。）しないで、削除する文字に横線2本を引き、当該箇所に押印（当該質問調書を作成した者の印を押印します。）し、欄外の同じ行のところに削除した文字数を「削除○字」「削○字」等と記入します。文字を加入するときは加入する箇所を明確にして、上部に加える文字を記入し、文字が読み取れるように押印（作成者の印）し、欄外の同じ行の所に加入した文字数を「加入○字」「加○字」等と記入します。

　何十文字も加入する必要がある場合（当然内容が変わると思いますが）や内容が変わる場合は、2回目の質問調書として、改めて録取することを勧めます。

　なお、質問調書の訂正の例、パソコンを使用して質問調書を作成する場合の注意事項等は、『事例でわかる火災調査』（東京法令出版）を参考にしてください。

QUESTION 12　供述と口述の違いについて

　辞書で調べると、「供述」は「事実や意見を申し立てること」、「口述」は「口で述べること」と書いてありますが、質問調書における署名の供述者と口述者の違い及び適切な使用方法について説明をお願いします。

ANSWER

　火災の調査、特に火災の原因調査は、現場の焼損状況等の客観的事実を基に出火に至る経緯を究明することが原則ですが、質問調書はその事実を裏付ける重要な状況証拠として、実況見分調書とともに火災調査の両輪に値する重要な火災調査の書類です。

　質問調書で使用されている「供述」について説明しますと、まず、質問にあります

とおり「口述」の意味は「口で述べること」であり、「供述」は「事実や意見を申し立てること。刑事訴訟法上、被告人等が主として裁判官・検察官等の尋問に答えて事実を述べること」などとあります。

　一方、消防法では第32条で消防長又は消防署長に火災原因等の調査をする際の「質問権」があり、実務的には消防職員等が消防長等の補助機関として本条に基づく質問をなしうるように規程上の整備をしていることと思います。

　それではなぜ、消防職員の火災調査に関する質問に答えることを「供述」とし、被質問者を「供述人」としているかは、消防行政の歴史に関係しています。

　それは、現行の消防組織は市町村単位の「自治体消防（市町村消防）」という体制となっていますが、これは、昭和23年（1948年）の消防組織法の施行が始まりで、それまで警察組織の一部門であり、内務大臣の指揮監督の下にあった消防組織が、当時の民主化及び地方分権の趣旨に従って分離独立し、市町村に属することとなったものです。

　そのような状況の中、火災調査業務やその書類の作成について、当初は警察組織（捜査機関）の書類の作成をそのまま受け継いでおり、その後「捜査」と「調査」の違いから消防組織の火災調査に関する書類は見直しされている部分もありますが、その記載内容等は受け継がれているものもあります。

　「供述」「供述人」につきましては、刑事訴訟法に基づく被疑者の供述を調書にする次の部分からきています。

刑事訴訟法第198条

　　検察官、検察事務官又は司法警察職員は、犯罪の捜査をするについて必要があるときは、被疑者の出頭を求め、これを取り調べることができる。但し、被疑者は、逮捕又は勾留されている場合を除いては、出頭を拒み、又は出頭後、何時でも退去することができる。

2　前項の取調に際しては、被疑者に対し、あらかじめ、自己の意思に反して供述をする必要がない旨を告げなければならない。

3　被疑者の供述は、これを調書に録取することができる。

4　前項の調書は、これを被疑者に閲覧させ、又は読み聞かせて、誤がないかどうかを問い、被疑者が増減変更の申立をしたときは、その供述を調書に記載しなければならない。

5　被疑者が、調書に誤のないことを申し立てたときは、これに署名押印することを求めることができる。但し、これを拒絶した場合は、この限りでない。

　なお、消防法上の火災調査における質問調書では、署名押印の部分など刑事訴訟法と違い署名だけにしている消防本部も多くありますので、「供述」「供述人」につきましても必要があれば消防本部で判断され変更されてはいかがでしょうか。

QUESTION **13**　スマートフォンでのデータ提供の扱いについて

　火災の関係者から質問調書を録取する際に、必要により供述人が焼損している部屋の家具・家電製品の配置状況などを書いて、その図により説明をすることがあります。この場合は、この図を質問調書の末尾に添付しています。

　先日、質問調書を録取していたところ、たまたま供述人が、出火前の状況をスマートフォンで撮影した画像があるとのことで、その画像を見ながら説明を受けました。このとき、この画像のデータを分署のパソコンにメールで送信してもらい、画像を印刷して質問調書の末尾に添付しました。

　質問調書には、「供述人Ａが出火前の室内の状況を撮影したデータを提出したので、質問調書の末尾に添付した」とその旨を記載しました。

　職場の同僚とこの方法で良いのか検討しましたが、明確な方針は出せませんでした。今後、情報化が進む中で、このようなデータの提出も増えるのではと思っていますので、説明をお願いします。

ANSWER

　質問調書録取中のデータ提供についてですが、質問にもあるとおり、これだけスマートフォンが普及すれば、このようなことが多くなると思われます。

　ここで問題になるのは、まずは、その画像データが当該焼損している部屋のものであるかの信憑性が確認できるかということです。

　これは、焼損しているとはいえ、同一の部屋であることが確認できるものがあればよいのですが、出火前の部屋の状況が出火の原因に関わる場合は、より慎重に確認する必要があると思います。

　次に、提供データの画像を印刷して質問調書に添付する方法についてです。まず、質問調書では当該部屋の状況についての供述内容を録取し、そこで提供されたデータが原因判定、出火箇所の判定、発火源、経過、着火物の考察（判定）や損害額の算定等に必要があるかどうかを判断します。必要と判断したときは、質問調書とは別に「資料」として扱い、火災調査書類に供述人Ａから提出されたデータを印刷したものと分かるようにして（必要によりＡに説明を加えてもらいます。）「資料」として添付した上で必要な箇所を火災原因判定書の中で引用します。

　つまり簡単にいうと、「提供画像のデータに必要な説明を加えたものを資料として提出されたもの」として扱います。

　また、質問調書の録取に際し、供述人が当該データを印刷したものを持参した場合は、質問調書に添付する方法も考えられますが、この場合は任意性を担保することが重要になります。

Q
&
A

QUESTION **14**　少年に対する質問調書の録取時の署名について

　少年（小学生）が関与する火災が発生しました。

　状況は、鉄骨造２階建て共同住宅の１室内から出火したもので、当該共同住宅は長期間空家（廃屋ではありません。）の状態でした。

　そして、少年を含む何者かが複数回にわたり当該共同住宅に侵入していたことが付近住民からの聴取により認められました。

　室内は隣室と壁体が破壊され、通り抜けて行き来できる状態でした。また、煙草の吸い殻やビールの空き缶及びハンバーガーの包装紙等が発見されており、何者かが室内で飲食や飲酒及び喫煙をしていた痕跡が認められました。

　出火当時には、少年（男子）３名が当該共同住宅内に侵入していたことを近所の住人が目撃していますが、消防隊到着時に当該少年を現場で発見するには至りませんでした。

　鎮火後、所轄警察署に問い合わせたところ、捜査員が当該少年３名を特定して所轄警察署に呼び出し、当該共同住宅の居室内（少年によると「秘密基地」と称しています。）に侵入して段ボールや布きれ等を燃やして遊んでいたことを聴取したとのことでした。

　その後、消防として質問調書の録取に協力してもらえる少年の親権者に連絡を取り、承諾が得られたため、当該少年に対する質問調書の録取を所轄消防署の庁舎内において親権者立会いのもとで実施しました。

　なお、所轄警察署としては、不法侵入及び器物破損で当該少年３名の捜査を進めていく方針であるとのことでした。

　当市の火災調査規程では、質問調書録取後の署名について「記録した内容を当該関係のある者及び立会人に読み聞かせるなどし、記載事項に誤りがないことを確認し、質問調書にこれらの者の署名を求めるものとする。」と規定されており、署名については「拒否の意思」を示さなければ署名を得ています。

　本火災においても、親権者と少年本人の承諾を得て録取し、読み聞かせて誤りのないことを確認したうえで、署名を得ました。

　しかし、他都市の火災調査規程の中には、「…少年に署名を求めてはならない。」と規定されているところもあり、次の点について疑義が生じましたので、説明をお願いいたします。（立会人のもとでの質問調書の録取が前提です。）

① 　質問調書録取時に、少年法における「少年」に対して署名を求めることについて、法的に問題が生じる可能性があるのでしょうか。

　　少年本人の承諾があっても本人に署名を求めず、立会人（公的な第三者又は親族等）の署名のみを求めることが妥当なのでしょうか。

② 　「20歳未満の少年」と「14歳未満の少年」について、消防機関として他都市ではどのように取り扱われているのでしょうか。

　　また、「14歳未満の少年」の取扱いについて明記しておくべきなのでしょうか。

③　「14歳未満の少年」の中で、特に刑法犯罪に関与していると推定又は認定できる場合における質問調書の録取時の留意点について教えてください。

　　また、消防隊が火災現場で少年の火遊び又は放火の行為を現認した場合、善意の第三者が当該行為を目撃して拘束していた「私人による現行犯逮捕」の場合など、警察官に引き渡す前に当該少年に質問することに問題は生じないでしょうか。

④　火災現場で、少年に対して質問調書の録取を実施する場合、当市においては、親権者がいない場合には警察官を立会者として実施しています。刑法犯罪に関与していると推定又は認定できる場合における少年の録取に際し、当該少年の親権者の到着を待たずに警察官を立会者として録取することに問題は生じないのでしょうか。

ANSWER

　質問調書に関することを説明する前に我々の実施している火災調査の根拠について確認します。

　消防法第31条において火災調査は消防機関の責務とされ、同法第32条において火災調査のための質問権について規定されています。そして、この質問の対象者は「関係のある者」とあり、火災の原因又は損害調査に参考となるべき情報を提供する者になります。

　当研究会では、消防法に基づく火災調査（原因調査と損害調査を含む。以下同じ。）では、火災の原因は、類似火災を予防するために発火源、経過、着火物について調査するものであり、火災現場の客観的な事実や、人が介しているときには人的な要因等を検討するためにも関係のある者の供述が必要であると考えています。

①　質問調書の署名については、その質問調書の録取に任意性を担保するために実施することも一つの要因であることから、立会人に署名を受けることで足りると考えます。

②　少年や精神障害者などは関係法令の趣旨、少年等の心情を考慮して対応することは必要であることから、その要領について各消防本部が火災調査規程等で定めており、少年の場合であればその対象年齢を14歳未満としたり18歳未満とするなどまちまちであるほか、立会人をおくことも必須条件でない消防本部もあるのが現状です。

　　また、録取時に立会人をつけて両者に署名を必ず求めている消防本部と立会人にだけ署名を求め、「未成年者であることから署名は求めなかった」旨の記載をするなどで可としている消防本部もありますので、それぞれの消防本部でご判断され火災調査規程等に定め、その規程を守ることが重要になります。

③　刑法犯罪に関与していると推定又は認定できる場合における質問調書の録取については、消防機関は前述のとおり火災の原因等を調査しているのであり、刑法上の捜査に該当するかは捜査機関が捜査することであり、そのことを考慮するのでなく、消防機関として必要な調査をすることになると思います。消防機関は犯人を特定す

Q
&
A

るのでなく、火災調査を実施しているということです。

　　火災現場で火災調査に関係のある者に質問をすることは必要ではありますが、まずは、火災防ぎょ、特に二次災害の危険の有無等について質問することを優先とし、質問のような少年については、善意の第三者を含め人定はしても、急いで供述を得る必要はないのではないでしょうか。火災調査に必要があると判断すれば、善意の第三者や立会人をつけた少年からは、改めて任意性を担保して質問調書を録取する方法を勧めます。しかし、現場質問調書等、現場で質問することについて定めている消防本部では、それに基づいて実施することです。

　　また、消防隊が現場で確認したことは、火災調査に必要があれば、「火災出場時における見分調書」「火災状況見分調書」等（消防本部により書類の名称は違います。）を作成し、火災調査書類に添付して火災原因判定に活用します。

④　警察官の立会いについては、消防本部で定めたとしても、警察官にはその義務はなく、協力によることになりますので、事前に承諾を受けていれば別ですが、消防機関が一方的に定めることは考えにくいことです。

関連Q＆A

　　QUESTION22　触法少年の表現について

　　QUESTION66　出火原因・経過（火遊びと放火）

❸　火災調査書類に関するQ＆A

信　頼　性

QUESTION**15**　　火災調査書類の本来の目的について

　　よく火災調査書類作成時に「裁判で使う可能性もある事案だから、しっかり作成……」や「証拠として使うから」などと上司が言う場合がありますが、そもそも火災調査は、火災予防の観点から火災の発生、拡大のメカニズムを追究し類似火災の予防や警防対策に活用することなどが本来の目的であり、裁判所で証拠とすることを目的とはしていません。

　　ただし、ＰＬ法などで消費者が製品の欠陥を立証することは困難なため、火災原因の追究を消防に頼るのはわかります。製品火災の場合、商品の欠陥を立証することはリコール等につながり、類似火災の予防にもなります。それが消防の本来の目的です。

　　裁判所で証拠として使うことを前提として書類作成するのは警察等が行うべきであり、消防の火災調査書類を裁判で使うかどうかは、弁護士や検察が判断すればよいわけで、消防が初めから裁判で使われることを前提として、書類作成すべきではないと思いますがいかがでしょうか。

　　そもそも上司に裁判でどうこう言われる前に、どこに出しても恥ずかしくない書類を見分者としてプライドを持って作成しているので、「裁判で」とか言われると嫌な気

分になります。

　ぜひ、火災調査書類と裁判の関係性をご教授願います。

ANSWER

　火災調査に真剣に取り組んでいる質問者と向いている方向の違う上司の姿が目に浮かびます。

　火災調査は、消防の根幹である火災を予防する上でも重要であり、消防法上でも第7章で火災調査について定め、第31条で「消防長又は消防署長は、消火活動をなすとともに火災の原因並びに……調査に着手しなければならない」と消防長又は消防署長の火災調査義務について規定されており、同法第32条以下で調査に係る質問権等の根拠が定められ、これら消防関係法令（詳細は「火災報告取扱要領」等の関係通知）に基づき実施しているものです。

　そして、その目的は、質問者のご意見と重複しますが、出火原因の究明、延焼拡大の要因、消防用設備の作動状況及び死傷者の発生原因を明らかにする等により、以後の火災予防対策に資するほか、損害の程度を数値化するなどし、火災の恐ろしさを訴えるなどして火災を予防するとともに、警防対策の向上に資するものです。

　一方、捜査機関は刑法上の放火及び失火の罪について、刑事訴訟法に基づき捜査を行って検察に書類を送検し、検察が起訴するか判断することから、刑事訴訟法に基づく捜査は裁判を見据えているものです。

　以上のように、消防の火災調査は捜査機関が行う捜査とはその根拠が違うことから手続きなども違いますし、消防が刑事訴訟法に基づき火災調査をすることはできません。

　ただし、捜査が優先だからと消防が火災現場の実況見分で遠慮する必要はありませんし、逆に、火災現場の実況見分は消防に任せてくださいと気概をもって、双方が協力して実施することではないでしょうか。そのためには、まず、火災防ぎょ中の現場保存を行うことが大切であり、現場保存もできないとその時点で、捜査機関から信用されなくなります。

　また、刑事裁判、民事裁判において消防の火災調査書類が証拠として採用されるか否かは弁護士、裁判官等が判断するもので、刑事訴訟法に基づく捜査資料が証拠とされないこともありますし、消防法に基づく火災調査書類が証拠とされることもあり、このことは、消防法に基づき作成した火災調査書類（質問調書を含む。）が過去に刑事裁判、民事裁判で証拠として取り上げられていることがあるということからも確認できます。

　ここで大切なことは、質問にもありますとおり、「**どこに出しても恥ずかしくない火災調査書類**」を作成することです。

　具体的には、火災調査書類は実況見分調書、質問調書、火災原因判定書等の書類が

Q&A

ありますが、各書類がその作成目的に沿って作成されているか、各書類に必要な項目が記載されているか、そして、それらの書類の整合性が取れているかなどが重要であるほか、文書の基本的なことは各市町村の公文書の管理規則、管理規程等によるほか、各消防本部の火災調査に関する規程などを遵守していることが大切になります。

　また、当該上司のような方は、火災調査書類のことには熱心ですが、一番重要な火災防ぎょ時の現場保存、実況見分、質問調書の録取に際しての配慮が少ないほか、事前の調査方針等を明確に示さないのではないでしょうか。

　どこに出しても恥ずかしくない火災調査書類を作成するには、この現場保存と実況見分での客観的事実の確認、特に出火箇所付近の見分が重要であり、実況見分で出火に係る客観的事実を確認して記録に残すことではないでしょうか。

QUESTION **16**　消防と捜査機関の見解が相違した場合について

　関係者（弁護士）、警察から火災調査書類の作成後、3年くらい経ってから問い合わせがありました。

　火災原因は双方がある程度理解していたのですが、今になって燃焼の拡大経路で違いが発生しました。

　当時、消防は火災現場の見分のみでしたが「通常ではあり得ないが、可燃物の残渣物が確認できるので今回の火災はその経路」と結論を出しました。

　一方、警察は犯人立証のため、1年経った頃に実験しています。その結果は、消防が出した結果と相反するものでした。実験には、消防も立会人現任しています。

　この実験の結果、火災調査書類の内容の変更はされるのかと、関係者と警察から問い合わせがありました。裁判のポイントとなる箇所であり、裁判所でも重点的に聞かれました。

　実際、実験結果が出たのであれば変更するべき事項なのでしょうか。しないとしたら、火災調査書類の信頼性はあるのでしょうか。

ANSWER

　今回の質問は、火災報告取扱要領の解説と違い「これです」という明確な説明はできませんから、当研究会ならどうするかという説明になることをご了承ください。

　ご質問の火災については、「火災の原因と出火箇所は捜査機関と同様であるものの、その延焼経路が1年後に実施した捜査機関の実験結果と違っており、通常の火災調査書類では延焼経路を記載しないものの、当該火災の火災調査書類にはそれを記載しており、捜査機関の実験結果に基づき火災調査書の記載を変更するべきか」ということで説明します。

① 延焼経路の記載

　まず、我々消防職員が行う火災調査は、消防法に基づき「火災の原因並びに火災及

び消火のために受けた損害の調査」をいいます。ここでいう「火災の原因」は、「発火源、経過、着火物、出火箇所にとどまらず、燃焼現象が火災の規模に至った一連の要因、火災発生後、拡大又は延焼により損害を大きくした要因、死傷者の発生の要因など、火災がいかにして発生し、拡大し、損害を生ぜしめたかについての諸要因をいう」と解されていますので、火災調査書類に火災の延焼拡大の要因等についての調査結果を記述することは、出火箇所の判定に際しても必要なことになります。

② 火災調査書類の記載と実験結果の相違

　これを踏まえた上で、質問者の消防本部が火災鎮火後の実況見分においては、焼損状況、焼けの方向性、建物構造（開口部の有無）、可燃物の状況、油脂類の有無などの現場の客観的事実、発見者、通報者、初期消火者、最先着消防隊などの供述から延焼経路を推定し、出火箇所を判定されたことと思われます。

　この時点で消防機関として延焼経路を特定するための実験は必要ないと判断したのではないでしょうか。

　そして、1年後に捜査機関が実施した実験結果と消防が現場を見分した結果の延焼経路が違ったということですが、実験結果は可能性としては高いものの、実験は実験であり、出火当時の状況を完璧に復元しているものではなく、完全な実験だとはいえないのではないでしょうか。

　これらのことから、消防機関が作成した火災調査書類は、その時点で必要な調査を行い判定したものであることから、仮に捜査機関の実験結果と異なっていても、公印が押されている公文書ですから、記載内容を変更する理由は見当たりません（消防本部によっては公印でなく、作成者の私印の場合もあります。）。

③ 火災調査書類の信頼性

　実況見分に立会人を付けて実施し、客観的事実を克明に残している実況見分調書を作成すること、任意性を担保して関係者から録取した質問調書を作成すること、その他、消防法はもちろんのこと、各消防本部の調査規程等に基づいて各調査関係書類を作成していること、さらに、必要と認めれば鑑定・鑑識を行うほか、実験を実施して、これら全ての関係書類を基に消防職員としての考察を加えて火災原因を判定していることが重要であり、そのことにより社会的に信頼されるのではないでしょうか。

QUESTION 17　火災調査書類の信頼性について

　火災調査に携わる者として、日頃から原因となる物に対する観察力や火災事例の研究など幅広く知識が求められる現在において、消防大学校の火災調査課程などの修了者が行う調査と、初任科修了後、経験と過去の事例を基に行う者の調査とでは、住民等の開示請求に対し信頼度に差が出るのではないかと思っています。

　そして、高度な知識は全ての人が得られない現実もあり、火災調査の信頼度は果たして高いのか疑問に思っています。

Q&A

　折しも、インターネットで「火災調査書の捏造記事」「火災調査書の提出に関する違反記事」など信頼性に疑問がもたれるような記事も目にします。

　また、本書においても、「市町村の規程等で定める必要がある」など全国統一されておらず、市町村によって取扱いが違うことも多くあることが記載されています。

　実際、市町村によって火災統計の扱いに違いもあります。

　情報化時代において、現状の取扱いでは信頼度の低下を招くと考えます。

　今後、信頼性を保つために、火災調査員の資格・取扱いの基準など全国レベルでの統一が必要ではないでしょうか。

ANSWER

　火災調査に関する住民の信頼度に対しての質問ですが、我々消防職員は、日頃から地方公務員として、関係法令を遵守し、常に真摯な態度で職務を遂行することで住民の信頼に応えているのではないでしょうか。

　そこで、まず情報化社会及び過失を追及する時代背景を考慮し、火災調査書類は、開示請求や裁判の場面に出ていくということを頭に入れて作成することが必要です。そのため、作成時の注意点としては、各書類の目的を踏まえてその書類に必要な項目を記載するとともに、各書類の整合性をとり、組織的に間違いのない書類を作成することが重要なのではないでしょうか。

　そして、書類を作成する前の現場調査では、例えば、現場の実況見分では、担当職員の経験により見分するポイントが分からず、見分時間が長くなることがあったとしても、先入観をもたずに客観的事実を詳細に見分し、その結果を正確に記録することが大切です。自分の思い込んでいる原因に導くために見分していないことを調書に記載するほか、現場を見分していない上司が火災原因の判定をしやすくするために、見分調書を直すことがないようにすることです。

　また、火災調査に関係する者への質問も先入観をもたず、質問調書の録取にあっては、任意性を担保して行い、その供述内容を正確（供述内容を一言一句速記のように記載するのでなく、内容を要約して記載します。）に録取します。このときにも自分たちに都合のいいように調書を書き直すことをしないことです。

　そして、火災の原因判定書には、これら現場の客観的事実（消防隊の消火活動時の状況を含む。）と関係者の供述に過去の事例、実験結果、鑑識結果等を踏まえ消防職員（担当者のみでなく、組織として）としてのプロの考察を加えて原因を判定する書類を作成していれば、住民の信頼は得られるのではないでしょうか。

　人の供述は、自分の都合のいいことだけを供述したり、虚偽の供述をすることもありますが、現場の見分を確実に実施していれば、自信をもった火災調査書類が作成できるはずです（現場の状況を優先し、供述は補助的であると考えることが重要です。）。

　火災調査における住民の信頼においては、書類ばかりでなく、もう一つ「現場の保

存」について注意しなければいけません。この「現場の保存」は、消火活動をする消防機関が留意しながら活動を行わなければ、火災の原因判定を困難にするばかりでなく、捜査機関の業務に支障を来し、社会的にも信頼を失うことになるからです。

火災統計の違いについては、私もいろいろと問題があると思いますが、何を根拠にしているかを説明できるようにしておくことが必要です。当然、火災報告取扱要領を基本としますが、そこで読み取れないものは個人の判断でなく、内部規程等組織の根拠を定めておくことが必要です。

火災報告取扱要領等で詳細な部分までを定めることも必要であると考えますが、社会的な変化に伴い、過去に経験のない状況も起こることから、全てを定めるのは難しいと思います。このため、問題に直面したときは個人ではなく、組織で検討することや、関係機関へ質問することも一つの方法であり、その導き出した根拠を明確にしておくことです。

火災調査員の資格については、私見ですが、予防技術資格者のような資格も考えられますが、火災調査で一番大切なのは現場の見方や発掘に際して、先入観をもたず丁寧に客観的に行うことであると考えますので、資格にするのは難しいと思います。それではどのようにすれば調査員のレベルが上がるかといえば、

- 所属の中で火災調査に優れた職員に何らかの「称号」を与え、当該職員が積極的に技術の伝承ができる制度を構築する。
- 県内の消防本部が相互に協力し、火災件数の多い本部に火災件数の少ない本部の職員を出向させ、実務を通して知識と技術を上げる。
- 鑑定、鑑識は消防庁消防大学校消防研究センター等の協力を求めるなどして、鑑識技術（鑑識に立ち会うことでその要領も修得できます。）を高める。

といったことが考えられます。それぞれの本部の規模によりいろいろな方法があると思いますので、各本部で工夫して、その方法について互いに情報交換し、さらに、火災調査の能力を向上していくことが重要であると考えます。

Q&A

QUESTION 18　写真の加工と改ざんについて

火災原因調査書類に写真を添付する際に、詳細箇所の説明として線を入れて部品等の説明を入れると、写真の改ざんになり裁判等の資料での不備を指摘されるおそれがあるのでしょうか。また、線の代わりに写真の上にシールの線を入れるなら問題はないのでしょうか。他にいい方法があればご教示願います。

ANSWER

火災現場の実況見分における写真撮影に際して、ある部分を強調したり、ある部分を示したいときには、矢印、番号、丸形など（明らかに火災現場の焼き残存物と違うと認められるもの）を使用してその部分を強調する方法が一番いいと思います。これ

らの矢印などは市販されているものもありますが、工夫して自分たちで作ることもできます。私も火災調査を始めた頃は、白い紙をパウチ加工して矢印などを作成し使用していました。この方法だと、いろいろな大きさのものが作れ、水に強く、汚れもすぐに落ちるので便利でした。

　そして、私が本部の火災調査の担当になったときに、市販されているプラスチック製のものとマグネットになっているものを購入し、各署に配布しました。マグネットになっているものは、車両火災のときに便利でした。

　また、発掘後の間取りや家具、家電製品等を復元する際には、ロープやスズランテープ（PEテープ）を使用すると便利です。

　次に、写真の改ざんについての質問ですが、我々消防職員は火災予防等に反映させるため、消防法に基づき火災調査を実施しています。刑法上の捜査とは目的が違うということがあり、法廷に持ち込まれたときに、証拠として採用されるか、裁判の資料とされるかは司法の判断になります。写真に矢印を入れたほうが分かりやすいと判断すれば、消防本部の判断で決めることであり、仮に、写真の加工が問題になったときは、火災調査担当者が「火災調査は各規程に基づき実施しており、火災調査書類に添付している写真は加工していない。」等と説明することと、その裏付けとして、火災調査の規程等の中に「写真は加工しないこととするが、矢印は認める。」ということなどを定めておくことです。

　ただし、火災調査書類は整合性のとれた間違いのない書類を作成することが大切であり、法廷に出たときは証拠となるような書類を作成したいものです。

作　　　　　成

QUESTION 19　物的証拠がない状態での調査書類について

　管内で連続放火（その他の火災）が多発しており、警察、消防が予防等のパトロールを強化していました。そんな中、警察がパトロール中に放火を発見し、犯人は現行犯逮捕されました。消防機関が覚知したのは、数日後で、警察が逮捕を発表して新聞記事になった時点です。

　焼損物品は保存されておらず、犯人の質問調書は取れませんでした。警察からは、焼損物品写真の提供を受けました。

　本件は、火災に当たるのでしょうか。火災に当たるのであれば、調査の基本である物的証拠を中心とした調査はできませんでしたが、調査書類は作成できるのでしょうか。また、この状態で作成した調査書類は、合理的に火災原因等を解明できるものだといえるのでしょうか。

ANSWER

　事後聞知した火災の取扱いについては、明らかに鎮火はしているものの現場が保存

されていて焼損状況等の見分ができる場合は問題がありませんが、質問のような場合は、火災報告取扱要領の解説では、警察署等の官公署で撮影した現場写真やその供述等から消防機関が火災の三要素を確認できる場合には、火災として扱うとあります。

　また、当研究会や他の大都市の消防本部の例では、客観的に火災の事実が認められた場合に火災扱いとしています。質問のように調査員が現場を確認できないときは、捜査機関が撮影した写真と本火災の関係者からの供述が得られた場合に火災扱いしているところが多くあります。しかしながら、火災の原因については、調査員が現場で実況見分を実施していないことから、原因は特定できずに「不明」となることと思われます。また、住民からの申入れの場合は、住民が撮影した写真と併せて現場の焼損状況が確認できた場合に火災として扱うこととしています。

　つまり、質問の場合は、捜査機関の写真提供があるので、焼損物件の関係者（所有者・管理者・占有者等）、放火を発見した警察官、初期消火行為者（消火の行為者が必ずいたと思われます。）の供述により、火災として扱うこととなります。しかし、焼損している現場を見分していないため原因は特定できないのではないでしょうか。

　なお、ここで重要なことは、捜査機関との情報交換です。

　捜査機関による刑法に基づく放火や失火に対する捜査と、我々が消防法に基づく調査を行う火災の定義が違うことから、時として刑法上の放火等に該当しない、又は、消火の必要がないからと消防機関に連絡してもらえないことがあります。ですから捜査機関とは日頃から消防の火災の定義等や消防の立場を説明しながら顔の見える付き合いをして、スムーズに情報交換できる環境を作っておくことが必要ではないでしょうか。

　質問のように新聞で覚知すると、ヒステリックに「警察に抗議しろ！」という上司がいましたが、このような上司は火災調査の経験が少なく、火災に関して捜査機関とは事案の扱いの概念が違うことを理解していないことがあります。捜査機関ばかりでなく、消防内部にもこのことについて研修しておく必要があるでしょう。

QUESTION20　焼き（焼燬（しょうき））の表現について①

①　火災調査で使用する"焼き"（焼燬）の表現について、現状の刑法等では使用されていないと聞きました。しかし、現状の火災調査の中では、頻繁に使用されています。調査書の公開・開示等を前提とした場合、「焼燬」、「焼損」のどちらの表現が適切でしょうか。

②　火災調査書類（実況見分）等で、「焼き」という表現を用いていますが、各種文献によると、平成7年に刑法が改正され、「焼き」が「焼損」に直され、記載時の文字は「焼き」を使用しないで、「焼損」の言葉を移用しているとの内容で、消防側も最近は「焼損」の表現が一般的に広まっているとのことです。

　しかし、消防側の表現で「焼き損害」「焼け細り」「焼け切れ」等の火災用語を使

用していますが、火災調査書類（実況見分）等で「焼きしている」との表現は、使用しない方がいいのでしょうか。

ANSWER

　質問にあるとおり、焼きは明治13年太政官布告第36号（旧刑法）第3編第2章第7節「放火失火ノ罪」第402条「火ヲ放テ人ノ住居シタル家屋ヲ焼燬シタル者ハ死刑ニ処ス」等の条文に「焼燬」という表現を用いています。

　一方、刑法第2編第9章「放火及び失火の罪」、第108条「放火して、現に人が住居に使用し又は現に人がいる建造物、汽車、電車、艦船又は鉱坑を焼損した者は、死刑又は無期若しくは5年以上の懲役に処する」、第116条「失火により、第108条に規定する物又は他人の所有に係る109条に規定する物を焼損した者は、50万円以下の罰金に処する」、同条第2項「失火により、第109条に規定する物であって自己の所有に係るもの又は第110条に規定する物を焼損し、よって公共の危険を生じさせた者も、前項と同様とする」等の条文で、「焼損」という表現を用いています。

　このように、現行の刑法では「焼損」という表現を用いていますが、火災調査は、消防法第7章に基づいて実施しており、その結果を各消防本部で定める規程に基づいて火災調査書類を作成しています。

　そして、書類の作成については、公文書として、各消防本部の属する市町村の定める文書管理規程等（消防本部の各種規程等）に基づいて作成しているはずです。

　「焼燬」については、『広辞苑』（岩波書店）には「焼くこと、焼き払うこと」とあり、「焼損」は「焼けて壊れること、焼いてこわすこと」とあるので、文書管理規程等に基づくとともに、意味を間違えて使用していなければ、どちらを使用しようとも何等問題はないと考えますし、統一する必要もないと思いますが、貴本部で統一するべきであると判断されれば、内部で統一されればいいのではないでしょうか（焼燬の「燬」の漢字は現在常用漢字ではありません。）。

　最近、同様の意味で「焼けている」という表現を使用している調査書類を見ることがありますが、これも意味が違っていなければ問題ないと考えています。

　火災調査書類等の公文書を開示するときは、文書の誤字、脱字、変換ミスのほか、書類の整合性がとれているか、客観的事実を記載すべき実況見分調書に考察を加えていないか、質問調書の供述に任意性を担保しているか、原因判定書は客観的事実や関係者等の供述にプロの消防職員として論理的に考察を加えて判定しているか等、消防で作成している書類が正確で専門性があるかを注意する必要があります。

　ここで、当研究会が実況見分でよく見る誤った使用の例について一つ紹介します。「○○を見分すると、○○が見分される」という表現ですが、「見分」の意味は、「立ち会って検査し、見届けること」であることから、正しくは「○○を見分すると、○○が認められる」「○○を見分すると、○○している」等の表現になるはずです。

QUESTION **21**　焼きの表現について②

　平成7年に刑法が改正され、「焼燬」が「焼損」となりました。以後、消防の火災調査書類では使用しない（使用してはいけない。）とのことで、弁護士によっては「「焼き」と入っている公文書（報告書）など参考にはならないと言われる。」と先日耳にしました。当市の規程では取り決めはしておらず、QUESTION20では使用しても問題ないとのことでしたが、再度ご教示願います。

ANSWER

　我々消防職員が作成する火災調査書類は、消防法令に基づき作成しているものであり、刑法に基づき作成しているものではなく、火災予防等に必要であることから作成しているものです。このことは消防（火災報告取扱要領）での火災の定義と刑法上の火災事件の定義が違うことからも説明がつきます。

　したがって「焼き」という文言については、意味を間違えて使用しなければ問題ありません。

　ただし、消防本部の規程等で定めていれば別です。

　火災調査書類の作成においては、文言の意味を間違えずに使用することも当然ですが、我々プロの消防職員が作成する火災報告書は、その書類ごとの作成目的（客観的事実を残す実況見分調書に作成者の推論などを記載する。）を間違えないようにすること、当該書類に必要なことが記載されていることと、整合性の取れた書類を作成することが重要であり、そのことにより、火災調査書類が社会的に認められることになるのではないでしょうか。

　また、消火活動中の現場保存は消防機関の火災調査はもちろんのこと、捜査機関に信頼されるためにも重要なことで、垷場を保存し、その客観的事実を実況見分調書に残すことが火災の原因究明にもつながることとなり、我々消防職員の使命であると考えます。

Q&A

QUESTION **22**　触法少年の表現について

　QUESTION14の事例です。

　質疑応答集における放火と火遊びの区分は、「触法少年」を意識しているものと考えられます。そして、火災調査書の火災（出火）原因判定書中では「触法少年」という表現を用いることは、適切でないと考えていますが、仮に、火災（出火）原因判定書の中で「触法少年」という文言を使用した場合には、どのような問題が想定されるのでしょうか。

　また、「触法少年」という文言（表現）を使用できる場合があるとすれば、具体的にどのような場合があるのでしょうか。

ANSWER

　触法少年については、ご承知のとおり、少年法上刑罰法令に触れる行為をした少年をいいますが、刑法第41条で「14歳に満たない者の行為は、罰しない」と規定し、刑事未成年者少年を処罰対象から除外しているもので、火災調査上の概念でないことから火災調査関係書類で使用する必要はありません。

　また、刑法上の刑罰に該当することの有無を消防機関が判断するものでないことから、火災調査書類で使用することは考えにくいです。

関連Q＆A

　QUESTION14　少年に対する質問調書の録取時の署名について

　QUESTION66　出火原因・経過（火遊びと放火）

QUESTION23　発火源の考察について

　焼損の範囲が室内の一部に限られる火災原因判定書の原因判定の記載要領ですが、焼損範囲に一つの発火源のみ認められるときは、その発火源のみについて考察を加えればいいのでしょうか。

　また、焼損範囲に発火源となる可能性が複数ある場合は、それら全てに考察を加えて判定するものでしょうか。又は、発火源として推定されるものだけに考察を加えればいいのでしょうか。

ANSWER

　火災調査書類は、数種類の様式の違う書類からなり、その書類ごとに目的をもっています。

　火災原因判定書は、客観的事実を記載した実況見分調書、火災状況見分調書（出火出場における見分調書等）、火災の関係者から録取した質問調書の内容、鑑識及び実験結果による事実等に対して、消防職員（火災のプロ）としての考察を加え、火災に至った経過（いつ、どこから、なぜ火災が発生したか）を合理的に記述し、その結論をまとめることを目的としています。

　火災原因判定書の記載項目については、火災の種別、出火に至る経緯、現場の状況等が違うことから、一概に記載項目を定めてしまうと、作成しにくくなります。

　火災原因判定書で大切なことは、火災原因判定書で引用する事項が、必ず他の火災調査書類に記載されていなければいけないということです。

　質問の例でいえば、焼損範囲に発火源となる可能性が複数ある場合に、実況見分時にそれらを見分して、実況見分調書にそのことが記載（現場写真を含む。）されていることが必要になります。実況見分調書で記載されていない発火源の可能性があるものについて、考察だけで可能性がないと判定することはできないはずです。

　例えば、微小火源特有の燃え込みがあるそばに、焼損している電化製品があり、その器具コードも焼損し芯線が露出している場合に、そのコードのプラグがコンセントに接続されているかも含め、写真撮影され実況見分調書に記載されていれば、火災原因判定書で、その事実と焼けの方向性などから考察できますが、実況見分では見分しているものの、微小火源特有の燃え込みから、原因を決め込み、焼損している電化製品の状況を実況見分調書に残していなければ、火災原因判定書での考察ができなくなります。

　私は、焼損箇所に認められる発火源の可能性のあるものについては、全てを考察する必要があると考えますが、そのためには実況見分調書で、現場の焼損状況を見分して、その状況を実況見分調書に記載し現場を保存する（残す）という前提があるということです。これは、発火源の可能性があるものに限らず、着火物の可能性、経過が分かるもの等、その現場の火災調査に関する客観的事実の全てになります。

　また、焼損範囲が狭く、その範囲に発火源と考えられるものが一つしかない場合でも、焼けの方向性、関係者の供述内容を総合的に考察する必要があります。

　さらに、火点の移動（焼損範囲に発火源と考察されるものが認められないときばかりでなく、火点の移動については、関係者の供述内容、生活習慣、現場の状況等、あらゆることを考慮して現場を見分する必要があります。）も考えられますので、焼損範囲にある発火源のみを見分し考察するのではなく、周囲の焼損状況等も見分し記録に残しておくことが必要です。

　つまり、打ち消しのための見分も含めて、現場の客観的事実を残すことが大切で、そのことは火災の原因調査を法令上の義務としている消防機関に与えられた大切な任務ではないでしょうか。

QUESTION 24　その他の火災の焼損程度について

　焼損面積について、林野は水平投影面積によるとされていますが、「その他の火災」に該当する畑、法面等の斜面などは、表面積としてとらえるのか、それとも林野を流用し水平投影とするのかどちらが正しいのでしょうか。

ANSWER

　その他の火災に該当する畑や空地が、法面等の斜面にある場合の面積の算定についてですが、火災報告ではその他の火災については、損害額は計上しますが、畑や空地の枯れ草などが焼損した場合はその面積等を計上しないことから、その面積の計上の仕方について特に定めがありません。

　そこで、この場合は、焼損した部分の面積（表面の面積）を火災調査書類の中で計上することを勧めます。

　これは、平坦地と傾斜地が混在する場合や緩い傾斜の場合など、どこまでを投影面

積にするかが曖昧になる可能性があるからです。

　このように火災報告で報告する必要はありませんが、火災調査を実施する上で必要な項目について計上する場合は、火災調査の担当者により違うことがないようにするためにも、どのように計上するかを内部規程等で定めておくことが必要です。

　この焼損の範囲等がどのくらいなのかを調査しないと、損害額の調査にも影響が出てきますので、必須の調査項目になります。

　先日、積荷のガソリンが焼損した車両火災における火災調査書類で、ガソリンが焼損したものの、その数量が計上されていない調査書類を見ましたが、火災の焼損（損害）程度を調査しないで損害額をどのように計上したのかと疑問に思いました。

　火災報告に必要のない項目だからと損害の状況を調査しないことがないように注意しましょう。

その他

QUESTION25　火災調査書類の保存年限について

　現在、当市消防本部では、火災調査書類（写真を含む。）は火災の規模、種別に応じて保存年限を10年と永年に決めているところですが、8割程度の火災調査書類は10年保存満了後に廃棄し、火災調査報告書を要約した火災登録簿と数枚の写真のみ永年としています。平成22年4月に改正刑事訴訟法により見直された時効の撤廃、延長に係る火災調査書類の保存の見直しを行うべきか検討しています。

　公訴時効撤廃及び延長に伴い、火災調査書類の保存年限について見直すべきでしょうか。

ANSWER

　消防機関が実施している火災調査は、消防法第7章（第31条から第35条の4まで）に基づき実施しています。

　そして、この火災の調査は火災予防等の消防行政に反映させるためのものであり、刑事訴訟法等による犯罪の立証のために実施しているものではないので、火災調査書類の保存期間は、各消防本部が消防という立場で判断するべきであると考えています。

　ただし、火災予防等の消防行政に反映させる調査ではありますが、消防法第35条等にあるとおり、現場調査においては現場保存に努めるなど、捜査機関が刑事訴訟法に基づき捜査する犯罪捜査に協力することは忘れてはいけないことです。

　当研究会員が所属している本部では、火災調査書類の保存期間を30年としています（実務上は、当消防本部発足以来の火災概要《いつ、どこで、焼損程度、人的被害、原因の概要等》をデータ化して保存しており、各種資料作りに活用しているほか、り災証明の交付申請があった場合で、他の方法により、り災の程度を確認できない場合に活用していることもあります。）。近年、火災調査書類は、情報公開制度の時代背景、

住民の価値観の多様化と過失割合の考え方等により住民に開示されることや裁判の場に出ていくことが多くなっています。

　私たち消防職員が作成する火災調査書類が保存期間中に裁判資料とされる場合は、証拠として採用されるよう関係規定に基づくとともに、整合性のとれた書類を作成しておきたいものです。

４　損害調査に関するＱ＆Ａ

損　害　調　査

QUESTION 26　消火損害について

　私の消防本部では、鎮火後の火災現場における調査活動において、原因調査を担当する職員については、上司が指名して実施しますが、火災による損害の調査員は特に指名しないで、関係者からのり災の申告を基に損害調査を実施しています。

　先日、火災発生から数箇月してから、共同住宅の出火室以外の居住者から、水損について、り災証明の交付を要求されましたが、現場調査の段階では、この水損の事実を確認していなかったので苦労しました。

　火災の損害調査における注意点等について説明してください。

ANSWER

①　火災損害調査の法的根拠等

　火災の損害調査は、その火災の被害についての客観的事実を数値化するなどし、住民に分かりやすくするとともに、火災の恐ろしさを住民に情報発信して、火災を予防することが目的の一つです。しかし、その前に、我々消防機関は消防法に基づき、火災原因及び火災損害の調査をすることが義務付けられています。組織としてはこの二つを責任をもって実施しなければならないということです。

　また、『消防白書』の作成の資料等とするため、「火災報告」として消防庁に報告するためにも、「火災報告」の作成に必要な項目について、損害の調査と原因の調査を行っているところです。

　火災損害調査の法的根拠としては、消防法第31条に「消防長又は消防署長は、消火活動をなすとともに火災の原因並びに火災及び消火のために受けた損害の調査に着手しなければならない」と、その責務を明確に定めているほか、同法第32条の関係者に対する質問権、官公署に対する質問請求権、同法第33条の物的調査権、同法第34条の資料提出命令、報告徴収及び立入検査権などがあります。

　また、消防統計に関する規定としては、消防組織法第４条において消防庁の事務に消防統計を挙げていること、同法第29条において都道府県の事務として消防統計を挙げているほか、同法第40条において消防庁長官は都道府県及び市町村に対し消防統計

に関する報告を求めることができることなどが規定されています。

② 火災損害調査の注意事項

火災損害調査の注意事項としては、まず、火災の損害が火災報告取扱要領にあるとおり、「焼き損害」「消火損害」「爆発損害」「人的損害」があることを調査員に徹底させることです。

消火損害では、焼損が外壁や雨樋の溶融等にのみ認められる建物等に対し消火行為で発生させた破壊や水損を確認することです。

例えば、延焼を防止するために外壁等に放水した場合、窓ガラスを破損させたり、窓ガラスが破損しないまでも室内が消火水で濡れてしまうことがあるということです。

人的被害では、火災により重症となった方については、「48時間」の規定と「30日死者」の規定があります。入院先の病院や家族に確認することも必要になりますので、このときは、言葉遣いに十分注意して確認しなければなりません。

また、損害調査は火災の防ぎょ活動を行うと同時に原因調査（原因調査は覚知から始まり、損害調査も覚知から始まることがあります。）とともに手掛けるわけですが、損害の状況は火災の延焼拡大や防ぎょ活動の進捗により変化しますので、一度確認するだけでなく、鎮火後に改めて確認することが必要になります。

損害調査専門の調査員は、防ぎょ活動時、火災原因調査時に専従者を指名することは実務上できないと思われますので、他の任務と兼務することとなると思われますが、損害調査に関することに対して、その責任者と複数の兼任する調査員の任務分担を事前に明確にしておき、組織的に調査することが重要になります。

鎮火後の現場調査では、損害を受けている可能性がある建物等の調査に関係者を立ち会わせることが重要なことで、被害の状況（被害の事実）をお互いに確認することにより、以後の無用なトラブルを防ぐことになります。

そして、現場確認に際しては、り災申告（り災届出）やり災証明についても説明するほか、火災の後に必要となる各種機関に対しての届出や火災の被害に係る各種減免制度等をり災者の立場に立ち説明することが、職業人の消防職員として必要なことになります。

このときに調査担当者が注意することは、接遇（り災者に対する言葉遣いと態度）、り災者の公平な扱い及び秘密の保持であり、このことは、OJTの中で事前に研修しておくことが必要であると考えます。さらに、損害調査を担当する職員は、普段から家具、家電製品等の流通価格等を調査しておくことも実務上大切なことです。

QUESTION 27 　簡易耐火建築物の損害額の算定について

簡易耐火建築物が火災の場合の損害額の算定方法等が、具体的に『火災報告取扱要領ハンドブック』（東京法令出版）に示されていませんがどのようにすればよいでしょうか。

ANSWER

　ご質問のとおり、簡易耐火建築物の損害額の算定につきましては、『火災報告取扱要領ハンドブック』に具体的に示されていませんので、内部のみが焼損した場合などは、り災届出（り災申告）に際し、修復（修理）費用を届出（申告）してもらい、その額を参考にして算定されていることが多いです。

　消防本部によっては、火災報告取扱要領では算出できないものについて、実勢に合わせた独自の算定要領を定めていることもあります。

　いずれにしても、火災損害額の算出根拠を明確にしておくことが必要で、消防本部の内部規程等で定めておき、調査員により算出根拠が違うことがないようにすることが重要です。

QUESTION 28　水損の扱いについて

　管内で発生した建物火災（耐火構造地上5階建の共同住宅の2階部分から出火）で、2階の出火室1室を焼損したほか、直下階の1室が水損しました。この火災では、消防隊の放水は水損防止に考慮して最小限の放水で火勢を制圧しました。そのため水損は、消防隊の放水というよりも台所の水道が火災熱などにより破損し、水が出続けていたために発生したものと考えられます。

　その理由として、火災の防ぎょ活動をしていた消防隊は、台所の水道部分が破損して水が出ていることに最初は気が付かず、残火処理中そのことに気が付いて、廊下のパイプスペースにあった水道の元栓を閉めました。

　この火災で1室を焼損したほか、1室が水損していることは事実なので、この水損を損害に計上したところ、上司から「消防隊の放水ではないのに水損になるのか」と質問されました。

　この場合の火災の損害について説明をお願いします。

ANSWER

　火災損害は、火災によって受けた直接的な損害をいい、消火のために要した経費、焼跡整理費、り災のための休業による損失等の間接的な損害を除き、「焼き損害」「消火損害」又は「爆発損害」に区分されています［第4　11　損害額 ▶ p.75］。

　「消火損害」には消防隊の消火活動だけでなく、自衛消防隊の放水や家人等の初期消火活動中等に生じた水損、破損等も含まれます。

　また、水損は全て消火損害でなく、火災の熱により水道管が破裂して水損した場合は、火災の熱により破損したことから「焼き損害」に計上することになりますが、ここでは焼き損害になるものの焼損面積（床・表面積）には含まれないことに注意する必要があります。

　したがって、質問の火災事例では、水損していることは客観的事実であり、その面積を水損とします（火災報告では水損の面積を計上する項目はありません。）が、損害としては、消防隊の放水によるものではなく、水道管の破裂によることが確認できるのであれば、「消火損害」でなく「焼き損害」として、その損害額を計上することになります。

　つまり、出火室の焼損による損害額と水損している部屋の水損による損害額が焼き損害額の合計になります。

り 災 証 明

QUESTION 29　証明等の事務について

　火災調査に関わる証明事務について、ご教示願います。

① り災証明書の記載内容の表現について

　り災証明書の記載内容について、当市には、り災証明書の記載内容の表現（文言）についての規定はなく、『新火災調査教本第2巻損害調査編』（東京防災救急協会）の内容を参考にしているのが実情です。しかし、取扱者により「全焼」「半焼」の表現を使用する者もおり、表現が統一されていません。

　火災に関する証明書の記載内容について、規定による統一を図ることが必要と考えますが、規定化されていなくても支障はないものでしょうか。

　また、最も適切な記載内容（表現方法）や適切な言葉（文言）があればご教示ください。

② 事実証明について

　当市には、り災証明書の様式しかありませんが、『新火災調査教本第2巻損害調査編』には「事実証明」が掲載されています。この事実証明はどのような申請内容（使用目的）の場合に発行されるものなのか、ご教示ください。

　また、消防機関が発行する「火災に関する証明」は火災と認定した事実に基づき発行するものと解されますが、火災と認定できない場合でも住民からの要請があったとき、何らかの書面を交付することは可能なのでしょうか。

③ その他の書面（証明）について

　火災の鎮火後に消防機関が覚知する「事後聞知」には、火災発生後何日以内に通報しなければならないという消防機関が取り扱う期限がないことは理解しています。

　先日、管内の住民から1年以上前に発生したとする火災の通報があり、通報場所を確認したところ火災とは認定できない状況でした。当該通報者は、保険会社から「消防のり災証明書が必要」との内容を聞いており、り災証明の発行を求められましたが、それはできないことを告げました。しかし、なかなか納得してもらえません。このような場合に、当該届出者による奥書により届け出たことのみを証明（消防署への届出があったという証明）することは可能でしょうか。

ANSWER

①　り災証明書の記載内容の表現について

り災証明書の交付は、これによって法令上、相手方に特段の法的効果が生ずるわけでないことから、行政法上の公証行為でなく、事実行為としての証明行為であると解されています（『消防行政法要論』（東京法令出版））。

このように、「り災証明」は、行政庁が証明行為をするものですから、その根拠となる事務処理要綱等を定めて、それに基づいて事務を行うべきではないでしょうか。

証明書の記載内容については、要綱等の細部運用や事務処理マニュアルで例示の文書を記載することにより、よりスムーズに交付の事務が行えると思いますので、例示しておくことが必要です。

そして、り災証明は、住民が保険金の請求等の手続きに使用することから、例示の文章は専門用語を使用するのでなく、住民が分かりやすい文章にすることをお勧めします。

なお、質問にある「全焼」「半焼」の表現は、火災報告取扱要領の解釈で使用しているのであれば、この文言は、損害額も考慮していることから、損害額が計上されるまでは記載（証明）できないことと、一般的には分かりにくいことと、さらには具体性に欠けることから、り災証明で使用するのはふさわしくありませんので、何がどれだけ燃えた（火災により、木造２階建の共同住宅、建築面積○○平方メートル、延べ面積○○平方メートルのうち、２階部分約○○平方メートルが燃えた。）という客観的事実を証明することをお勧めします。

り災証明の事務手続きの関係では、奥書証明よりも申請書と証明書を分ける方が、住民の事務手続きが簡易になり、証明までの時間短縮となります。これは、住民が来署して申請書を記入しているのと同時に、証明書を作成する事務ができるからです。また、奥書だと、住民が記入箇所や文字を間違えたときにその訂正等が煩雑になることと、複数枚「り災証明」が必要な場合は、その枚数の証明書（奥書）に必要事項を記入する必要がありますが、申請書であれば、提出先等を記入すれば１枚の申請書で複数の証明書を交付することができるからです。

②　事実証明について

消防機関が事実行為を証明するものとしては、火災により、り災した事実を証明する「り災証明」と救急車により搬送された事実を証明する「搬送証明書」があるほか、消防隊が現場出場したものの火災の定義に該当しない事案であった場合、警戒事案等の出場について、住民がその事実について証明を必要とされる場合に、その事実を証明するものが「事実証明」です。この事実証明は、組織として必要と判断すれば、その運用を間違いないようにするため、要綱等を定めて当該事案の事実について証明することです。

住民の立場に立てば、必要な証明行為ではないでしょうか。

Q&A

　例えば、施錠されている部屋の換気扇から煙が出ている現場に到着した消防隊が、室内を確認するため開口部を小破壊し内部進入したところ、火の付いた「こんろ」に掛けられた鍋から、煙が出ていたものの火災に至らなかった場合等で、当該居住者がこの事実の証明を必要とした場合等に当該事実を証明することができるということです。

③　事後聞知火災に関する事実証明について

　前記②を参照していただきたいと思いますが、質問の事案のように住民の届出の事実を火災保険会社が必要なのでしょうか。この届出の証明で火災の認定は難しいのではないでしょうか。

　しかし、住民が当該事実についての証明を必要としているならば、事実証明の一つとして証明（消防本部の規程等によりできない場合もある。）することは可能ですが、この場合、推定を入れずに客観的事実のみを証明することが大切です。

QUESTION 30　火災の原因について

　管内でぼや火災があり、その建物の所有者からり災の申告がありました。その後、り災証明の申請がありましたが、その所有者の家族が「放火」した疑いがあり、捜査機関で取調べを受けています。

　火災保険の請求の関係もあり、このような状況でり災証明を交付してもよいのでしょうか。なお、消防の火災調査書類は作成中で、原因を判定していませんが、原因は「放火」により出火した可能性があります。

ANSWER

　火災により、り災されたことに対するり災証明と火災の原因は関係ありません。

　火災のり災証明は、火災が、いつ、どこであった等の事実と何がどれだけり災したかの客観的事実を証明するものであり、出火原因とは関係ありません。

　火災保険会社は、消防機関が火災の事実をり災証明により証明したからといって保険金請求者に火災保険を支払うわけでなく、り災証明を参考にして保険会社独自で調査を行い、保険金の支払い等について判断するものです。火災保険会社が調査を行い、この火災は契約者の家族が放火したものであり、保険の契約内容から家族の「放火」の場合は保険金を支払わないとの定めがあれば、支払はされないのではないでしょうか。

　ただし、質問者の消防本部の内規で「放火」の場合は、り災証明は交付しない旨の規定があれば別ですが、それはないと思います。

　本質問の事例では、り災証明を交付する前に捜査機関が「放火」の捜査で焼損建物の関係者を取り調べていることが分かりましたが、過去には消防機関がり災証明を交付した後に、関係者が「放火」で検挙されていることもあるのではないでしょうか。

　仮に、り災証明に関する内規に「火災原因」と「り災証明」に関する関係が明確に定められていなければ、「火災のり災証明は、火災発生の事実とそのり災の状況等について、その調査結果から客観的事実を証明するものであり、火災の原因により証明をしないことはない」等の説明文を加えておけば、後輩職員も迷わないのではないでしょうか。

QUESTION 31　　焼損程度の記載について

　私の消防本部では、り災証明の証明事項の一つに、焼損程度があります。

　しかし、焼損程度は火災調査で判定するものであり、建物の火災前の評価の割合で判定することを前提としているため、り災直後に申請、発給される証明書に焼損程度を記載することは適正ではないと考えています。

　り災証明に記載される事項で「焼損程度」に該当する事項は、どのように記載すればよいのでしょうか。

　また、焼損面積を記載する場合、測定方法の明確な基準について説明をお願いします。

　数値として表現する場合、その正確性が後々に議論されることも考えられます。どのような方法が一般的な基準となるのでしょうか。

ANSWER

　り災証明は、火災でり災された住民がり災した事実を証明するために必要なもので、火災現場を調査した消防機関として、住民の申請などにより現場の客観的なり災状況を証明するものです。

　り災証明に関する手続きは各消防本部（市町村）により事務の流れは違うと思いますが、り災された住民の立場に立ち、り災住民の負担を軽くするようにしておくことが大切であると考えています。

　り災証明に焼損程度を記載することについては、ご指摘のとおり、焼損程度は建物の焼き損害額と火災前の建物の評価額の割合により区分するものであるほか、建物の焼き損害額から判定するので、火災損害のうち消火損害や爆発損害の損害が含まれないことになります。

　しかし、火災現場では消火活動による水損や破損等の被害を受けることもあり、り災者はこのような事実を証明するため、り災証明が必要になることがあります。

　また、爆発火災の場合は焼損程度がないこと、さらに、建物火災以外の車両火災、その他の火災でも焼損程度は計上されないこともあり、焼損程度でり災の程度を証明することはできません（「焼損程度」は火災報告取扱要領の定義によるもので、質問者の消防本部で別の定義をしていることは考慮していません。）。

　当研究会員が所属している本部のり災程度の証明は、現場での客観的な調査結果の内容を証明しており、焼損面積、焼損表面積、水損した範囲等で証明しています。具

Q&A

体的な表示方法としては、専門用語をなるべく用いず、住民が理解しやすくするため「何がどれだけ燃えた」「何のうち何がどのくらい水で濡れた」などとしています。

　り災証明の申請方法としては、申請書方式をとり、住民が申請書を作成している間に、り災証明交付の事務を同時に進めて速やかな対応を目指しています。

　り災証明の申請書は消防局のホームページ（行政のホームページ、各消防署のホームページからリンク可）からダウンロードできるようにしているほか、り災場所でなく最寄りの消防署（住宅がり災し、別の行政区に仮住まいがある場合など、わざわざり災場所の消防署まで来ることなく、直近の消防署で申請し、り災場所の署長名でのり災証明の交付が受けられる。）で、申請とり災証明の交付を受けることができるようにして、住民の負担が少しでも軽くなるようにしています。

　次に、焼損面積の計測ですが、実況見分時に職員がスケールで計測して算出しています。焼き損害は火災報告取扱要領では「火災によって焼けた物及び熱によって破損した物等の損害をいう」とあるほか、同解説では「火災の火炎、高熱等によって焼けた、こわれた、すすけた、変質したもの等の損害をいう」（「すすけ」はその他の損害としている消防本部もあります。）とあり、熱で溶融している部分やすすけている部分等も含まれており、定規でここまでという線を引くことが難しいので、現場で調査をしている職員の判断で焼損の範囲を定めています。実況見分調書では客観的事実を記載しますが、火災調査の各書類（り災証明含む。）に焼損面積（床、表面）や水損の範囲を記載する場合は、「約○○平方メートル焼損」等と「約」という表現をしています。

　ただし、火災報告上は約が認められないことから、そのとおり報告しています。

　また、焼損面積は、合同で実況見分を実施している捜査機関等の他の機関と互いに確認して統一した焼損面積を計上するようにしているほか、実況見分の立会人（占有者、所有者、管理者等）に対しては、焼損の範囲についても説明して、以後のトラブルが起きないようにしています。

QUESTION 32　損害調査について

　当市では、り災者が保険会社に提出する書類のり災証明書には、動産の個別記載はせず、「○○造○階建て、専用住宅（店舗付き住宅）（又は用途）１棟が全焼（部分焼）（ぼや）した」というように記載しています。

　また、火災損害調書については、現場でもある程度動産の損害も確認しますが、基本的にり災者から提出されたり災申告（不動産用、動産用）を参考にして算出しています。例えば、ノートパソコン５台と申告されたら、全焼の建物で現場で残渣物からノートパソコン５台全てを確認できなくても、り災者の申告どおり５台損害を計上します。

　この前の火災現場において、上司から「り災者が水増しして損害を計上すると困るから、損害のある動産を全て確認しろ」と言われてしまいました。しかし、時間的に

無理があり、火災直後で困惑している立会いのり災者に全て確認するのもどうかと思います。例えば、絵画１億円などがあればその場で確認しないとまずいとは思いますが、先ほど例に挙げたノートパソコンであれば５台だろうが３台だろうが、減価償却すれば大した誤差にはならないし、問題ないと思うのですが、この考えは怠慢なのでしょうか。

また、り災者が保険会社に被害を水増請求しても消防としては動産の個別のり災証明はしていないので、関係ないと思うのです。それとも、保険会社から火災損害調書を開示請求され開示した場合、それが、り災者の損害の証明として適用されることはあるのでしょうか。そして、その火災損害調書が誤っていて、保険会社に損害を与えてしまった場合、消防に責任が存在し、保険会社から損害賠償請求されるといったことはあるのでしょうか。

ANSWER

火災調査のうち原因調査は一生懸命になりますが、損害調査は二の次になることがあります。

これは、一つには実況見分において、損害調査の調査員を定めないことがあるからではないでしょうか。損害調査は、実況見分調書作成者のほか、写真撮影担当者、図面作成担当者が兼務していることが多く、中には関係者の「り災届出」ありきで、現場での調査が十分でないことを聞くこともあります。

焼損物件（焼損範囲）が少ない（狭い）場合は別にしても、損害調査の専従員を定めて実施することは必要であると考えています。

また、損害調査では収容物に目が行きがちですが、建物の部材、構造も必要になることもありますので、そのために必要な知識を習得しておかなければならないからです。

次に、り災証明に記載する表現方法ですが、当研究会では、り災者に分かりやすい表現で、客観的事実を証明しています。

証明内容としては、火災の発生日時、発生場所（所在地・名称）、り災証明申請者、使用目的のほか、焼損程度・消火損害の程度を証明します。この焼損程度・消火損害の程度は各火災調査書類の焼損程度と数字などは同一のものですが、専門用語は使用しません。

例えば、「火災により木造〇階建共同住宅、建築面積〇〇〇平方メートル、延面積〇〇〇平方メートルのうち、１階部分〇〇平方メートルが燃えた」というように、「焼損」という文言は使用せずに「燃えた」と表現しています。

質問者の本部では、「全焼、部分焼、ぼや」という表現を使用していますが、この「全焼、部分焼、ぼや」が、火災報告取扱上の定義であれば、損害額のほか建物の評価額の算出を必要とします。火災から数日後のり災証明では算出されていないこともある

ので、焼損面積（水損の面積）で証明する方法を検討されてはいかがでしょうか。

　また、収容物の焼損物を全て記載することは、まず不可能で、仮に計上したものから漏れているものがあれば、それは、その証明行為自体が信頼されないものになることからも、焼損面積（火災報告取扱上の焼損面積として計上できる火災の場合）で証明するべきです。

　り災者のり災申告（り災届出）で計上された収容物により、損害額を算出された場合、現場の全ての焼損物件から元の状況を想像して損害額を算出するよりも根拠が明確になるのではないでしょうか。

　また、パソコン内のデータが焼損により損害したときなどは、火災報告取扱要領でもその根拠が明確でないため、「このような場合は、こうする」といった統一した尺度を内部規程等で事前に定めておくことが必要です。

　さらに、共同住宅の占有者から動産にかかるり災申告（り災届出）が提出されない場合において、その損害額は、根拠を定めておくことにより、担当者の独自の判断でなく、明確で統一した尺度で損害額が算出されます。

　保険会社の損害については、関係保険会社の代理人も法令上「火災により破損又は破壊された財産を調査することができる」ことからも、消防の損害額の算出について争われることは考えにくいですが、消防の損害額の算出の根拠が明確でない場合は、その説明に苦慮することになりますので、前述のとおり、その根拠を明確にしておくことにより、公文書の開示にも耐えることになります。

QUESTION **33**　調査妨害時の証明等について

　先日、ぼや程度の火災が深夜に発生しました。翌朝、火災調査に出向したところ、当事者が調査を妨害及び暴言等を吐き、調査ができないような事案が起こりました。

　消防法第34条に立入検査の拒否等を行った者への罰則はあるのですが、このような場合の対応について質問があります。

①　当事者に対し、火災調査をさせないのなら、り災証明は出せないと言えるのか。

②　火災調査をさせなかった場合でも、り災証明は出さなくてはならないのか。

③　公務執行妨害となるのか。

　本来は、警察と合同で連携をとり調査を行えばよかったのですが、この事案はほぼ原因がはっきりしていました。その原因は犯罪性が低いため、翌日、警察は調査出向しなかったと推察します。

　また、他の消防に尋ねても、そのような事案はないとの回答がありました。

ANSWER

①　り災証明は、消防機関が火災現場で調査して確認した火災による被害の事実（火災の現場で調査した結果について、火災調査、現場調査に関する公文書に記載され

ていると考えます。）について、申請により証明書を交付するものであり、火災現場でり災状況（程度）を調査（確認）していなければ、り災の状況を証明できないはずです。ただし、質問者の消防本部に、火災があった事実（覚知日時、鎮圧時間、鎮火時間等）について証明する制度があれば、その制度に基づく事務は行うことになります。

　また、鎮火後に実況見分でなく、簡易な損害調査を実施していれば、その時点での調査結果としての説明は必要になりますが、あくまでも消防機関として特定したり災程度ではないので、り災証明とは別にするべきです。

②　消防機関がり災の事実を確認する現場調査を実施していないので、関係書類にもり災の程度が記載されていないことから、申請があっても、り災証明を交付することはできないはずです。

③　公務執行妨害罪は、刑法の第2編第5章「公務の執行を妨害する罪」第95条第1項で「公務員が職務を執行するに当たり、これに対して暴行又は脅迫を加えた者は、3年以下の懲役若しくは禁錮又は50万円以下の罰金に処する」とあり、この「暴行・脅迫」は、過去の判例等から、次のような例が『模範六法』（三省堂）にあります。

---

①　本罪における暴行脅迫は、これによって現実に職務執行妨害の結果が発生したことを必要とするものでなく、妨害となるべきもので足りる。
②　本罪における暴行、脅迫は、公務員に対して積極的なものとしてなされなければならない。
③　同和地区中小企業振興資金融資制度による融資申込みの受付事務の職務に従事していた県庁職員に対して、罵声を浴びせながら一方的に抗議している過程において、丸めたパンフレットで同人の座っていた椅子のメモ台部分を数回たたき、パンフレットの先端を同人のあごに触れさせ、さらに、椅子を動かして身体を揺さぶり、同人が立ち上がるのを阻止するためにその右手首を握る行為は、公務執行妨害罪にいう暴行にあたる。

このように、公務執行妨害罪は、「暴行・脅迫」をもって職務を妨害した場合に成立するもので、公務執行妨害罪に至らない程度の行為を禁ずるのは、質問者もご承知のとおり、消防法令上の次の規定が考えられます。

---

①　消防法第44条第2号
　　消防法第34条第1項の規定による立入り、検査若しくは収去を拒み、妨げ、若しくは忌避した者
②　消防法第44条第23号
　　消防法第33条の規定による火災後の被害状況の調査を拒んだ者

　つまり、質問の関係者の状況が具体的にどのようなものであったかにより、公務執行妨害罪になるか、消防法上の立入検査拒否等の罪になるか判断しますが、（書類が

必要なこともありますので）所轄の警察署に相談されることも一つの方法ではないでしょうか。

　なお、公務執行妨害罪に当たる暴行があった場合は、法条競合により公務執行妨害罪のみが成立します。

　また、立入検査は、関係者の拒否がなされた場合、強行できませんので、強行した場合は、先方から暴行若しくは妨害をされても、公務執行妨害罪あるいは立入検査拒否等の罪は成立しないとされていますので、注意が必要です。

　当研究会では過去の例として、消防法第34条については把握していませんが、消防法第４条の立入検査については、群馬県高崎市で平成19年８月に正当な理由がなく複数年にわたり立入検査を拒否していたことに対して告発書を提出し、同年12月に２名の関係者が逮捕されたという事案がありました。

　警察機関との合同調査については、消防機関が消防法に基づき調査を実施する火災の定義と警察機関が刑法に基づき捜査する火災事件の定義は違いますので、火災調査を消防機関が単独で実施することもあります。そこで大切なのが、火災調査を警察と合同で実施する場合、鎮火後等に実施する火災調査に対する関係者に対する説明も警察機関任せにしていると、消防機関単独で実施するときに関係者への説明が不十分になることを注意しなければいけないということです。

　警察機関とは、火災調査の実施に対して事前に情報交換をするほか、関係者への連絡担当についてもお互いに確認します。そして、関係者への連絡（説明）を担当する場合や、消防機関独自で実況見分（現場調査）を実施する場合は、火災でり災している関係者の心情を十分に察して、説明することです。

　また、火災調査は、消防機関と警察機関だけでなく、工場火災における労働基準監督署、湾岸施設、船舶火災における海上保安署、市役所等の関係部局等との連絡調整も必要になるほか、類焼棟（実況見分の前に「類焼」という表現はよくありませんが、説明の都合上であることをご理解ください。）や消火損害のみのり災者への実況見分の立会説明は、消防機関が行うことになるはずです。

5　火災の定義等火災報告に関するQ＆A

QUESTION 34　　火災の定義について（火災・非火災の判定）①

　電柱の変電設備に蛇が侵入したため短絡が起こり、住民からの通報で現場に行くと、蛇が感電し一部燃焼のような状況で発見されました。消火活動はなく、焦げている程度のもので、判定は火災か否かで考え込んでしまいました。

　結果的には付近に停電を及ぼしましたが、火災にあらずとの判定をしました。火災の要素の消火のための用具がなくても燃え広がることはなかったと判断したからです。

　しかし、付近住民に影響があった事案だったために火災扱いでもよかったと今では

思っています。どちらが正しいのでしょうか？

ANSWER

　消防法でいう火災は、火災報告取扱要領で示されている消防行政上の定義（学問上確立された定義ではない）を火災とすると考えられており、全国の消防本部もそのように運用しているところです。

　したがって、刑法でいう火災事件として扱う焼損の範囲と概念が違うこともあり、捜査機関の行う火災事件の件数と消防機関が火災調査を行う件数が違っています。

　火災報告取扱要領の火災の定義に係る要件を分割したものが、1ページにあるので、参照してください。

　①の前段は、反社会的に発生したことを意味し、普通の人であれば、当然行う注意をしないで、その結果、意図に反して燃焼現象が発生若しくは拡大した場合又は燃焼現象が公共の利益に反して明らかに危険を及ぼすおそれがある場合をいいます。

　①の後段の放火は刑法上の放火の概念と違い、火災予防上を主眼とし、人が故意に火を付けたものをいいます。

　②は主観で判断するものでないことと、実際の消火行為の有無によるものではなく、通常人が消火の必要を感じるかであり、燃焼しているものの経済的な価値（損害額が発生するか）にかかわらず、消火の必要があるか（あったか）について、現場で調査をした消防職員が客観的に判断するものです。

　③は消火を目的として設置（装備）されているもののほか、足で踏み消す、電気のコンセントを抜く、天ぷら油の火災を鍋の蓋を被せて消火するなど、いろいろなケースが考えられるため、全てを例示するのは難しく、調査した消防職員の判断になります。

　④の爆発の定義については、ここでは省略します。

　以上のように火災報告取扱要領では火災の定義を定めていますが、最終的には現場の調査を実施した消防職員の判断になりますので、調査員はこれらの定義を踏まえて客観的に判断しなければなりません。しかし、現場の状況は火災（火災に至らない事案）ごとに違うことから、判断に迷うところです。

　火災報告取扱要領の解説でもいくつかの「火災判定事例」を説明していますが、それらが全てではないほか、各消防本部では、先輩職員の判断事例や地域の環境（歴史のある街、新興住宅街）にもより、火災、非火災の判断に違いがあることもあり苦労されていることと思います。

　そこで、判断に迷ったときは、以後の火災予防の観点から類似の事案（火災）をなくすため、積極的に火災調査を行い、発火源はもとより、その出火に至る経過、着火物について明確にし、その予防策を取るべきではないでしょうか。

　ここで、当研究会として質問の事例について考え質問文から考察しますと、自然鎮

Q & A

火しているのであるから消火の必要がないとの見方もありますが、変電設備内に一部燃焼している蛇が認められる客観的事実があること、変電設備の中で燃えている状態の蛇を見れば、電線被覆に延焼し拡大するおそれもあり、通常人ならば消火が必要と考えることから、消火の必要性があるとみなし、火災として扱うと考えます。そして、変電設備の中に蛇や小動物が入り込むスペース（穴）があれば、当該変電設備の管理者に対して、この原因から火災が拡大するおそれがあるほか、停電等により多くの住民生活に影響を及ぼすこともあるため、再発防止策を講じるように指導するところです。

当研究会は、消火の必要がある燃焼現象が継続的でない爆発現象が火災の定義に加えられたことからも、結果的に消火の必要がなかったときでも通常人であればその現象が起きているときに、消火行為や通報行為を行うであろうと判断できる場合は火災として扱い、その再発防止に寄与することが消防の使命であると考えています。この考え方が全てではないと思いますが、執務の参考にしていただければと思います。

また、火災統計の意味からは、全国的に火災の判断を統一するべきで、そのためには火災事例の情報交換を積極的に行う必要があると考えています。

QUESTION **35**　火災の定義について（火災・非火災の判定）②

大型のショッピングセンターにおいて、その建物のあらゆる電気の配線が一部焼損する事案が発生しました。いずれも早期に発見され、配線のプラグを抜いたり、配線の周囲に可燃物がなく、配線の一部だけを焼損して鎮火しています。このような事案が年間に10件以上発生しています。いずれも消火の必要がないということで、火災扱いしないで調査をしていません。

しかしながら、ある火災調査の担当者は「プラグを抜く行為や発見時に自然鎮火していたとはいえ焼損しているのだから、いずれも火災に該当し、その原因を究明するべきではないか。原因を究明しないから繰り返し同じような現象が発生しているのであり、いずれは大きな火災になるのではないか」と考えているようです。このような場合、火災の定義に該当するのか、また、どのようにすべきでしょうか。

ANSWER

本事例は、火災の定義について熟知しながらもこのような判断をしているのであれば、消防機関としての義務を履行していないこととなります。火災の定義について誤解をされているかもしれませんので、説明します。

まず、火災の判断は現場で調査した消防職員の客観的な判断に委ねられていますが、質問者は「火災」と判断し、他の職員が「非火災」と判断していることから、この非火災の判断は客観的ではないということが、まずいえます。

次に、私も現場を確認していないので、10件以上発生しているもの全てについて説

　明することはできませんが、質問の中であった事例について説明します。

　　配線のプラグ（器具付きの配線か、延長コードのようなものも考えられます。）を
コンセントから抜いて処理した件ですが、火災報告取扱要領の解説、質疑応答［第1
　1　ADVICE4 ➡ p.2］から、プラグを抜く行為は消火施設又はこれと同程度の効
果のあるものを利用したと解されます。

　　次に、消防隊が現場到着した際に鎮火しており、関係者から「自然に消えた」との
供述があった場合は、火災報告取扱要領の解説では「燃焼する物体が経済的に価値が
あるものであれば、通常人は消火の必要を感ずる」とあるほか、電気設備における電
気事故と火災について「…消火効果のあるものの利用を必要とする程度のものであれ
ば、それは火災である」とあります。

　　また、消防庁の質疑応答では、「マンションの一室で布団が燃えて内壁の一部を焼
損したが、家人が気付いた時点では自然鎮火していたので、消防機関に報告しなかっ
た。数か月後にその事実を消防機関が確認した場合、それは火災として取り扱うべき
か」との問に対して、「人の意図に反して発生した消火を必要とする燃焼現象である。
たまたま、鎮火したが、消火施設又はこれと同程度の効果のあるものの利用を必要と
したと考えられる。以上のとおり、火災の三要素が全て含まれているからこれは火災
である」とあります。

　　以上のことから、本事例の場合は、現場に出向した消防職員が消火の必要があるか
（あったか）どうかの判断をすることになり、質問者が消火が必要等と火災の三要素
に該当すると判断されていれば、火災として扱うことになります。

Q&A

QUESTION **36**　火災の定義について（火災・非火災の判定）③

　管内で発生した事案ですが、電気配線の被覆が焼失（燃えているところを確認した
者はいませんが、周囲の内壁が煤けていること、残っている被覆の端が焦げているこ
とから焼失したと判断）し、芯線には電気痕が認められることから、短絡等の原因に
より出火したものの配線被覆以外に周囲に可燃物がなかったことから、延焼拡大せず
に鎮火したものと考えられます。

　本事案について、火災として取り扱うかどうか所属内で意見が分かれて、消火施設
又はこれと同程度の効果があるものを使用していないことから、火災の定義に当ては
まらないと判断され、非火災として扱いました。

　私は、火災報告取扱要領の解説の中にある例示4「道路に面した板べいの郵便箱に、
何者かが新聞紙に火をつけて押し込んだが、前日に大雨が降ったので、板が水分を含
んでおり、そのため自然に消えていたのを家人が発見し、消防機関に通報してきた」
について説明しましたが、それは「放火により発生したとき」のみであるとのことで、
消火の必要性についての説明については聞き入れられませんでした。

　本事例も含め火災の定義について説明をお願いします。

ANSWER

　まずは、質問にある火災報告取扱要領の解説の例示4についてですが、本事例は、消火の必要の部分で「結果からみて自然に消えたとはいえ、郵便箱で新聞紙が燃えている時点で発見すれば、通常人は消火の必要を感じたであろう燃焼現象である」。また、消火施設の部分でも「燃焼過程において、消火効果のあるものの利用を必要としたことが推定される」と説明しています。

　そして、「放火により発生した」部分については、火災の三要素の「人の意図に反し又は放火により発生すること」に該当していることを例示したものであり、「放火」という経過に限定したものではありません。それは、そもそも放火という経過を現場の実況見分の前に断定することはあり得ず、火災調査の結果、経過は「放火」であったと判定するからです。

　今回の質問の現場においても調査の結果、経過が「放火」である可能性があります。そのため質問者の上席者のように火災調査をすることなく、経過が「放火」ではないことを理由に非火災という判断をすることはあり得ません。

　当研究会では、火災報告取扱要領の解説の「消火効果のあるものの同程度のもの」には電源を遮断する（プラグを抜く。）ことも含まれると解しています。

　そして、火災、非火災の判断は、現場に出向し、現場を確認した職員が客観的事実から判断するもので、現場も確認していない上席者が判断するものでないと考えているほか、焼損の著しくない現場こそ、出火に至る経過や現象が解明しやすく、次の実況見分を含めた火災調査の参考になるとともに、類似の火災を防ぐ火災予防につながることからも、無理やり火災の定義に当てはめて火災扱いすることはしませんが、火災の定義に当てはまるものは積極的に調査することとしています。

QUESTION37　　火災の定義について（火災・非火災の判定）④

　火災報告取扱要領の解説にある例示4「道路に面した板べいの郵便箱に、何者かが新聞紙に火をつけて押し込んだが、前日に大雨が降ったので、板が水分を含んでおり、そのために自然に消えた」が、もし、板べいの郵便箱ではなく、金属製の燃えない郵便箱であったら火災扱いになるのか、それともならないのでしょうか。

　個人的には、延焼拡大の危険性がないので火災扱いしないと考えますが、例示の意図するところを教えていただければと思います。

ANSWER

　質問の例示火災については、火災調査担当者がいろいろと悩んでおり、過去にも「『放火』という原因のみなのか？」と質問があり、QUESTION36で説明させていただきました。

　ここでは、延焼危険についての部分を説明させていただきます。

　ご承知のとおり、火災報告取扱要領の解説では、火災の三要素のうちの「消火の必要がある燃焼現象」について、「延焼の危険」と「燃焼物の価値」に分けて説明しています。

　ここでは、質問にある「延焼拡大の危険性」に係る「延焼の危険」について説明します。

　火災報告取扱要領の解説によると、「延焼の危険は、延焼拡大の危険性があると客観的に判断されるものでなければならない。また、消火の必要性があるか否かをその燃焼により判断することができる」とあります。

　そこで、質問の金属製の郵便箱内で新聞紙が燃焼している場合について客観的にみてみましょう。金属製とはいえ、郵便箱内の新聞紙が燃えている状況があれば、通常人であれば消火の必要があると判断するのではないでしょうか。

　また、質問では「延焼拡大の危険性がない」と思われていますが、郵便箱内で新聞紙が燃焼しているこの現象を目撃すれば、金属製とはいえ郵便箱が焼損（郵便箱に拡大）してしまうので、通常人であれば「消火の必要性を感じる燃焼現象」ではないでしょうか。

　以上のことから、質問の金属製の郵便箱の中で新聞紙が燃えている状況でも、客観的に消火の必要性を認めて消火行為を行うことから、火災報告取扱上の火災として取り扱うことになると解されます。

　そして、この火災・非火災の判断については、当研究会がこの場で判断するのではなく、あくまでもこの説明を踏まえた上で「現場を確認した（現場調査・現場での実況見分をした）消防職員」が客観的に判断することになります。

QUESTION 38　火災報告の報告義務について（車両火災の事後聞知）

　他市管内の幹線道路（国道）上で車両火災が発生し、当該車両の運転手は車載の消火器で消火に成功しました。しかし、消防機関への通報は行わず、自走できたため事業所のある当市管内まで運転してきました。そして、当市行政区域内で当該運転手の上司から消防への通報を指示されたため、119番通報をしました。つまり、事後聞知火災なのですが、当市においては防ぎょ活動は行っておらず火災発生場所も他市管内です。

　この場合において、火災発生場所を管轄する消防機関に火災の報告義務は生じないのでしょうか。

ANSWER

　火災報告の報告義務について［▶ p.5］を確認してください。

　質問の事例では、火災を主として防ぎょした市町村又は報告を受けた市町村に義務

が生じますので、県の担当者に説明してから作成することを勧めます。

　以前、当研究会でも他都市を走行中の電車内で発生した火災が、研究会員が所属する市町村の駅のホームに停車した際、当該駅の駅員が119番通報することなく消火活動を行い消火し、焼損した車内の現場保存を行い、電車はそのまま電車区のある最寄駅まで運行し、乗客を降ろした後に電車区に止められました。そして、この電車の火災をテレビニュースで覚知し、当該電車区まで行き火災調査を実施したことがあります。

QUESTION 39　火災報告の報告義務について（車両火災の報告と調査等）

　火災報告取扱要領の第1総則で、「二以上の市町村を移動した車両火災、船舶火災及び航空機火災の報告は、これらの火災を主として防ぎょした市町村又はこれらの火災があったことについて報告を受けた市町村が都道府県を通じて行う」とありますが、以下の解釈でよろしいのでしょうか。ご教示願います。

① 　A市で車両火災が発生した後、B市に移動した車両をB市が防ぎょした場合の火災報告は、B市消防機関が行う。火災報告＝火災調査と思われることから、火災調査も当然にB市消防機関が行う。

② 　A市で車両火災が発生した後、B市に移動した車両をA市が防ぎょした場合の火災報告及び火災調査は、A市消防機関が行う（パターンとして、A市はA市で発生したものとして出場したが、防ぎょした後に調査した結果、防ぎょした所在がB市と判明した場合）。

③ 　A市で車両火災が発生した後、車両がB市に移動して防ぎょなく鎮火し、後日、関係者から消防機関に通報があった場合（要するに覚知方法が事後聞知）で、その後、B市の修理工場に置かれている車両についての火災報告及び火災調査の実施機関は、B市に通報があればB市消防機関が火災報告及び火災調査を行う。

④ 　③の場合で、関係者の所在がA市であるためA市に報告があったときは、A市消防機関が火災報告及び火災調査を行うのでしょうか。それとも車両が現在B市にあることから、B市消防機関が火災報告及び火災調査を行うのでしょうか（火災報告取扱要領ではこれらの火災があったことについて報告を受けた市町村とあるが、最初に報告を受けたとは書かれていないため）。

　　この場合、仮に最初に通報があったA市に火災報告及び火災調査の義務があるとされると、もし全然関係のないC市に通報があった場合にC市消防機関が火災調査を行うのもおかしな感じがしますが、いいのでしょうか。

⑤ 　A市で車両火災が発生した後、車両がB市に移動して防ぎょなく鎮火し、後日、関係者からB市消防機関に通報があった場合の出火場所は、A市で走行中に火災の定義に該当していた場合はA市でよろしいのでしょうか？　それとも車両が現在置いてあるB市になるのでしょうか？

　　防ぎょのない車両火災では、二以上の市町村間の移動のあるなしにかかわらず、火災調査の結果、火災の定義に該当するに至った時点の場所を出火場所としてよろしいのでしょうか？

ANSWER

　本質問の項目ごとの説明の前に、もう一度火災報告取扱要領［第1　3　火災報告の報告義務について▶p.5］を確認してください。

　①は、火災報告取扱要領で定義している移動するものの例外として定めていることと、質疑応答のとおり、管轄の消防機関が報告することは、車両火災、船舶火災及び航空機火災の場合の特例を除いていることから、質問者のお見込みのとおり、火災報告（火災報告をするための火災調査）はB市が行います。

　②は、A市で発生して、A市の消防機関が防ぎょ活動を実施したものであることから、防ぎょした場所がB市であっても、報告義務の1、2とも該当するので、A市が火災報告を作成します。

　ここで、注意することは、自動車専用道路などでは進入口の関係から隣接市町村等が防ぎょ活動のため出場するものの、管轄消防機関が火災調査のために出動する協定等を結んでいれば、主に防ぎょをしていなくても火災調査は管轄消防機関が実施することになります。

　③は、火災報告取扱要領に定義されていることから、事後聞知の場合も火災のあったことについて報告を受けた市町村に火災報告の報告義務がありますので、前段の質問内容であれば、質問者のお見込みのとおり通報があったB市になります。

　④は前段の質問の場合、報告を受けたA市が、後段の場合はC市に火災報告の報告義務が生じます。

　報告について「最初に」と記載されていないとのご指摘ですが、報告者が複数の消防機関に報告することは想定されていないのではないでしょうか。

　実務的には、他の消防機関の管轄地で発生した事後聞知火災について問い合わせがあれば、管轄消防機関へ報告するように説明されることもあるのではないでしょうか。

　しかし、火災報告取扱上は報告を受けた消防機関に報告義務が生じることと、消防法上の火災調査の責務は忘れないでいただきたいと思います。

　ここで、大切なことは、どの消防機関が火災報告をするかということよりも、先方の供述だけで火災と認定することなく、火災の定義に該当するかまず調査を行うことです。該当すれば引き続き当該機関の火災調査規程等に基づき調査することになりますが、ほかに焼損物件がなかったか（アスファルト路面・ガードレール・街路樹・道路上の工作物等が焼損していることがあります）なども含めて詳細に調査することです。

　また、火災として扱い、火災報告を作成する場合は、同一事案を複数報告しないた

めに、県の担当者及び管轄消防機関の担当者に対して事務連絡することが必要になると思います。

⑤の車両火災、船舶火災及び航空機の火災の報告については、車両等の移動するものの火災報告を行うのは、主として火災を防ぎょした市町村「又は」火災があったことについて報告を受けた市町村であることから、質問のように火災防ぎょがなかった場合は、報告を受けた（通報を受けた）市町村が火災報告をすることになります。

質問の出火場所については、走行中の車両等が消火活動等の防ぎょ活動をせずに自然鎮火した場合等は、運転手等が炎又は煙を確認した場所、確認していなければ、焼損の程度等の火災があったことを確認した場所とします。

QUESTION**40**　火災報告の報告義務について（他市町村への延焼）

当市と隣接市（他県）との境界で火災が発生し、当市（以下「Ａ市」という。）と隣接市（以下「Ｂ市」という。）それぞれが当該火災現場に出動しました。鎮火後、Ａ市とＢ市の消防職員で火災現場の状況を調査したところ、Ｂ市側で、個人の敷地内においてゴミを焼却中、風にあおられて焼却中の炎が周囲の雑草へと燃え移り、さらに隣接するＡ市側の雑草へと延焼して、Ａ市とＢ市の境界線（県境）に設置してある金網フェンス（Ａ市側に設置）を焼損したものと判明しました。その結果、火災の発生場所はＢ市側と特定され、Ａ市は延焼された側となりました。火災による損害状況を調査したところ、Ｂ市側は雑草のみの焼失でしたが、Ａ市側は雑草の焼失の他に県境に設置されている金網フェンス（Ａ市所有）が５ｍにわたり焼損している状況でした。本件火災について、火災発生場所を管轄するＢ市側が火災調査を実施し、1件の火災として計上し火災調査書1件を作成しました。なお、火災による損害額はＡ市側から報告しました。

①　例えば、本件の場合、Ａ市側の建物が焼損していた場合には、火災種別は「建物火災」となるものと考えられます。そして、Ａ市が1件の火災として取り扱い、火災調査書1件を作成することになるものと考えられます。しかし、建物火災とすることによって、当該建物は火元建物となり、出火場所、出火箇所ともにＡ市側となると考えられ、Ｂ市側に火災による損害額が発生していない（雑草のみ焼失）ためＢ市からの報告（焼損面積、損害額）の必要もなくなり、Ａ市からの報告のみとして処理されるものと考えられることから、「延焼による火災」という事実が、火災報告には反映されないように思われます。

他市からの延焼火災について、延焼された側が火災1件を取り扱うこととなった場合に、火災報告及び火災調査書の記載等についてご教示をお願いいたします。

また、Ａ市に延焼したことにより建物火災として取り扱う場合、「Ｂ市からの延焼火災であるため、『出火箇所』についてはＢ市側（火元側の雑草）とするべきである」との意見があります。私は、建物火災として取り扱うことにより「出火場所」がＡ

市となるため、「出火箇所」をＢ市とすることには矛盾が生じるものと考えています。

　他市からの延焼火災における出火箇所の考え方についてもご教示をお願いいたします。

②　本件の火災調査については、Ａ市とＢ市が協力して実施し、火災による損害額は、Ｂ市に内容を確認した上でＡ市が報告しました。Ａ市の火災調査規程には、他市からの延焼火災の場合の火災調査について何ら規定されていません。私は、Ａ市については火災損害調査報告書の作成だけでも必要になると考えていますが、Ａ市火災調査担当者からは、「火災調査書の作成は必要なし」とのことでした。延焼された側のＡ市としての火災事案処理について、どのように処理すべきか適切な方法があればご教示をお願いいたします。

③　本件火災におけるＡ市側の火災による損害（Ａ市の金網フェンス）について、り災証明書の申請がなされた場合には、「り災証明書」の発行はＡ市の消防が発行することになると思われます。私は、Ａ市消防としては火災損害報告書の裏付けにより「り災証明書」を発行することが必要になると考えますが、この場合、Ｂ市の火災損害調査書の内容に基づきＡ市の消防が「り災証明書」を発行することに問題はないのでしょうか？　他市からの延焼火災における場合の「り災証明事務」の適切な事務処理についてご教示をお願いいたします。

ANSWER

　質問は、いずれも他都市からの延焼火災に関係しますので、まずは、火災報告上の延焼火災に係る箇所［第１　３　火災報告の報告義務について ▶ p.5］と火災種別に係る箇所［第３　１(6)　火災の種別が２種類以上複合する場合について ▶ p.19］を再確認してください。

　まず、Ｂ市側の雑草から延焼を受けたＡ市側の建物の損害額が大のため、火災種別を建物火災とした場合の矛盾についてですが、火災種別は、火災種別が２種類以上複合する場合は、焼き損害額の大なるものの種別によるとの原則があります。しかし、火災損害額の大によることが社会通念上適当でない場合、客観的な社会通念の感覚と違うと判断される場合は、焼き損害額の大小によらずに火災種別を選べますので、出火箇所（出火市町村）を考慮して火災種別を選ぶ方法もあります。

　次に、火災報告の報告義務についてですが、延焼を受けた市町村もそれぞれ該当する項目を報告することになります。

　したがって、損害額が該当するのであれば、損害額の根拠を明らかにすることが必要になります。例として、該当消防本部で定める方法で損害調査を行い、損害明細書等を作成して、火災報告の根拠にします。

　なお、損害調査を実施するには現場の客観的事実を見分する実況見分も必要になりますので、実況見分調書、その他必要な書類を作成することになります。

　この場合、火災の発生時刻、場所、その他必要な項目は関係消防本部から情報を得て一緒に記録しておくことで、この方法を消防本部の内部規程で定めておくことも一つの方法ですが、何十年に一度であれば、火災報告の要領も変わることがありますので、そのときの火災報告取扱要領や質疑応答を参照して損害調査をする方法もあるのではないでしょうか。

　最後に、り災証明に関することですが、前記のとおり、損害調査を実施してその結果を損害明細書等の書類に残す必要がありますので、その書類を元に、り災証明の事務を行うこととなります。また、火災の発生時刻、場所、その他必要な項目は一緒に記録しておく必要があります。

QUESTION 41　　火災件数の取扱いについて（車両火災）

　管内で乗用車2台の交通事故があり、2台の車両が焼損しました。交通事故の状況は、停車している車両Aに反対車線にはみ出したもう1台の車両Bが正面衝突し、衝突された車両Aは約20メートル移動しました。

　消防隊が現場到着したときには、2台の車両がそれぞれ離れた場所で燃えていました。車両Aの運転手は、消防隊到着時は現場におらず、その後も行方がわかりません。

　また、車両Bの運転手も最初は現場におり、正面衝突したことと電話番号を確認できましたが、途中でいなくなってしまいました。確認した電話番号（携帯電話）に何度電話をしても電話に出ません。

　衝突した箇所は車の変形から見て、両車両とも前部のエンジンルーム部分であると推定できます。焼損程度は両車両ともほぼ全体が焼損していますが、エンジンルームの焼きが著しいです。

　この火災事例では、現段階では両運転手の証言が得られていないこと、また、火災初期の目撃証言もない状況です。

　以上のことから、衝突した瞬間に2台の車両のどちらかから火災が発生し、その後1台が移動したのか、1台の車両が出火して離れた車両に延焼したのか、判断ができずにいました。すると、交通事故は1件扱いだから火災も1件でよいのではないかとの意見が出ましたが、私は別の場所で焼損をしているので、2件の火災と考えています。

ANSWER

　火災の件数は火災報告取扱要領によると、「『1件の火災』は、一つの出火点から拡大したもので、出火に始まり鎮火するまでをいう」とあります。

　本事例の現場を確認していないので質問の内容から判断すると、20メートル離れた場所にある車両にだけ延焼すること（付近の建築物や工作物に延焼しないで）は考えにくいです。このため、2台の車両が接触と同時に両車両が燃え、そのうち1台が燃えながら移動したか、接触後移動した車両から燃料が漏洩しており、その燃料を導火

線にして延焼したのか、接触して2台の車両が20メートル離れた後にそれぞれ出火したかのいずれかと考えられ、先に挙げた2例なら1件の火災、最後の例なら2件の火災となります。

そこで、大切なのは両車両の出火箇所を見極めることと、その出火箇所と推定されるところの発火源、着火物をそれぞれ確認することです。

火災件数が2件としても両火災の発火源と着火物が同じになることもありますが、それぞれの車両のものであれば別の火災になります。

例えば、両車両とも接触の影響でシリンダーブロックの破損、各種オイルの配管破損等により、エンジンオイル等が漏えいし、排気管等の高温部に触れ出火した場合などは、発火源と着火物の分類が同じになりますが、火災件数は2件になります。

いずれにしても、交通事故の接触（火災の焼損や防ぎょ活動による破損でなく）によると考えられるエンジンルームの破損箇所に発火源となるものがあるか、また、その発火源の側に着火物となるものがあるか、その発火源に着火物となるものが移動してくる可能性があるかを見分することです。

発火源としては、排気管等の高温物、事故発生時の衝突火花、電気関係（バッテリー、各種照明、電気配線の短絡）等が考えられ、その発火源により、当然着火物も制限されます。逆に、着火物が一つしか考えられないときは、発火源も限られてきます。発火源、着火物の双方を考えながら見分することと、両車両ばかりでなく、道路にオイルが付着していないか、ガソリン等が漏えいした形跡はないか、道路が焼損していないか等の道路の状況を確認するほか、消防隊到着時にガソリン臭があったか、ガソリンが燃えているような状況があったか等の消火活動中の見分状況も大切になります。このため、必要により火災状況見分調書（消防隊活動中の状況を書類にする。）を先着隊等に作成させて参考にすることも必要です。

また、何か新たな事実が分かることもありますので、運転者等の関係者等への接触もあきらめずに継続することを勧めます。

いずれにしても、火災後の実況見分は、火災の原因調査はもちろんのこと、火災件数の決定にも影響してきますので、先入観をもたずに実施することが大切であるということです。

QUESTION 42 火災件数の取扱いについて（放火火災）

出火原因が同一人物の連続放火であるとき、同一敷地内のA建物事務所へまず放火し、次にA建物事務所と反対側の建物付近（外）のごみ箱へ放火し、このごみ箱からA建物へ延焼した場合において、ごみ箱からの延焼は「損害の大なる方」ということで建物火災となりますが、事務所の火災と合わせて2件の建物火災とするのでしょうか。

それとも火災種別が建物火災になったことで、一つの消防対象物となり、「一つの消

防対象物で、2か所以上から出火したもので、出火原因が放火に基づくとき」となり、1件とするのでしょうか。

　私は、「1件の火災とは一つの出火点から拡大したもの」であることから、ごみ箱からの延焼により建物火災となっただけで、出火点はあくまでもごみ箱であり、2件になるのではと考えています。

ANSWER

　火災報告取扱要領の解説①4火災件数を確認すると、本件の場合は1件の火災に該当することになります。連続行為ということについては、現場調査の結果になりますので、現場調査した職員が判断して、1件にするか、2件にするかだと思います。

　私も1件の火災については、質問者と同様の考えをもっていますが、前述の決まりがある以上やむを得ないのではないでしょうか。ただ、私の経験でも1件の消防対象物の3か所に連続放火された火災で、担当者が火災調査書類の作成に苦労して、私もアドバイスに呻吟して、3件の火災になればと思ったことがありました。このときは、放火行為者が連続して放火しているところを複数の人に目撃されていたこともあり、1件の火災として処理しました。

QUESTION**43**　火災種別・収容物について（ポーチ）

　火災種別の建物火災で、ポーチの下に置かれた車両は収容物として扱うのでしょうか。また、このポーチにひさしがついていた場合についても説明をお願いします。

ANSWER

　火災報告取扱要領の解説で収容物［第3　1(2)　収容物について▶ p.15］について説明していますが、ポーチとピロティとは、次のとおりです。

　　ポーチ：建築物の玄関等に設けられるもので壁等で囲まれていないものをいい、車
　　　　寄せ等は含まれるが、玄関以外に設けられる通常のひさし等は含まれないもの

　　ピロティ：建物の一階を柱だけ残し、吹き放しとする建築様式。また、その空間

　このように、ポーチに置かれた（駐車・停車）車両は、車庫のように、そのはみ出しにかかわらず、収容物としません（「ポーチ、ピロティの下に置かれた物」の「物」には車両も含まれます。）。その車両のみ焼損するか、建物へ延焼しても車両火災と判断された場合（車両の機能を有しないなど車両に該当しない場合は「その他の火災」）は、火災種別は「車両火災」になります。

　また、ポーチやピロティでなくても片持屋根の自転車置き場など、建築面積が算定されない場合も建物として扱わないと解されていることから、この下に置かれているものは建物火災の収容物になりません。

　ひさしがある場合については、消防庁の質疑応答［第3　1(1)　ADVICE14▶ p.15］があります。しかし、ポーチの場合は下に置かれた物は収容物として扱わないことから、ひさしの有無で変わることはありません。

　建物内に収容されていると判断し、建物火災の収容物として扱う場合の注意点として、収容物の車両から火災が発生して建物へ延焼しても、これは車両火災から建物火災への延焼火災でなく、この車両はあくまでも建物の収容物であることから建物火災となるということです。そして、この収容物と扱う車両だけが焼損した場合も同様に建物火災であり、火災報告において、車両の損害額は収容物の損害となり、車両の焼損台数も計上しないということです。

参考　ベランダとバルコニーについて

　「ベランダ」と「バルコニー」については一般的には次のように説明されているほか、「バルコニーその他これに準ずるもの」は、消防庁通知（昭和43年消防予第8号）に規定されています。

　　ベランダ：建物の外側に張り出し、手すりで囲まれた部分。「バルコニー」と
　　　　同様に用いるが、屋根の付いたものや上階の張り出しの下にあるものをいう
　　　　ことが多い。

　　バルコニー：建物の2階以上の壁から室外へ持ち出してつくった屋根のない手
　　　　すり付きの台。劇場などのメインフロアより高く壁から前方に突出している
　　　　座席や、舞台装置のうちで手すりのついた高台を指すこともある。

　　バルコニーその他これに準ずるもの：バルコニー（開放廊下を含む。）は、耐
　　　　火構造とし、その周囲に高さが110cm以上の手すり壁、さく又は金網を堅固
　　　　に固定して設けたもの。「その他これに準ずるもの」は、ひさし、床又は構
　　　　造体の突出部がこれに該当する。

QUESTION **44**　　火災種別・収容物について（ベランダ）

　先日、マンションのベランダに置かれた薫製用の器具などを焼損した火災が発生しましたが、火災の種別について判断に悩んでいます。この火災の種別について説明してください。

ANSWER

　火災の種別については、火災報告取扱要領の説明［第3　1　火災種別▶ p.11］のほか、火災報告取扱要領の解説の火災報告関係の火災種別の建物火災によると、収容物について「…建物内の収容物と一体化しているとは認められないようなものについては「収容物」に含まれない」とあります［第3　1(2)　収容物について▶ p.15］。

　また、建物内の収容物と一体化の例として、ベランダに干されている洗濯物を建物

の収容物と考え、建物火災として取り扱うとしている消防本部もあります。

　なお、仮にこのベランダに置かれた薫製用の器具などを建物の収容物として扱わないと判断した場合には、「火災の種別が二以上複合するときは、焼き損害額の大なるものの種別による。ただし、その態様により焼き損害額の大なるものの種別によることが社会通念上適当でないと認められるときはこの限りでない」とあることに注意しなければいけません。

　これは、ベランダに置かれた物品が焼損した場合は、ベランダに面した建物の外壁、物品が置かれていたベランダの床面が焼損している可能性が高く、外壁や床面の損害額とこれらの損害額を比較して、火災の種別について判断することが必要になるということです。

　火災の種別が二以上複合した事例で、ピロティの例を当研究会でも経験していますので参考にしてください。

　これは、ピロティに一時的に置かれた物品から出火した火災で、この物品が焼損した事例です。火災調査の担当者は、「ピロティに一時的に置かれた物品からの出火」ということで「その他の火災」で扱うと報告してきました。

　このとき、まず、火災現場の写真を見せるように指示して、写真を確認すると、ピロティの天井面とピロティに面している建物の外壁に焼損が認められたことから、これらの損害額を確認してから判断しようと説明しました。結果的にピロティ内の外壁に取り付けられている電気配線等も焼損していることが確認され、損害額は建物の方が大きく、社会通念上も建物火災とすることが妥当であると判断したことがあります。

QUESTION 45　火災種別・収容物について（軒下・屋根の上）

　住宅の軒先又は屋根の上にあるエアコン室外機のみが焼損した場合（収容物に含まれない場合）の火災種別は、「建物火災」でしょうか。それとも「その他の火災」として取り扱うのでしょうか。

　『新火災調査教本第2巻損害調査編』（東京防災救急協会）には建築設備等の取扱いで「建物には、電気、ガス、給排水、冷暖房、昇降機、消火等の建築設備を含めるものとする。」とありますので、エアコン室内機と室外機は一体のものと考える方がいいのでしょうか。

ANSWER

　火災報告取扱要領の「建物火災」の大原則は、「建物」又は「その収容物」が焼損した火災です。そして、「建物」と「収容物」の定義は、火災報告取扱要領［第3　1　火災種別➡p.11・ADVICE 7➡p.13・(2)　収容物について➡p.15］を確認してください。

　そこで、質問のエアコン室内機とエアコン室外機を一体と考えるということについ

て、室内機と室外機が配線や配管で接続されているソーラーシステムと同様に判断し、室外機が柱、壁等の区画の中心線で囲まれた部分に収容されて収容物に該当する場合、室外機のみが焼損すれば、収容物として建物火災に該当しますが、収容物に該当しない部分に置かれていれば、その他の火災で処理します。

次に、電化住宅ソーラーシステム（太陽電池）のみが焼損した場合については、当該ソーラーシステムの設置状況により判断します。

また、『新火災調査教本第2巻損害調査編』には、質問にあるとおり、「建築設備等の取扱いで、建物には、電気、ガス、給排水、冷暖房、昇降機、消火等の建築設備を含めるものとする」とあるほか、「①屋上の工作物、例えば耐火建築物の屋上に設けられた水槽（水タンク）やクーリングタワー、広告塔のみが焼損した場合は、建物火災として取り扱わない ②屋根の上の温水機やソーラーシステムは耐火建築物の屋上に設けられた工作物と同様にそれのみが焼損した場合には建物火災と取り扱わない ③建物外壁に取り付けられた分電盤及び積算電力計や臭気管は建築設備としない」とあり、より具体的に説明して理解しやすくなっており、この本の内容からも同様の判断ができます。

なお、『新火災調査教本第2巻損害調査編』は、東京消防庁が火災報告取扱要領及び同解説に解説のない部分等について運用上の解説を加え実務に役立つように具体的に説明を加えたものであり、参考になりますが、火災報告に係る調査は「火災報告取扱要領」を基にすることが原則になります。

Q&A

QUESTION 46　火災種別・収容物について（駐車場）

本火災は、専用住宅の1階部分の駐車場に止めてある車両と建物の一部が焼損したものです。

この車両は、フロントのエンジンルームが建物からはみ出していたことから、この車両のはみ出し部分を計測したところ、2メートルあり、車両の長さ5.5メートルの半分以下であったことから建物の収容物として建物火災と報告したところ、車両がはみ出ていれば収容物にはならないと言われました。

収容物について説明してください。

ANSWER

火災報告取扱要領［第3　1　火災種別▶ p.11・⑵　収容物について▶ p.15］によると、質問の場合の車両は、建物の収容物に含まれないと解します。

この車庫内の車両を収容物にするかについては、火災報告取扱要領の解説が具体的でないことから、車両が半分はみ出しているかいないかで判断するように具体的に示されている本部もありますので、そのことが頭にあったのではないでしょうか。質問者の本部においても、火災報告取扱要領を基に運用上必要と認めるならば、具体的な

内容を運用要領等で事前に定めておき、職員に分かりやすくしてはいかがでしょうか。

　なお、当該車両が収容物に該当するかしないかということと、火災の種別は別であることは忘れないでください。

　つまり、当該車両を収容物としない場合は、「車両火災」と「建物火災」が複合しているので、車両の焼き損害額と建物の焼き損害額の大なる方の種別になるということです。

QUESTION47　火災種別・2種類以上複合する場合（車両火災とその他の火災）

　車両解体業者の敷地内で従業員が乗用車（車両としての機能なし）を解体中に、漏れた燃料に引火し、付近のタイヤ等に拡大し、更に隣接する建築業者の事務所に類焼（全焼）しました。この場合、①火災種別、②出火場所、③出火箇所、④業態及び用途等を本来火災が発生した場所は解体業者の敷地内であるが焼き損害が大の方なので、①建物火災、②建物の住所、③隣接する空地、④建築業（事務所）と判定しましたが、実際に発生した場所は作業中（従業員）の過失によるもので、この判断が社会通念上適当なのでしょうか。

ANSWER

　質問を読み取った限りでは、解体していた車両が火災報告の定義上の車両に該当していないこともあり、「その他の火災」として計上します。

　理由としては、解体業を営む業態の事業所から出火していることから、以後の類似火災を防ぐ火災予防行政に反映させるために、「建物火災」にするよりも「その他の火災」として扱うべきであることと、火災調査関係書類では、出火場所等を建築業者の事務所にして書類に残しても火災の概要が分かりにくく、解体業者を出火場所にすることが、社会通念に沿うものと判断できるからです。

　また、火災調査を担当する職員としての実務的な部分ではありますが、火元者の決定、実況見分の実施に際しての立会人、質問調書の対象者など解体業の関係者が中心になることから、「その他の火災」として、出火場所を解体業者の敷地内として扱うことになるのではないでしょうか。

　いずれにしても、火災の現場調査を実施した調査員が現場の状況から、どちらが社会通念に適当であるかを判断するべきですが、どうしても迷う場合は、上司に報告し組織として判断することになるのではないでしょうか。

QUESTION48　火災種別・2種類以上複合する場合（建物火災と車両火災）

　車庫内で車両の修理をしていたところ、漏れた燃料に起因して出火し、この車両を焼損したほか、車庫に隣接している建物に延焼拡大し、建物の外壁を焼損しました。

　この焼損した車両は年式が古いものの貴重な輸入車であったため、車両の損害額は延焼した建物の損害額よりも高額になりました。

　この火災では、損害額の高い方ということで判断するとして、火災種別は車両火災ということでよろしいのでしょうか。

　建物もかなり焼損しているので苦慮しています。

ANSWER

　ご質問のように、火災の種別を決定する際、特に、種別が複合する場合に悩まれている担当者が多くいるようですが、火災の状況は現場により違うことから現場調査を実施した調査員が判断することを認めています［第3　1(6)　火災の種別が2種類以上複合する場合について▶p.19］ので、現場調査を実施した複数の調査員で検討するほか、写真や図面などで客観的事実を説明して上司に相談することも必要ではないでしょうか。

　当研究会では、現場を見ていないような上司がいろいろと判断することについては異論もありますが、現場の客観的事実を説明しながら相談することは必要であると思います。

　この質問でもう一つ気になるところは、「車庫内」で修理していたとあることから、この車庫が火災報告取扱要領でいうところの建物に該当するものであるかということです。

　これは、屋外に駐車している場合「屋外駐車場」、「駐車場」等という表現を用い、「車庫」と表現する場合、「車庫証明」においては屋外駐車場も含まれるものの通常は車を駐車する建物を示します。質問の車庫が建物に該当していれば、当該車両は建物の収容物になるので、建物火災として扱い、焼損した車両の損害額も建物の収容物として計上することになります（片持屋根のように建築面積が算定されないものは、火災報告上の建物にはなりません）。

　また、この車両を駐車している場所についても「車庫」、「屋外駐車場」、「立体駐車場」、「道路上の駐車スペース」等名称はいろいろあり、その名称により意味が違ってきますので、現場の客観的事実に基づいて的確な名称を使用するよう注意しましょう。

　なお、現場を見ていない当研究会が質問の内容だけで判断することは良くありませんが、仮に判断するとすれば、建物と判断できる車庫内で発生していれば、絵画等と同様にビンテージの車両で損害額が高くても、社会通念上の観点から建物火災として扱います。

関連Q&A

　QUESTION58　火元の用途（車庫）

Q&A

QUESTION **49**　火災種別・2種類以上複合する場合（建物火災と船舶火災）

　当消防本部管轄の河川敷にある作業小屋から出火し、近くにあった川漁船、漁具及び立木が焼損しました。作業小屋は全焼し、船は半分ほど焼損しました。

　作業小屋は手造りのもので、船の方の損害額が大きかったために「船舶火災」としましたが、上司からは、社会通念上からみて建物火災ではないかと言われました。

　また、この火災の場合の出火箇所は作業小屋ですので、火災報告にある火元は「作業小屋」で報告していいのでしょうか。

ANSWER

　火災の種別が複合する場合の取扱について、質疑応答［第3　1⑹　火災の種別が2種類以上複合する場合について▶p.19］があります。

　ここで注意しなければいけないことは、「火災損害」ではなく「焼き損害」であることであり、消火損害や爆発損害は含まれないということと、火災報告に対しては、火災種別と火災種別ごとの損害額の最大の火災種別が違う場合に「OKエラー」にチェックを入れることです（突合番号001に対応）。

　以上のことを参考に、現場の状況から判断されてはいかがでしょうか。当研究会では火災報告の原則を重視しますが、質問の文章からは「建物火災」ではないかと考えます。

　出火箇所は、現場を確認していないので断言できませんが、建物火災とした場合は、大分類「主として建物火災に適用するもの」から選びます。

QUESTION **50**　火災種別・2種類以上複合する場合（建物火災・その他の火災）

　ガスコンロで湯を沸かしながらコンロ上部の換気扇フィルターを交換しているときに、上着に火がつきⅡ度の熱傷を負いました。

　この火災の火災種別は「建物火災」か「その他の火災」で取り扱うのか、ご教授願います。

ANSWER

　質問者の方が悩まれているのは、ここまでの火災報告取扱要領等の説明で、建物内での着衣が建物内に収容されている「収容物にあたるか」という点だと思われます。

　そこで、消防庁の質疑応答［第3　1⑺　その他 ADVICE 1 ▶p.19］を参照すると、建物内の収容物には建物内にあるもの（いる人）が含まれる、つまり建物内の着衣も含まれると解されます。そのため本質問の火災種別は、「建物火災」となります。

QUESTION **51**　火災種別・２種類以上複合する場合（建物火災の類焼）

火災種別が複合する場合は焼き損害額の大なる方で火災種別をとるとされているので、敷地内の枯草が燃えて建物に延焼した場合、焼き損害額の大なる方を建物とし、火災種別は建物火災、用途、業態も当該建物によることとなると思われますが、この場合、枯草は類焼とするのでしょうか。それとも建物火災となったことで、類焼にはならないのでしょうか（解説書では確認できませんが、類焼とは「類焼棟」のことであるという方がいます。）。

また、枯草が同敷地内ではなく、別敷地、別所有者であった場合は類焼とするのでしょうか。

ANSWER

火災報告では、「延焼による焼損棟数」及び「区画」（防火区画等を貫通して延焼した場合）について調査し報告することとなっています。ここでは「類焼」という定義はありませんので、「類焼」について質問者の本部で何らかの規程で定めているか、便宜上定めているのではないでしょうか。

したがって、本部内の火災調査に関する書類の中で火元と類焼を区分しているのであれば、その本部で定めている定義に基づき事務を行うこととなります。

類焼は「類焼の棟」だけであるという説明については、当該本部の規程等で定めていなければ、通常は建物以外の車両、船舶、航空機、その他の物（その他の火災で扱う物）及び林野についても火元から延焼すれば「類焼」したと考えるべきです。

これは単純に「類焼」という言葉の意味が「他から燃え移って燃えたこと」ということからも「類焼」となるのではないでしょうか。

質問のように、周囲の枯草から出火しても建物火災として取り扱うことで判断した場合は、枯草の所有者等の関係者が当該建物の所有者等と違っていても火災報告上は当該建物を火元建物として調査しますが、損害調査、り災証明等では考慮することとなります。また、枯草は出火箇所になりますので、「類焼」ということにはなりません。

QUESTION **52**　爆発

私の消防本部では、火災報告の「爆発」については、火災の延焼中に爆発が起こると「爆発」の箇所に「１」を入れるように指示されています。私は、火災報告取扱要領と同解説から、「１」を記入するのは焼損がない場合と考えています。

ところが、上司からは、同解説の火災の判定事例の例示２では、「夕食の支度をするため、…たまっていたガスに引火して瞬間的に爆発し、台所等の内部を破壊したが、他の可燃物に燃え移らずに終わった」解答２「①人の意図に反して発生した。②化学的変化の爆発である。以上のとおり、爆発（建物火災）である」とあり、そこから判

Q&A

断すると建物火災になるのだから、建物火災のときに爆発が起これば爆発の箇所に「1」を入れるのだと言われています。どちらが正しいのでしょうか。

ANSWER

　「爆発」は、平成6年4月21日付けの火災報告取扱要領の全部改正の際に新たに火災の定義の中に爆発現象が加えられ、火災報告で「爆発」の報告も加えられたものです。

　「爆発」を調査することは、火災の三要素に該当しないガス爆発が当時複数発生したことと、爆発から延焼につながることも踏まえて、予防行政を効果的に行うためにその原因を究明することを目的とされています。

　具体的には、火災の定義の中に「又は人の意図に反して発生し若しくは拡大した爆発現象をいう」という一文が加えられ、「爆発」と「爆発現象」について説明されています。

　以上のように火災報告の中に「爆発」が加えられた経緯が分かれば、火災報告取扱要領で定義している爆発は、爆発のみで焼損が伴わない場合に火災報告の「爆発」の欄に「1」を加えることが理解できると思います。

　また、火災報告の「爆発」の説明には、「爆発は、爆発により建物等の損害が発生したが焼き損害がなかった場合「1」を記入すると明確にあることと、焼損程度の説明に「焼損の程度は、次のとおり区分し、次表により記入する。なお、01表、(3)「爆発」欄が「1」の場合は空欄とする」とあるほか、「火元建物の焼損床面積」から「区画」の説明にも「01表、(3)「爆発」欄が「1」の場合は空欄とする」とあります。

　さらに、火災報告突合表にも、「爆発損害がある場合は、他の損害額は「0」になる」とあることからも説明できます。

　そして、焼損があるのに爆発の箇所に「1」を入力すれば、火災報告のオンライン登録時にエラーになるはずです。

　火災報告の作成で悩まれたときは、説明文と解説を確認するほか、突合から確認できることもあります。

　質問者に指示されている方は、質問の内容から判断すると、「①人の意図に反して発生した。②化学的変化の爆発である。以上のとおり爆発（建物火災）である」とあることと、同要領の「建物火災」の定義の「建物火災とは、建物又はその収容物が焼損した火災をいう」という説明から、建物火災は焼損があるもので、建物火災であれば、焼損のあることを前提にして爆発すれば「爆発」に該当すると判断されているのではないでしょうか。

QUESTION **53** 覚知時刻（分署の場合）

所轄警察署から所轄の分署に加入電話で連絡があり、その内容を本部の指令課へ連絡し、出場の指令を受けて出場した火災の覚知時刻について、警察署からの電話を分署で受けた時刻を覚知時刻としたところ、指令課が覚知した時刻とするように指示されました。私は火災報告取扱要領にある「消防機関」に分署も含まれていると思っていますが、どちらが正しいのでしょうか。

ANSWER

覚知時刻は質問にもあるとおり、「消防機関」が火災を覚知した時刻をいいます。

そして、「消防機関」には、分署も含まれると解します。

火災報告取扱要領の解説で、「覚知時刻は、消防機関が火災を覚知した時刻をいうのであるが、覚知する消防機関は必ずしも一定していない。消防法第24条に「火災を発見した者は遅滞なく、これを消防署又は市町村長の指定した場所に通報しなければならない。」という規定がある。したがって、覚知する消防機関は、消防署又は市町村長が指定した場所であり、それには消防本部、消防署、役場等いくつかの場所が考えられる」とあります。

QUESTION **54** 覚知時刻（消防団員の場合）

消防団員が火災を覚知した場合の覚知時刻は、消防団員が火災を覚知した時刻となるとありますが、どのように解釈すればいいのでしょうか。

① 消防団員は消防機関ではないととらえるべきか、あるいは消防機関であるととらえるべきでしょうか。

② 非番職員が火災を覚知した場合は、どのように解釈すべきでしょうか。

③ 非番職員や消防団員が消防機関であると解釈したとき、覚知時刻と入電時刻が逆転して、覚知時刻より入電時刻が遅くなってしまうエラーが発生してしまいます。この場合、どのように処理をすればいいのでしょうか。

ANSWER

① 消防団員が火災を覚知した場合については、質問にあるとおり「消防団員が火災を覚知した時刻を覚知時刻とする」ということです。これは、消防組織法第9条第3号に消防団が規定しているためで、消防団は消防組織法上の消防機関として扱われます。また、同法第44条第3項においては「都道府県知事は（略）、消防機関（第9条に規定する機関をいう。以下同じ。）の職員の（以下略）」と規定しており、「消防機関＝消防本部・消防署・消防団」であることが分かります。

一方、「機関」とは一般に「法人の意思を決定する地位にある人若しくは組織体

又はこれを補助する地位にある人若しくは組織体」と解されていることから、消防団員は消防機関の一部であり、消防団員が火災を覚知した場合（当該火災が発生した管轄区域の消防団員が覚知した場合で、他の管轄区域の消防団員は想定していません。）に、その時刻を覚知時刻としていると解せます。

② 非番の職員については、前述のとおり、消防職員は、消防機関の一部であると解されるほか、消防組織法第11条第1項にあるとおり、消防本部及び消防署に置かれ、同法第4条第2項第5号において「消防吏員その他の職員」と定義されています。また、消防吏員は、消防本部及び消防署に置かれる職員（消防職員）のうち、階級を有し、制服を着用し、消防事務に従事する者を指します。

以上のことから、非番の職員ももちろん消防職員ですが、消防法令上の権限等は有しないと解せることから、消防機関として覚知することは該当しないのではないでしょうか。

当研究会員が所属している本部では、非番の職員が火災を発見した場合でも当該職員の通報時刻を覚知時刻としてとらえています。

③ 覚知時刻とは、火災報告取扱要領によると「消防機関が火災を覚知した時刻をいう」とあります。また、入電時刻とは、「通信回線等が消防機関に接続した時刻をいう。通信回線を使用しない通報の場合は、受付を開始した時刻をいう」とあります。つまり、通信回線を用いずに消防団員が直接覚知した場合は、前述の入電時刻の定義の後段に該当しますので、覚知時刻と入電時刻は同時刻になり、火災報告に記載する場合は、覚知時刻の入電の欄に時刻を記入することになります。

QUESTION 55　覚知時刻（警備会社の場合）

先日、警備会社が火災信号を受信し、消防指令センターへ通報がありました。管轄署の消防隊が調査のため現場到着すると、火炎が発生しており、通常の火災指令に切り替えました。

この場合、覚知時刻は警備会社が通報してきた時刻でしょうか。それとも、先着消防隊が火災を確認した時刻でしょうか。現在は、先着消防隊が確認した時刻で自己覚知（その他）としていますが、問題ないでしょうか。

火災受信機（カメラなし）には、火災を認定するだけの信憑性はないのでしょうか。また、調査出動途中に続報が入り、火災指令に切り替わった場合、入電、指令時刻はどうすべきでしょうか。

ANSWER

覚知時刻は火災報告取扱要領に、「消防機関が火災になったと認定した時刻をいう」とあります。

警備会社が煙感知器、炎感知器等により火災信号を受信し現場を確認することなく、

消防機関へ通報し、消防機関が現場で火災を認定できれば、その時刻が火災の覚知時刻となります。

　例えば、住宅用火災警報器が鳴動して通行人がその音を聞き通報した場合、又は、通行人が建物から白煙が出ているのを認め通報した場合、通報者が現場を確認していなくても、消防隊が現場において火災を認定すれば火災の覚知時刻にしていることと思います。

　また、住民が現場を確認してもその事象が火災報告取扱要領でいうところの「火災」に該当するかは判断できず、例えば白煙が出ているなどの事実を通報することになり、その時点では火災と特定することはできないと思います。

　したがって、何らかのサインを受け通報され、現場で火災と認定すれば最初の通報が覚知時刻になりますし、現場調査の結果、火災と認定する事象が認められなければ、「誤報」の覚知時刻となるのではないでしょうか。

　調査出場で出場した場合も覚知時刻は一つで、現場調査の結果、火災の覚知時刻、誤報の覚知時刻、調査出場の覚知時刻となるのではないでしょうか。火災の覚知時刻以外は火災報告には必要はありませんが、他の覚知時刻も各消防本部の統計等に活用していることと思います。

QUESTION56　初期消火器具

　非番職員や消防団員が、火災を発見してその付近にあった消火器で消火した場合、初期消火器具として計上すべきでしょうか。

　それとも、出動人員として取り扱い、その他の消火方法として初期消火器具とは捉えない方がいいのでしょうか。

Q&A

ANSWER

　初期消火については、管轄区域内において、消防団員として活動したと消防団長（消防本部によっては消防長、消防署長の場合もあります。）が判断（消防団長の命により消防組織法第1条に規定する任務に従事している場合）すれば、出場（動）人員として活動したことになります。

　ただし、消防団員の家から出火した場合は、消防団員が自分の家から出た火災の消火作業中負傷した場合の公務災害補償について、次のような質疑応答の回答があります。「消防団長の指揮下に入って消火作業中に負傷したときは、火災が当該団員の放火によるときを除くほか、当然、公務災害補償を行うべきであるが、消防団の到着以前の負傷については、自分の家の消火作業によるものであれば、一私人としての行動と解し、公務災害補償を行うことは、適当でない」とあります（「消防実務六法」東京法令出版）。

　一方、非番の職員については、管轄区域内の火災において、消防長、消防署長の判

断により違ってくるのではないでしょうか。

　消防団が火災現場に到着し、消火器で火災を鎮火させたときは、「初期消火器具は、消防隊の到着以前に使用したもの」旨の質疑応答がありますので、初期消火器具として計上しません。

QUESTION**57**　火元の用途（住宅）

　建物火災が発生すると建物の用途を調査しますが、その「火元の用途」について3点質問します。

①　火災報告取扱要領の別表第1建築物の用途別分類表の小分類「111住宅」と「112共同住宅」ですが、テラスハウスの場合の扱いはどのようにしたらよいのでしょうか。

②　最近は管内に空家が目立ち始め、ニュースなどでも空家の管理状況が問題になっていますが、とても人が住めるような状態でない廃屋のような場合の用途、また、ビルはそのままで事業所が引っ越した場合など、いわゆる「空きビル」の用途はどうしたらよいのでしょうか。

③　私の消防本部では、別表第1の小分類「111」の住宅について、文章で記載するときに「一般住宅」としていますが、私は火災報告取扱要領にあるとおり「住宅」と記載した方がいいと思うのですが、いかがでしょうか。

ANSWER

①　「テラスハウス」とは、複数の戸建て住宅が、境界壁を共有して連続している低層の集合住宅のことです。日本風にいえば、長屋住宅（重層長屋住宅）に当たると思います。

　火災報告上の住宅とは、「一般世帯が入居するもの」、共同住宅とは、「一般世帯が2世帯以上それぞれ独立して生活を営むことができるように隔壁で区画されており、かつ、共用部分のあるもの」とされています。質問の「テラスハウス」については、火災報告上は「住宅」と分類されますが、実際に調査をすると共有部分のある「共同住宅」であることもあります。最近はこうしたカタカナ表記の名称が付けられるケースが多いので、「○○テラスハウス」や「○○タウンハウス」などといった名前で先入観にとらわれることなく、現場調査により建物の実態を把握してから判断しましょう。

②　空家の用途については、建物が空家となる前の用途を選びます。したがって、専用住宅の場合は、①の住宅と共同住宅の説明を考慮して判断します。

　ただし、木造住宅などで屋根が一部抜けていたり、外壁が一部崩れているなど、客観的に人が住める状態でないと認められる廃屋の場合は、建物として扱わず、「その他の火災」として扱いますので、当該廃屋の用途は必要ありません。

　空きビルの場合は、当該ビルで行われていた事業について調査し、その用途を記

載します。ただし、出火した部屋や階の事業（業態）だけでなく、ビル全体の用途について確認することが必要です。

　これは、そのビル全体の大分類（「居住産業併用建築物」や「産業用建築物」）が違うことにより、同じ「事務所」でも選択する番号が違ってくるからです。

③　「一般住宅」という表現についてです。火災報告取扱要領では、建物火災の用途について、大分類で「居住専用建築物」、中分類で「専用住宅」、小分類で「住宅」の分類項目があります。「一般」という文言は、中分類「専用住宅」の「一般世帯が居住する建築物をいう」との説明の中にありますが、これも「一般住宅」と表現しているのではありません。

　したがって、火災の調査を実施する場合や火災の損害に関する表現をする場合においては、火災報告取扱要領上の表現（文言）を使用するべきです。

QUESTION 58　火元の用途（車庫）

　防火構造建築物の専用住宅に接触して単管パイプの柱に塩化ビニル製波板葺の床面積30平方メートルで人の出入りにも屋根まで十分な高さもある車庫（所有者は住宅と同一人）が建てられており、それぞれが焼損する火災がありました。

　火災は車庫内に駐車されていた車両の修理中に漏れたガソリンに起因して出火したことから、この車両は当該車庫の収容物であり、車庫が火元の建物火災であると判断しました。しかし、車庫は構造から工作物であり、防火構造建築物の外周部から出火したもので、火元は防火構造建築物にするように指示がありました。

　火元の判断について説明をお願いします。

Q&A

ANSWER

　まずは、当該車庫が火災報告取扱要領における建物に該当するかについて説明します。

　当該車庫には、柱と屋根があり床面積も30平方メートルあり、高さも該当していることから、火災報告取扱要領の解説にある「建物として取り扱うことが適当でない『機能、構造など』」と判断されたのでなければ、当該車庫は火災報告取扱上の「建物」に該当します［第3　1(1)　建物火災について➡ p.12］。

　次に、焼損した車両（火災の発生した車両）が「収容物」に該当するかについては、当該車両が当該車庫の中に収容されているか、車庫からはみ出していても部分的で建物の収容物と一体化していると認められれば、当該車庫の収容物となります。

　火元については、焼損した建物（火災報告取扱上の建物）が別棟であるか検討する必要があり、当該車庫と防火構造の専用住宅が所有者が同一人であってもそれぞれが独立していれば別棟（車庫の部分が下屋にも該当しない）である場合は、火災が発生した車庫が火元で延焼を受けた防火構造の専用住宅が類焼棟になります。

　ここでもう一つ注意することは、質問には当該車庫で車両を修理していたとありますが、修理が個人的でなく事業であれば、業をなしていることから業態も該当するということです。

関連Q&A

　QUESTION48　火災種別・2種類以上複合する場合（建物火災と車両火災）

QUESTION **59**　出火箇所（空家）

　十数年来の空家（現在でも定期的に手入れを行い、機能的に人が住める状態）の敷地内で、建物所有者が枯れ草焼却をしていたところ、所有者が数時間その場を離れたことにより、枯れ草焼却の火の粉が空家の床下に飛び火し、空家と同一敷地内の倉庫などにも延焼し、4棟を焼損しました。

　私は、火災調査書の作成に当たり、出火箇所を別表第7出火箇所分類表に基づき、大分類「主として建物火災に適用するもの」中分類「空家等」小分類「空家」で、番号を「2210」としていたところ、先輩職員から、出火箇所分類表の適用に関する通則で、「出火箇所」とは「火災の発生した箇所である」から、本件火災の出火箇所は中分類「位置別」で、「2320」の床下ではないかと指摘を受けました。

　先輩職員の意見も分かるのですが、それならばなぜ出火箇所分類表に「空家」という分類があるのかという疑問も拭いきれません。

　出火箇所分類についての明確な文献等も探しきれなかったため、これらについての解釈をご説明願います。

ANSWER

　火災報告取扱要領の別表第7の「出火箇所分類表の適用に関する通則」の2の(1)の後段に「建物に付設してある工作物からの出火の場合は、当該工作物の付設されている建物の箇所（部分）、位置別の分類に従い記入するものとする。」とあるほか、2の(4)に「「位置別」とは、占用されている目的によって区分されない屋根裏、壁内等をいう」とあります。

　したがって、質問の火災についてはお見込みのとおり、出火箇所は「空家」ということになります。

　質問者は詳細に調査をしていますが、ここで重要なのは出火箇所の分類が「空家」と大きな区分であるからといって、空家のどこから出火したかを調査しなくてもいいということではなく、出火原因を究明するためにも出火箇所が判断できるように詳細に見分することです。

　このように、建物の内部若しくは建物に付設している工作物により中分類が違ってきますので注意が必要です。

　また、出火箇所は推定できる場合も可とされていますので、あらゆる角度（現場の

焼損状況、先着消防隊の確認状況、関係者の供述内容等）から考察する必要があります。

参考　出火箇所の判定に迷う特異な事例

　初期消火活動などにより火点（物件）が移動した場合の考え方を説明します。

① 　台所で調理中、都市ガスこんろの炎が調理をしていた人の着衣に着火し、着衣の火を消そうと外に出た際に、着衣の炎が玄関ののれんに燃え移り、そこから延焼が拡大した場合、出火箇所は「台所」になります。

② 　事務所内の応接室のごみ箱に、完全に消火していないたばこを投棄したために、ごみ箱内のごみ類に着火し燃え上がりました。そのため、燃え上がったごみ箱を屋外に投げ出し、屋外で消火した場合の出火箇所は「応接室」になります。

③ 　屋内駐車場（火災報告上の建物に該当する建物内にある駐車場）に駐車中の大型貨物自動車の荷台から出火しました。そのため、建物への延焼を防ぐために屋外へ当該車両を移動させ消火した場合、建物に焼損がなくても屋内駐車場に駐車中であった車両の荷台に焼き損害があることから建物火災となり、出火箇所は、「屋内駐車場」となります。

QUESTION **60**　出火箇所（空地）

　ごみ焼却中に風にあおられて周囲の枯れ草に着火、さらに延焼拡大して建物に延焼する火災がありました。当然建物火災となるのですが、出火箇所について、二つの疑義が生じました。

① 　火災が最初に発生したのはごみ焼却場所であるから、「その他の空地」等である。

② 　質疑応答に照らして、複合火災で建物火災となった場合、当該建物は火元である。したがって、火元における出火箇所を当該火災の出火箇所とすべきである。

　そこで、「出火箇所の考え方」と「火元と出火箇所の関係」についてご教示願います。

ANSWER

　火災報告における出火箇所は、最上段にある出火箇所の記入にあっては、火災の発生した箇所を具体的に記入します。さらに、3段目の出火箇所には別表第7による分類番号を記入することとなっており、別表第7にある出火箇所分類表の適用に関する通則に、出火箇所は火災の発生した箇所の火災種別により分類するとあります。

　したがって、質問の場合は主として建物火災に適用するものから選ぶことになり、外周部若しくはその他（建物に隣接する空地）等、現場の調査員が調査した結果で判断することになります。

　そして、当該建物が火元建物として分類されますので、用途や業態なども当該建物

のものになります。

　また、質問の例では、ごみを焼却していて焼却炉そのものが延焼し火災の定義に該当しなければ、ごみを焼却していた時点では火災でなく、焼却炉から火の粉が飛び枯草に着火して火災の定義に該当した時点で火災になり、建物に延焼しなければその他の火災となり、その他から出火箇所を選ぶことになります。

QUESTION**61**　　出火箇所（建物火災・その他の火災）

　空地で一斗缶を使用し、ごみを焼却中に周囲の雑草に燃え移り延焼、さらに空地に隣接する建物に延焼し建物2棟が焼損した事例は、「その他の火災」と「建物火災」が複合しており、焼き損害額の大なる方の火災種別とすることから「建物火災」となります。

　この場合における「出火箇所」のコード選択について、「最初に火災が発生した場所の火災種別から選択すること」と当市の火災調査担当者から指示がありました。

　つまり、本事例による出火箇所は、火災報告取扱要領別表第7「その他」から選択することとなり、火災報告上も何ら問題はないとのことです。

　理由として「出火箇所」の分類については、火災報告取扱要領別表第7から選択することとなっており、

(1)　同表の通則1には、「『出火箇所』とは火災の発生した箇所である」

(2)　また、同2(2)には、「……とは、それぞれ火災の発生した箇所の火災種別により分類する」

と記載されています。

　以上(1)及び(2)の内容から「出火箇所の分類は、最初に火災が発生した箇所の火災種別によるもので、本事例においては建物火災として扱うが、出火箇所については「その他」から選択すべきである」とのことです。

【疑問点】

①　本事例においては火元建物に出火箇所が存在しないこととなります。「火元と出火箇所の関係」について整合性を考える必要がないのでしょうか。

　　火災調査における「火元と出火箇所の関係」について解説をお願いします。

②　火災調査書の判定書を作成する際に、本事例においては、まず「出火建物の判定」を記載することとなり、次いで「出火箇所の判定」を記載するのですが、この場合に出火箇所を「空地のごみ焼却場所付近」と判定書に記載すべきなのでしょうか。

　　本事例における判定書への記載について解説をお願いします。

③　また、火災調査書の出火原因の判定についても、出火箇所における火源を検討することとなるのですが、火元以外の箇所における原因（発火源・経過・着火物）を特定することになり、このことは火元が延焼により焼損したものと記載することになります。

　　つまり、本事例の場合には、火元建物が類焼したことになり矛盾が生じることとなります。本事例における判定書への記載についても解説をお願いします。

ANSWER

　火災報告に関するものは原則的な説明をしていますが、火災調査書類の作成などの実務的なことを踏まえて説明させていただきます。

　まず、ご存じと思いますが、出火箇所について火災報告取扱要領別表第6の突合表で確認すると、火災種別にかかわらず選ぶことができ、火災報告上は、どの火災種別から選んでもエラーにはなりません。しかし、火災報告上エラーにならないことと火災報告と火災調査書類の整合性がとれているかは別のことです。

　以前にも説明したとおり、出火箇所分類表の適用に関する通則(2)には「それぞれの火災の発生した箇所の火災種別により分類する」とあり、ここでいう火災種別とは、当該火災の火災報告上の火災種別で、火災種別が複合している場合も判断した結果の火災種別であるのではないでしょうか。

　これは、火災報告の中での火災種別は、最初に判断しているもので、この火災種別により様々な該当項目を選んでいることからもいえるものです。

　さらに、火災報告の別表で分類が分かれているものは、いずれも大分類から中分類、小分類と分類して選ぶことを原則としていることと、「その他」「外周部」のように小分類に複数ある同一用語の場合も大分類の火災種別で選ぶことになっており、大分類の火災種別から選ぶことが原則であるものの、大分類に「主として…」とあるとおり、火災調査員が必要と認めれば他の分類から選ぶことができるものと解されます。

　また、この突合表の変更を確認しますと、以前は火災種別から出火箇所を選び「OKエラーもある」とされていたものが、その部分は削除されましたが、このとき、通則は変更されていないことからも、大分類から中分類、小分類を選んでいくことが原則であり、小分類にそのものズバリの文言（広告塔、郵便ポスト等）がある場合、必要と認めるときに他の分類から選ぶことになると解されるなど、その小分類を選んでもエラーにならないということであり、選ばなければならないとは読み取れません。

　これらを考慮した場合、当該火災の火災報告の出火箇所について「空地」を選んだとしても、火災調査書類では、必ず空地の後に「敷地内」「建物外周部」「建物に隣接する空地」等と注釈（括弧書きか何かで）を入れるはずであり、そのようにしないと分かりにくい火災調査書類になるからです。

　質問の火災事例は、空地の雑草のみが焼損した場合はその他の火災になりますが、当該火災が建物に延焼して建物2棟を焼損したため、2種類以上の火災種別が複合する場合は統計上必要であることから焼き損害額の大なる火災種別を選ぶという原則（社会通念上判断する場合は除きます。）により、建物火災として扱うと判断されています。

　それでは、当該火災の出火箇所について、実務的に火災調査書類を作成する上でどのようにすることが、矛盾がなくなり整合性がとれるかということです。

　当該火災は建物火災ですから、出火場所は建物の所在する場所になります。その出火場所のどの箇所、どの範囲から出火したのか、その箇所を火元建物の客観的な焼損状況を見分する実況見分や関係者の供述等から判定した箇所が「出火箇所」になります。ですから火災調査関係書類にはそのように記載し、出火箇所については建物を中心に考えることになりますので、そのことを考慮して「出火箇所」を決めることにより、整合性のとれた矛盾のない火災調査書類になります。

　したがって、当研究会では出火箇所について、あくまでも現場を調査した調査員が判断することですが、特殊な例を除き、火災種別から選ぶことが原則であり、特に、当該火災では建物火災の大分類から選んでいかないと、火災調査書類と火災報告の整合性からも選べないと考えます。

　火災報告は、火災が発生するとあらゆる角度から調査する火災調査のうち、消防庁が火災統計上必要な項目について、その調査結果を報告するものであり、火災報告の調査項目が火災調査の全てではないということです。

　例えば、火災報告では経過が放火の場合、発火源と着火物については報告しますが、その着火物が当該場所にあったものか、持ち込まれたものか等は、「ごみは夜出さないようにしましょう」「家の周りに燃えやすい物を置かないで整理しましょう」等と市民に放火防止の広報をする上で必要になる項目であり、これらについて報告義務はありませんが、実務上は必要になるのではないでしょうか。

　火災報告や火災調査において、原則は決められているものの最終的には火災調査員の判断によるところがあることから、各消防本部でいろいろと運用を決めていることもあると思います。当研究会では、自らの経験と過去の事例などから、火災調査の経験が少ない方の実務上の参考になればと説明していることをご理解ください。

QUESTION**62**　出火原因（放火自殺の場合）

　死者が1名発生した建物火災があり、実況見分を行うと台所の焼けが強く、延焼方向からも台所を出火箇所として詳細に見分したところ、プロパンガステーブルのこんろの五徳上に新聞紙などの紙屑類の焼き残存物が認められました。また、当該こんろの火力調整のつまみが開いた状態で認められるとともに、ガステーブルの後方にある元栓も開いた状態であることなどの客観的事実が確認できました。さらに、亡くなられた方の家族の供述から自殺を企図したものと推定し、発火源を液化石油ガスを用いる移動可能なガステーブル、経過を放火、着火物を建築物内収容物の紙屑を選びました。しかし、火災報告ではこの発火源、経過、着火物で問題はなかったのですが、具体的な火災原因を分類する際に「放火」に分類したところ、出火原因はこんろ火災であることから「こんろ」に分類するべきであるという意見が出ました。

発火源、経過、着火物がこれでいいのか、具体的な出火原因を「放火」にするべきか「こんろ」にするべきかについて説明をお願いします。

ANSWER

　亡くなられた方の家族の供述に自殺を企図する具体的な内容があったものと推定するとともに、屋外のプロパンガスボンベのバルブと配管のコックが開いていた事実も確認しているほか、質問にある火災現場の客観的事実などの説明を読んだところでは、発火源、経過、着火物はお見込みのとおりです。

　次に、出火原因の区分についてですが、火災報告取扱要領では、出火原因の区分については、発火源、経過、着火物を別表第3の1表から3表により選ぶことになっていますが、具体的な出火原因の区分は、消防白書の出火原因の区分として扱われ統計資料になっています。出火原因の区分を分類するにあたり火災報告取扱要領の解説にある「火災四半期報関係」（平成15年6月18日付消防情第104号「火災報告取扱要領の一部改正について」通知により、火災四半期報は火災報告等オンライン処理システムの運用開始に伴い廃止になりました。）の出火原因の区分を参照すると、当該区分では、「こんろ」に分類する中に発火源「2202」（液化石油ガスを用いる移動可能な道具ガステーブル）があります。また、「放火」に分類されるものは経過が「91」（放火）に分類されるものとしています。

　発火源と経過の双方が該当する場合の詳細な解説はないものの、発火源と経過では経過を優先しないと経過により分類する出火原因がなくなってしまいます。

　例えば、幼児がマッチを使って火遊びをしているうちに付近の紙くずに着火した場合、発火源のマッチ「4202」から出火原因を分類すれば、マッチ・ライターに分類することとなり、「火遊び」という出火原因がなくなってしまいます。

　この火災四半期報の出火原因の分類では、「91」（放火）「92」（放火の疑い）「93」（火遊び）が経過から分類することとなっており、この経過に該当するものは、経過で分類することと解されます。

　質問の火災事案についても「こんろ」が発火源であることから「こんろ火災」に該当するのではと考えているのではないでしょうか。

　質問の中で発火源の「こんろ」が出火原因と考えている方も放火自殺の発火源がライターのときは、出火原因は「マッチ・ライター」ではなく「放火」を選ばれるのではないでしょうか。

　当研究会では火災予防の広報を行う際の出火原因については、発火源や経過だけでなく、火災に至った、より具体的な内容を広報することが必要であると考えています。例えば、「こんろ」火災であれば食用油の入ったフライパンを放置した理由、「放火」であれば着火物がその場に置かれていたものか、持ち込まれたものか、などを広報することが再発防止に必要であると考えています。

Q&A

QUESTION**63**　出火原因・発火源と経過（放火の場合）

　敷地内の駐輪場にてバイクカバー及びバイクが焼損したもので、付近に発火源となる物はありません。何者かが放火しなければ発生しないと認められる場合で、現場には助燃材等はなく、推定ではバイクのカバーに火をつけたものと考えられます。本事例のように物的証拠が少ない場合、発火源を「ライター」としてよいのか、「不明」とするのか、出火原因も「放火・放火の疑い」とするのか説明をお願いします。

ANSWER

　本事例では、「発火源」と「経過」についての質問ですので、まず、「発火源」について説明します。

　出火時刻（出火時刻により否定される発火源がある。）、焼損した二輪車（大型自動二輪車、普通自動二輪車若しくは原動機付自転車）は、出火の何時間前に使用したか（二輪車の機関部や排気管からの出火を否定する。）、発生場所の駐輪場の使用状況、火災発見者の発見時の状況（付近に人がいたなど）、出火箇所などから他の発火源が否定され、出火箇所の付近に二輪車や二輪車のカバー以外の焼き残存物（マッチの軸も含む。）が認められない（鎮火してから実況見分までに現場保存されていた前提）場合は、これらの状況を録取した質問調書や実況見分調書を資料として、発火源は、ライター以外は考えられず、不明とする根拠はありません。

　なお、発火源はマッチかライターですが、どちらかに特定できない場合の発火源は、別表第3、1表の大分類4「火種（それ自身発火しているもの）」、中分類42「たばことマッチ」、小分類4299「その他のたばことマッチ」になります。

　次に、「経過」ですが、「放火の疑い」は、状況証拠の資料も整わない場合であることから、本火災事例は、先述の状況証拠の資料が整っているのであれば、経過は「放火」になります。

　「放火」と「放火の疑い」の違いの判断基準の一つとして、一般財団法人消防科学総合センターで参考資料として示された「出火原因分類に当たっての留意事項」に次のようにありますので参考にしてください（当該資料は平成10年代の初めに火災調査の研修会で配付されたもので、在庫はないとのことです。）。

（1）放火
　　放火の意図若しくは放火と判定できるような状況証拠資料があるときで、次の場合に適用する。
　①　何者かによって放火されなければ発生しなかったであろうと認められる火災の場合
　②　出火点付近に放火の火源となるべき物や助燃材等が認められる火災の場合
　③　窃盗放火の形跡が認められる場合

(2)　放火の疑い

　　他の出火原因が否定され、放火以外は考えられないが、状況証拠資料が整わない場合の火災に適用する。

(例)　たばこと放火が考えられるが、さまざまな条件を総合して考察すると放火の可能性が大きいので放火の疑いとする。

　また、捜査機関は、放火又は失火は刑法上の犯罪となることから、刑事訴訟法の定めるところにより、刑法第108条（現住建造物等放火）、第109条（非現住建造物等放火）、第110条（建造物等以外放火）等に該当するか捜査をしますので、火災の鎮火後、すぐには「放火」という表現をしないことが多く、「不審火」という表現を用いることがあります。特に、本火災事例のような焼損程度だと「放火」と表現しないことが多いですが、消防の火災調査とは根拠が違いますので、捜査機関の判断によることなく、消防機関として関係法令に基づき調査をして判断しましょう。

QUESTION 64　出火原因・発火源（放火の場合）

　出火原因で、放火あるいは放火の疑いとして判定及び推定した場合、出火箇所付近に火の気がなく、助燃材等も発見できない場合で、関係者の供述及び焼損状況から、発火源としてライター等が考察できると思います。

　状況証拠等が少ない場合でも発火源をライターとしてよいのでしょうか。それとも不明及び出火原因分類表「4299（その他のたばことマッチ）」とすべきでしょうか。

ANSWER

　放火、放火の疑い、火遊び、無意識に火をつける（経過の小分類91から94）の発火源については、現場の客観的事実、関係者の供述内容に消防職員としての考察を加えて判定しますが、あらゆる角度から考察しても判定できない場合は、当然、発火源は不明になります。ただし、放火等（91から94）により出火したと判定できれば、火災統計上は放火、火遊び等に分類できるために、不明火災になりません。

　4299の「その他のたばことマッチ」については、発火源がどちらかは特定できないが、マッチ又はライターと判定できるのであれば、発火源の大分類は火種（それ自身発火しているもの）の「4」、中分類はたばことマッチ「42」となり、その小分類がその他のたばことマッチ「4299」になるということです。

QUESTION 65　出火原因・発火源（不明の場合）

　QUESTION64で、「あらゆる角度から考察しても判定できない場合は、不明になる」と記載されています。

　そして、その後段ただし書きに「放火等（91から94）により出火したと判定できれば、火災統計上は放火、火遊び等に分類できるために、不明火災にならない」とありますが、この解釈は、発火源は不明になるが、火災統計上は不明火災にならないという意味だと思います。質問内容が、発火源に関しても特定しなければならない（不明ではいけない）、というように解釈できますが、いかがでしょうか。

ANSWER

　出火原因の分類は、火災報告取扱要領の解説の中にある「火災四半期報関係」の中の「03表　出火原因」に「全火災の出火原因を次のとおり区分する」とあり、各出火原因の分類の中に該当する出火原因分類表１表発火源の数字と同表２経過の数字が列記されており、当該数字が該当する原因を出火原因とします。

> 　例　「こんろ」は１表発火源中1101、1127、1206、1209、2101、2102、2201、2202、2203、2302、2402、2501、2526、3101、3201、3301、4306に分類されるものをいう。
> 　「放火」は２表経過中91に分類されるものをいう。

　この例のように、発火源から出火原因を分類するものと経過から分類するものがあります。

　したがって、放火のように経過で出火原因を分類するものは、発火源が仮に不明であっても出火原因が分類できるということです。

　ここで注意したいことは、たとえ経過で出火原因を分類するからといっても発火源の調査を簡単に済ますのでなく、消防職員として現場調査と関係者の供述の録取を十分に行うことを忘れてはいけないということです。

QUESTION 66　出火原因・経過（火遊びと放火）

　QUESTION14の事例です。

　火災の行為者が14歳未満の場合で、その火災発生に至る行為が客観的（小学生高学年であれば理解できると判断できる程度）に見て「火をつけたならば、燃え広がる状況を想定できる（未必の故意が疑われる。）」場合でも、当該少年が「火遊び」と供述したならば、当該火災の原因を「火遊び」とするものなのでしょうか。

　所轄警察との調整も必要になるでしょうが、状況によっては消防機関として「放火」と推定できないのでしょうか。

　消防庁の質疑応答［第３　17　ADVICE２ ➡ p.46・経過の各分類の説明と事例等小分類91 ➡ p.54］には、「放火の意思が明らかなものは放火」となっていますが、「放火」の意思がきわめて高く疑われる場合でも、「放火」とせずに「火遊び」として火災原因

を特定することが妥当なのでしょうか。

また、「放火の意思が明らかなもの」とする場合の要件について教えてください。

ANSWER

　出火原因の「放火」と「火遊び」については、現場調査をした調査員若しくは火災調査を担当する調査員が現場の客観的事実、関係のある者の供述、鑑定、鑑識等から総合的に判断することになります。

　一例を挙げれば、火で遊んでいたが思っていた以上に延焼拡大した場合は火遊びになりますが、親に叱られた、友人にいじめられたことから驚かそうと火を放ったり、むしゃくしゃして火を放った等は明らかに放火になります。火災調査では捜査機関と比較して、動機については必要以上に調査しませんが、動機により経過を判断するときは、その調査が必要になります。

　なお、火災の原因判定について捜査機関と連携することは必要ですが、消防機関の火災の定義と刑法において事件として扱う火災は違うということ、捜査と調査ではその目的が違うということについて、念頭においておくことが必要になります。本質問の事例においても捜査機関は「不法侵入及び器物破損」で扱いますが、消防機関は「放火」か「火遊び」で悩んでいることからも分かると思います。

　ただし、社会的に影響のある火災で、報道関係に火災原因を公表する場合は、原因はもちろんのこと、公表のタイミング等についても詳細な連携をする必要があります。

関連Q＆A

　QUESTION14　少年に対する質問調書の録取時の署名について

　QUESTION22　触法少年の表現について

QUESTION67　出火原因・着火物

　住宅敷地内の立木が焼損したのですが、火災報告にある着火物を「313（立木）」とする職員がいます。山林原野でないために私は「399（その他）」になると思っているのですが、どちらが正しいのでしょうか。

ANSWER

　着火物は発火源によって最初に着火したものを原則として、着火物を「3表　着火物」の大分類、中分類に従って分類し、最終的には小分類の該当する「コード番号内容」を適用することを原則としています。しかし、消防庁の質疑応答で、「細目に該当項目がある場合は、大分類にかかわらず、該当項目の名称を記入する」とありますので、小分類に該当する項目があれば、それを記載します。このため、質問の事例については、「313（立木）」となります。なお、細分類から選んでも火災報告ではエラー

にはなりません。

QUESTION **68**　気象状況について

　火災報告の天気、風向等の気象状況とは、どの時点のものをいうのでしょうか？

　覚知時刻又は出火時刻（推定）時のいずれかの気象状況が考えられると思うのですが、火災に及ぼす影響、例えば風速や湿度などの出火時の気象状況が火災発生や拡大にどう関係したかを調査するためのものだとしたら、出火時刻（推定）時のものを記載すると考えるのが妥当のような気がしますが、いかがでしょうか？

　また、仮に出火時刻が、「年・月」までしか判明せず「日・時・分」が不明の場合のような気象状況は、便宜的に覚知時刻とするなど火災調査規程等で取り決めるなどで運用すればよいのでしょうか？　それとも不明とするのがよいのでしょうか？

　出火時刻と覚知時刻に時間差がない場合はどちらの時刻時の気象状況でもさほど問題はない気がしますが、事後聞知で覚知した場合などで出火時刻と覚知時刻に時間差が何日もある場合は、やはり出火時刻時の気象状況とするのがよいのでしょうか？

ANSWER

　気象状況については消防庁の質疑応答［第3　19　ADVICE ▶ p.58］があります。

　火災報告の気象状況は、お見込みのとおり出火時刻の気象状況が原則ですが、時間差（数分）がない覚知時刻でも可とのことです。

　次に、出火日時が不明の場合は、火災報告第1号様式01表（55）から（61）の気象状況は、「不明」の「99」を選択します。

　事後聞知の場合は、お見込みのとおり出火時刻を推定してその時刻の気象状況になります。

　いずれにしましても、後輩が同様の疑義で悩まないために、消防本部の火災調査に係る規程等で定義しておくことを勧めます。

QUESTION **69**　焼損程度

　火災報告取扱要領によると、焼損程度は、火災前の建物の評価額に対する建物の焼き損害額の割合によることとされています。

　しかし、全焼区分の「又はこれ未満であっても残存部分に補修を加えて再使用できないもの」とは、具体的にどういったものをいうのでしょうか。

　例えば「延べ面積80平方メートル木造2階建専用住宅の2階から出火し、2階部分30平方メートルを焼損し、1階50平方メートルは水損・汚損のみであった場合、残存した（焼き損害のなかった）1階部分に補修を加えても建物として再使用できないと判断した場合は全焼としてよい」という解釈でよいでしょうか。マイスターの見解を

お聞かせいただきたいと思います。

ANSWER

　まず、焼損程度を区分する際に一番大切なのは、対象となるのが「火災損害」でなく「焼き損害」であるということです。

　つまり、火災損害額の中には、焼き損害額のほかに、消火損害額、爆発損害額が含まれますが、焼損程度の区分では、「建物の焼き損害額が……」と「焼き損害額」のみを対象にしているということです。

　このことから、質問の1階の水損部分は、消火損害であり、汚損も消火水等による場合には、1階部分は焼損程度の分類には影響してこないので、2階の焼き損害額を対象に分類します。

　また、残存部分に補修を加えても再使用できないものとは、例えば、通柱が焼損している場合や小屋組みが焼損し、現場調査員（実況見分を実施している職員）が補修では再使用できないと判断される場合になります。

　一方、1階の汚損がすすけの場合は、すすけは焼き損害になり、損害額を算定しますが、焼損面積の算定に際しての「焼損したことによりその機能が失われた」ことには該当しないと解されていますので、いずれにしましても1階部分は焼損程度の分類の対象には該当しません。

Q&A

QUESTION70　火元建物の焼損床面積（算定方法）

　火災報告取扱要領の解説の「焼損面積の算定方法」には、焼損床面積について「建築基準法施行令でいうように『壁その他区画の中心線で囲まれた部分の水平投影面積』をいうのである」とありますが、これは壁に囲まれた部屋をいうのでしょうか。

　例えば、平屋住宅の1階に4部屋あり、出火したA部屋が全体的に燃え、B部屋はA部屋からの延焼により天井から3分の1以下で燃え下がり、C部屋はA部屋からの延焼で天井から上部の小屋組のみが燃えた場合、次のどちらの見解が正しいのでしょうか。

　第一見解として、1軒を壁その他区画として取り扱い、ABC部屋の水平投影面積とし、全てを床面積で算定する。

　第二見解として、部屋をもって壁その他区画として取り扱い、A部屋については床面積、BC部屋については表面積で算定する。

　この場合の部屋をもって壁その他区画として取り扱う場合、壁その他区画とはどういうものをいうのでしょうか。例えば、ガラス張りで区切られた部屋や柱以外は障子の部屋等はこれに含まれるのでしょうか。

ANSWER

　建築基準法施行令の「水平投影面積」を例に挙げているのは、焼損床面積とは単に床の面積でなく、焼損があった天井又は床から「水平投影」した床面積のことであり、建物の焼損が立体的に及んだ場合にその部分を水平投影して算定するための例示です（したがって、焼損が立体的に及ばなかった場合は、焼損表面積として算定します。）。

　つまり、焼損により機能が失われた部分の床面積は、その空間の床又は天井とその空間を構成している表面との2面以上の焼損があった表面で囲まれる部分の床又は天井から水平投影した床面積をいうのであり、また、水平投影に接する焼損部分は立体の構成部分として包含するということです。

　したがって、質問にある「部屋ごとに焼損床面積を算定する」のでなく、例えば、A室とB室の境の内壁が双方とも焼損し両室の床又は天井が焼損していれば、床又は天井から水平投影した部分を焼損床面積として算定し、C室は天井面と小屋組だけの焼損であればその部分は焼損表面積とします。建物の焼損面積は、焼損床面積と焼損表面積に区分して算定し、㎡で表します。

　「天井から3分の1の燃え下がり」については、大都市消防本部の算定基準であり、火災報告取扱要領の基準にはないので、本部として当該基準で算定するのであれば、そのことを明確にしておかないと、担当者により算定基準が違ってきますので注意が必要です。

　当研究会員が所属している本部では、損害調査に関する運用基準に、火災報告取扱要領で解説がない部分に詳細な解説を加えているほか、社会情勢の変化に対応する基準を設けています。非常に参考になりますので、当該本部の基準によることを貴本部として判断して、そのとおり運用するか、貴本部独自で火災報告取扱要領に基づいた具体的な運用を考えてはいかがでしょうか。

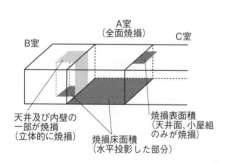

A室（全面焼損）
B室
C室
天井及び内壁の一部が焼損（立体的に焼損）
焼損床面積（水平投影した部分）
焼損表面積（天井面、小屋組のみが焼損）

QUESTION71　火元建物の焼損床面積と焼損表面積（面積の合計）

　QUESTION70の説明で、焼損床面積と焼損表面積の算定について説明があり、この焼損床面積等は、建物ごとに焼損床面積等を計上するとのことですが、共同住宅などでは所有者の違う部屋ごとに算出しないと、各部屋の所有者等が「り災証明」の申請をしたときに、その所有する部屋の焼損床面積等が分からなくなるのではないでしょうか。

　また、火災報告では焼損床面積と焼損表面積はそれぞれ合算した数字の平方メートル未満の端数は四捨五入されるとのことですが、このことからも各部屋や各階の焼損

床面積等が分からなくなると思います。

ANSWER

　焼損床面積と焼損表面積は、火災報告の火元建物の焼損床面積と焼損表面積を計上する際に、火元建物の各階、各部屋等を合算して計上するもので、質問でご指摘のとおり、平方メートル未満の端数は四捨五入して計上します。

　極端な例ですが、１階が焼損床面積30.6平方メートル、２階が焼損表面積0.6平方メートル、３階が焼損表面積0.3平方メートルの場合は、焼損床面積31平方メートル、焼損表面積１平方メートルを火災報告の火元建物の焼損面積に計上します。

　この火元建物の焼損面積（床・表）は、火災報告に計上するために必要なもので、現場調査をするときは、焼損箇所の所有者、管理者、占有者等を調査するとともに、それぞれの階や部屋ごとに焼損面積（床・表）を調査して記録します。そして、この数字を火災報告の際には、焼損床面積と焼損表面積ごとに合算して計上しますが、各消防本部で作成する火災調査関係（火災の事実関係を調査して記録する書類の全て）の書類に、現場で調査した焼損面積（床・表）をはじめ、火災のり災者、死傷者、建物のり災前の面積、用途、業態等、火災報告の作成に関係する内容のほか、火災損害調査に必要となる所有、占有、管理区分ごとの収容物の焼損状況を含めて、り災状況（焼き損害、消火損害、爆発損害の火災損害全てをいう。）を記録することと思います。

　このように、所有者、管理者、占有者ごとにり災状況（火災損害）の客観的事実を明確にする火災の損害調査は、火災の原因調査（出火箇所、発火源、経過、着火物等の調査）と並行して実施し、その結果のうち必要な事項を火災報告で報告することとなりますので、所有、管理、占有区分ごとの焼損面積（床・表）と焼損面積（床・表）を合算する火災報告では、その数字が違うことがあります。また、火災報告では、複数棟焼損した場合は、焼損床面積と焼損表面積を合算したものと、焼損程度別の焼損棟数（防火区画を貫通して延焼した場合は、別途、調査項目あり）や、損害額を合算して計上しますが、損害調査やり災証明には、各棟の所有者、管理者、占有者別の焼損面積（床・表）や収容物の焼損状況等も必要になりますので、調査して記録しておくことになります。焼損面積（床・表）を棟ごとに合算した場合に注意することは、焼損程度を判定するときです。

　例えば、１階は30.6平方メートルが消火損害（水損）で、２階が焼損表面積0.6平方メートル、３階が焼損表面積0.3平方メートルの場合は、消火損害が31平方メートルで、焼損表面積が0.6＋0.3＝0.9平方メートルとなり、四捨五入すると「１」となります。つまり、この火災では、焼き損害の焼損表面積は「１」です。建物の焼き損害額については、火災前の建物における評価額の10パーセント未満である場合は、火災報告の焼損表面積の計上は「１」ですが、実際には、0.9平方メートルであることから、焼損程度が「ぼや」になります。一方、２階も３階も焼損表面積が0.6平方メートル

Q
&
A

の場合は、合算して1.2平方メートルですので、火災報告の焼損表面積は同じ「1」ですが、焼損程度は、火災前の建物における評価額の20パーセント未満である場合は、部分焼になるということです。

QUESTION 72　火元建物の焼損床面積と焼損表面積（小数点未満の扱い）

　火災報告取扱要領では、焼損床面積と焼損表面積のいずれも「平方メートルで記入する」とありますが、小数点以下についてどのようにするか疑義が生じました。

　それは、焼損床面積が発生した火災で、その焼損部分（立体的で機能が失われたと判断したもの）について、後輩が小数点未満を計上した火災調査書類を作成してきたので、小数点未満を四捨五入するように説明すると、「火災報告取扱要領の『平方メートルで記入する』ということが『四捨五入する』ということになるのですか？全焼の場合で建物の建築面積等に小数点未満があった場合は、焼損床面積の小数点未満を四捨五入すると矛盾が出ます」と質問を受けました。

　この後輩職員にどのように説明すればよいか教えてください。

ANSWER

　まず、建物の建築面積等と全焼の場合の焼損床面積の整合性ですが、火災報告取扱要領においては「建築面積」の説明のところで、「平方メートル未満の端数があるときは、これを四捨五入する」と明確に記載されていますので、焼損床面積の小数点未満を四捨五入しても整合性は取れます。

　次に、焼損床面積や焼損表面積の小数点未満の四捨五入については、火災報告の第1号様式が平方メートルで記入することとなっており、小数点未満を受け付けないので、質問にあるとおり「平方メートルで記入する」とあるのは、「小数点未満は四捨五入する」と解することになると説明できます。

　ここで注意することは、建物の焼き損害額が火災前の建物の評価額の10％未満であるという前提があるものの焼損床面積、焼損表面積が0.5以上の場合と1.4以下はいずれも四捨五入で「1」となることから、「1」の中に「ぼや」と「部分焼」が混在するということです。

QUESTION 73　死者数及び負傷者数

　管内で大型のトラックが単独の交通事故を起こした後に、火災が発生し、この大型トラックが1台焼損しました。

　この大型トラックには運転手（30代の男性）が1人で乗車しており、事故のときに右腕と胸部にけがをしていました。しかし、運転手は事故の後にトラックを降りてから火災が発生したと供述していることと、目撃者も同様の供述をしていることから、

明らかに交通事故の際にけがをしたもので、火災の負傷者には計上していません。

　これは、火災報告取扱要領に「『負傷者』とは、火災現場において火災に直接起因して負傷した者をいう」とあるためです。また、「『火災に直接起因する』とは、客観的相当因果関係において、死亡又は負傷した原因を遡ると火災現象に求められるものを意味する」とあることからも説明がつくと思います。

　帰署後に係員数人と話をしている際、次のような疑義が生じました。

① 　交通事故でけがをして車から降りる前に火災となり、やけどをした場合には負傷者として扱うと推測できるが、交通事故による負傷が重傷で、やけどが表面的なもので軽症な場合、救急関係の書類では重症になるので、火災報告における負傷程度はどのようにしたらよいのか？

② 　交通事故で足にけがをしており、車内にいるうちに火災となり、慌てて車から降りたときにけがをしている足をさらに傷め、交通事故のときの痛みよりひどくなった場合、火災の負傷者に計上するのか？

③ 　交通事故で挟まれなどがあり、避難する前に火災が発生して亡くなったときに、火災になる前の交通事故で亡くなっていたか、交通事故の後の火災で亡くなったかが不明の場合は、どのように扱うのか？

　説明をお願いします。

ANSWER

　①のケースで、重症の負傷の原因が火災によるものでなく、交通事故によるもので火災に直接起因するものでないことが明らかな場合は、診断した医師にやけどの負傷程度について確認する必要があります。火災報告の中での負傷程度は、火災による負傷者の負傷程度になるからです。

　②の交通事故で負傷していた足を火災から避難する際にさらに負傷した場合と、③の交通事故に起因する死者か火災に起因する死者かが明らかでない場合の扱いは、消防庁の質疑応答［第6　5　ADVICE 4 ▶ p.90］があります。最終的な負傷程度と火災による死者として扱うことになることの説明がつき、理解できると思います。

6　その他火災調査に関するQ＆A

調　査　方　法

QUESTION **74**　火災原因調査の始動時点について

　以前、火災調査を経験していない職員が消火活動中に火災原因調査のための現場保存を考えずに活動し、鎮火後の実況見分や原因調査で苦労したことがありました。

　消火活動中から火災調査は始まっていると考えますが、消防で行う火災の原因調査

は、消火活動中はもとより、どの時点から火災の原因調査を始めたらいいものでしょうか。説明をお願いします。

ANSWER

消防における火災調査は、消防法第31条に「消防長又は消防署長は、消火活動をなすとともに火災の原因並びに火災及び消火のために受けた損害の調査に着手しなければならない」とありますが、当研究会では、火災調査は、消防機関が火災を覚知した時点からであると考えています。

火災の通報者は、自ら火災を発見したか、火災現場の側にいて、火災の発見者から通報を依頼されるなどしています。このため、火災初期の状況を見るか、何らかの音を聞いているか、何らかの臭いを感じていることから、火災初期の状況を知る上で重要な供述を得ることができ、この供述は火災の覚知の状況から得られるからです（遠方にいて火災通報を依頼されるケースもありますが、通報者から通報の依頼者をたどり、火災初期の情報を収集することは可能になります。）。

実務的には、指令課員から通報状況を確認するほか、現場に到着した消防隊員が火災通報者の情報を指令課等から確認し、現場で接触して情報を収集します。得られた情報から出火箇所、出火室、出火建物、出火階が特定あるいは推定できれば、そのことを考慮して活動隊員に指示し、火災調査のための現場保存を徹底することになります。

ここで問題になるのが、消火活動隊員の中に火災調査を担当する部署の職員がいないと、質問にもあるとおり、火災調査に必要な情報を収集せず、現場保存も考慮されないことがあるということです。しかし、このことは、火災調査担当者がいなくても上席の指揮者が考慮するべきです。

当研究会では、火災調査、特に実況見分において先入観をもたないことについて繰り返し説明をしています。消火活動中は、出火箇所、出火室等については、火災の発見者、通報者、初期消火者の説明、消防隊現場到着時の火災の状況等からある程度推定して消火活動を行わないと、現場を荒らす結果となり、火災調査に支障を来します。

そして、このことは現場最高指揮者等の上席指揮者が当該火災に出場している各隊の小隊長等を通して、全出場隊員に徹底させ、同じ認識をもたせることが重要になります。

また、消防隊だけでなく、当該火災に出場している消防団員にも団長を通して徹底しなければなりません。

さらに、救急隊員には、火災現場で熱傷を負っている住民を救急搬送したり、応急手当（救急搬送に至らない程度）をした場合には、熱傷を負った原因等を聞き取らせ、上席指揮者に報告させることにより、火災調査に有力な材料を得ることになるので、これを徹底させることが重要になります。

消火活動や救助活動中は、そのことに集中し、消火活動や救助活動をしながら調査に関する情報を取ることはできないという隊員もいますが、そのような場合は、消火活動や救助活動をするための行動や判断要素そのものが調査活動につながっていることを認識させることです。例えば、消火活動では、どの方向からどの方向へ延焼しているので、筒先をどこから進入させるのかなどです。

救助活動でいえば、援護注水が必要な箇所とそうでない箇所等の現場の状況を確認して小隊の行動や安全管理等について判断していることから、その現場の状況そのものが、出火箇所、出火室等の判定の考察に必要な情報であるということです。

以上のとおり、調査活動と消火活動はつながっているということを、改めて火災現場に出場する全消防隊員に認識していただきたいと思います。

QUESTION 75　　出火箇所の特定について

火災原因調査を担当していますが、実況見分で現場を見分しても出火箇所の判定で悩み、特定が困難なことがよくあります。

現場の見方で気をつけていることと、今までの経験で現場の見方、特に出火箇所の判定で苦労されたことがあれば、具体例を挙げて説明をお願いします。

ANSWER

まず、現場の見方で気をつけることは、部分的な焼けの強弱でなく、全体的な焼けの方向性を確認するということです。ただし、火点の移動や空気の流れにより、焼けの方向だけでは判断できないこともあります。

重要なことは、見分に当たり、部分的に焼けが強くなる原因を頭に入れておくことと、発見者の供述や先着消防隊の現場到着時の状況、火災防ぎょ（注水位置）の状況についても頭に入れて見分しますが、先入観を持たないことです。

部分的に焼けが強くなる場所は、次のようなところです。

(1)　空気の流入が多い場所

　　窓などの開口部に近い場所、開口部が多い場所です（火災になる前から窓が開いている開口部のほか、火災の推移により窓ガラスが割れるなどして開口部ができた場合も含みます。）。

(2)　燃える物が多くある場所

　　押入の中のように可燃物がたくさんある場所や、合成樹脂類の製品のように、火力が強く長時間燃え続けるものがある場所です（合成樹脂類の製品等が燃えながら床面に垂れて、その場所で燃焼が継続することもあります。）。

(3)　ストーブ用の灯油などの油脂類がある場所（油脂類には、調理用の動植物油も含まれます。）

(4)　消防隊の注水が遅れた場所や注水死角になった場所

　火災に関係する者の供述については、次のことを考慮します。

　まず、発見者の供述は、勘違いしていることもありますし、発見位置により見え方が違ってくることがあるということです。

　また、火災の発生に因果関係がある者の供述は、自分に都合のよい供述をすることがあります。

　火災に関係する者への質問は、いつも同じでなく、現場の客観的事実の確認結果から質問の内容が変わることも考慮します。

　さらに、先着消防隊が現場到着時に確認した火煙の状況は、風向や開口部の位置を考慮することも必要です。例えば、風向と開口部の位置により、出火箇所とは遠い位置から煙が噴出していることもあるからです。

　そして、先入観をもたないことでは、関係者の思い込み、他の機関や声の大きい職員の意見、付近住民の風評等は頭の隅に置いても、そのことに集中しないことです。

参考事例

　軽ワゴン車が1台焼損した車両火災ですが、開口部（1センチメートル程の窓の開放）で風の流れが起きたことと、樹脂類の製品が焼きし床に垂れて、床から燃え上がった火災で、出火箇所の見方で参考になります。

　駐車中の施錠された無人の車内から出火したもので、車両進行方向左側（右ハンドル車であることが確認できているので、以下「助手席」という。）の窓が1センチメートル程開いていたことから、空気の吸排気箇所となり、延焼が継続するとともに、空気の流れができて、当該開口部に向かって延焼したと考察できたものです。

　最初に実況見分を担当した火災調査の経験が少ない職員は、助手席後部の下部付近の床が焼損しており、そこから燃え上がった様相を呈していることから、この付近を出火箇所と判定し、詳細に見分していました。ところがこの付近には発火源となるものが認められないことから、現場を保存し、翌日、当研究会員が現場を確認しました。

　そこで前記のとおり、開口部と炎の流れ、そして、助手席の後ろドア寄りの床付近（当初、出火箇所と判定した箇所）に樹脂の塊が認められるので、樹脂製の製品や部品が焼き溶融し床面に垂れて、その場所で燃焼を継続し焼けが強くなったと考えられると判断しました。そこで改めて焼けの方向を確認したところ、運転席下部の助手席側の座席の一部が焼損しており、この付近を詳細に見分して、座席スライドシートに挟まっていたライターの一部を認めました。

　そして実況見分の後、車両を運転していた所有者から質問調書を録取したところ、当日の運転中にライターを助手席との間に落としたまま見つからなかったこと、落としたライターはたばこを購入したときにもらう物で、同じライターを複数持っているとの供述を得ました。そこで、同型のライターを確認すると、使い捨ての電子ライターであることが確認できました。さらに、当該車両を運転する供述人は、車から降りるときに座席を一番後ろにずらして降りるということ、路上駐車をしていることから、車内に熱気がこもらないように、いつも助手席の窓は数センチメートル開けておくと

の供述が得られました。また、助手席の背の後ろ部分にはプラスチック製のティッシュを入れるケースを掛けていたとのことであり、床に認められた樹脂の塊とティッシュを入れるケースが同色であることが確認できました。

　写真を4枚添付しますので、参考にしてください。

　最初、実況見分では助手席後部の床に発火源があると考えていたため、助手席の同乗者、喫煙の有無、灰皿の位置、自分で取り付けたカー用品、修理の状況及び鍵の紛失やトラブルの有無による放火の可能性について運転者に質問していましたが、原因に関係する内容は得られませんでした。

　ところが、実況見分で焼けの方向性から判定した出火箇所からライターの一部が確認できたため、この運転者から、当該ライターの件、座席をずらしてから降りること、助手席の窓の件について速やかに供述が得られたと考えられます。

　このように、実況見分での現場の見方がいかに大切であるかということ、そして、実況見分により確認できた客観的事実から関係者に対する質問の内容も変わってくるということが改めて確認できた事例でした。

　特に、座席を後方にずらして車を降りることと、ライターを落としたことは、こち

助手席の天井面が焼損している。

写真1

助手席

写真2

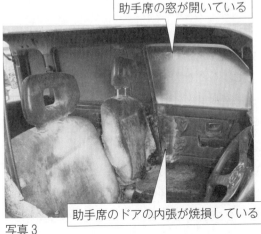

助手席の窓が開いている

助手席のドアの内張が焼損している

写真3

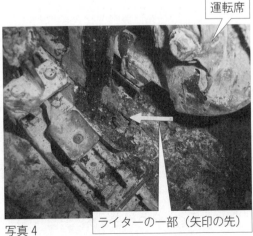

運転席

ライターの一部（矢印の先）

写真4

らから質問しないと本人から供述することは少ないと思われます。

　そして、本火災は、鎮火後の現場の客観的事実と関係者の供述が一致し、火災原因の判定に至ったものです。

QUESTION 76　原因不明火災の対応について

　先日担当した火災は、原因を特定することができずに、発火源、経過、着火物が全て不明の火災として処理しましたが、このとき、火災の調査書類を作成する際に、事前にも途中にも上司からは特に指示はなく、書類を決裁に回すと、訂正されました。

　文献を見ても、火災の調査においては、実況見分中における見分漏れの確認のほか、実況見分後に調査担当の係員が参加する会議を行い、実況見分の結果、発見者、通報者、占有者などの火災に関係する者の供述内容を説明したのち、上席者がその火災について、調査の方向について指示しています。

　これらのことは、不明火災をなくすために必要だと思います。しかし、このような習慣がないところでは、上司に具申しにくいこともあり、どのようにしたらいいか悩んでいます。何かいい方法はないでしょうか。

ANSWER

　火災調査は組織的に行うことが大切であり、各職員がそれぞれの任務について責任を持って行うことにより、合理的で確実な火災調査が行われ、その結果が火災予防に反映されることとなります。

　火災調査に関する会議については、当直の警防要員が火災調査を兼務している本部では、会議室に係員全員を集めて実施しようとするとなかなか難しいと思いますが、最初は、係員数名で事務所の一角で、各々が意見を述べ、その意見について検討することを実施してはいかがでしょうか。

　テレビの刑事ドラマを例にすれば、講堂などで行う捜査本部の会議でなく、刑事課の事務所で数名の刑事がホワイトボードに写真を張り、問題点を書き出すなどして、各々の刑事が意見を出し合い検討しているシーンのような感じです。

　そして、係員数名で検討したことについて上席者（主任や係長）に説明することにより、上席者も職員が意見を述べて検討することの重要性を認識して、組織的に実施するようになるのではないでしょうか。このときに注意することは、係員同士のときには色々な意見が出ていたのが、上司の前では意見が出にくくなるなど、その場その場でのリーダー（上席者）の進行により左右されますので、リーダーは職員が意見を出しやすい雰囲気を作ることに注意しなければなりません。

　また、この意見を出し合う場は、1度きりでなく、当該火災の調査における方向が確立されるまで、何度でも行う必要があります。交代制勤務の場合は順番に公休を取っていることもあるほか、火災の調査は、実況見分を担当する職員ばかりでなく、火災

防ぎょ活動を実施した職員の現場到着時の状況や活動中の現場の状況及び意見も必要となることもありますので、より多くの職員の意見を聞くためにも複数回実施することを勧めます。

次に、火災調査書類ですが、作成してからあれこれ訂正されたのでは、合理的でありませんし、プロの仕事とはいえません。

したがって、上席者は事前に方向性を示すとともに、自らの上司にも調査の進捗状況を説明するほか、作成者には作成途上において、注意点を繰り返し説明するなどして、作成が済んでからはスムーズに決裁するようにすることが責務ではないでしょうか。

次に、不明火災ですが、火災の原因調査というのは、火災報告取扱要領にもあるとおり、「出火箇所」のほか、「発火源」「経過」「着火物」を調査することであり、この全てが不明というのは、出火箇所、出火点が特定できなかったのではないでしょうか。山の中の一軒家が誰にも発見されずに焼け落ちて消えていた火災なら考えられないこともありませんが、発見者から119番通報があり、消防隊が現場で消火活動している火災現場であれば、出火箇所はおおむね特定でき、当該箇所を復元することにより、焼き状況の見分を進めれば、焼けの方向性などから出火点とその付近の着火物が特定（推定）でき、発火源と経過も絞られてくるのではないでしょうか。

この全てが不明というのは、火災調査を専管事務としている消防機関としてあり得ないことです。

これは、

・最初から火災の原因調査をする気がなく、現場で防ぎょ活動に関する聞き込みのみを行っていた。
・先着消防隊員の見聞技術がなかった。
・現場保存を考慮しないで防ぎょ活動をした。

など、職業人の消防職員として考えられないことがあった可能性があります。

そこで、不明火災になった場合の対応ですが、火災の原因調査を専管事務としている消防機関として、前記のようなことがなかったか検証する必要があり、その検証結果を次の火災調査に生かすことが必要になります。

この検証については、火災現場における上席者の指揮、部隊行動、火災調査を担当する上席者の火災現場における指示、実況見分における上席者の指示、命令等あらゆる角度から検証することと、第三者（他の指揮者、管理職等）を検証の場に参画させて意見を聞くことも大切なことで、誰が間違っていたという責任論でなく、次はどのようにすればよいかということに重点を置き、その経験を次に生かすことが重要なことになります。

そして、このことは文書として残し、後輩のための資料とすることが大切です。

Q&A

QUESTION77　　現場保存と火災原因調査について

　先日、耐火構造の店舗併用共同住宅の住宅部分から火災になりました。この対象物は1階が物品販売店で2階から10階が共同住宅となっており、出火したのは3階の1室でした。

　この火災は早朝の火災で、出火室の1人住まいの居住者が亡くなっています。

　この出火室は室内に膝より上ぐらいまで生活ごみが堆積しており、消火活動に時間がかかるとともに、亡くなった居住者が行方不明ということで検索活動を実施しました。

　そして、居住者を発見した後の残火処理において、上級指揮者が残火処理に時間がかかるので、室内のごみを外に出すよう指示をし、ごみをほとんど外に出して鎮火させました。

　私は、火災原因調査のためには時間がかかってももう少し現場保存に留意しながら消火活動をするべきであると思いましたが、いかがでしょうか。

ANSWER

　今回の質問は火災現場の消火活動と現場保存に関することで、現場ではよくあることです。

　まず、現場保存は捜査機関との関係もあり、非常に大切な問題であると考えます。

　火災の現場は、鎮火させるまでは消防機関の現場であると考え消火活動をされる方もいます。しかし、火災の現場、特に、現場で負傷者や死者が発生した場合や出火原因に事件性があるときは、消防機関だけのものではないのではないでしょうか。

　それは、捜査機関は刑法上の犯罪となる放火又は失火について、その疑いがあるときは、司法警察員又は検察官が刑事訴訟法の定めにより捜査を行うからです（火災現場の事件性の有無については、消防機関が判断することではありません。また、火災現場の用途や場所によっては、他の機関も調査や捜査を実施することもあります。）。

　また、消防法第35条第2項では、消防長又は消防署長の義務として、放火又は失火の犯罪があると認めるときは、直ちにこれを所轄警察署に通報することと、必要な証拠を集めてその保全につとめること及び消防庁において放火又は失火の犯罪捜査の協力の勧告に従うことを定めています。

　そして、捜査のために必要な証拠と現場保存は、我々消防機関が行う火災の原因調査にも必要なことであることは言うまでもありません。

　消火活動中の収容物等については、時として「発火源」や「着火物」を移動してしまい、事後の火災調査に支障を来すことになります。

　実務的には、「発火源」には気を付けますが、「着火物」の保存を忘れてしまうこともあります。

　これは、布団等のように再燃を起こす可能性があるものは屋外に搬出して残火処理

を行うことがあるからです。

　しかし、丁寧に現場保存をしながら残火処理を行えば、布団の燃え込みと畳の燃え込みが同一箇所にあることが確認できるほか、押入に入っている焼損の著しい布団の間から「たばこのフィルター」が認められることもあります。

　つまり、火災の現場は我々消防職員だけのものでなく、捜査機関等他の機関のものでもあるということで、消防職員が現場を荒らすことがあってはならないのです。

　仮に、消火活動のために出火室の収容物（焼損したごみを含む。）を搬出する場合、消火活動、人命救助等のため緊急を要する以外は、事前に捜査機関に説明することが必要であると考えます。

　そして、収容物を屋外に搬出する場合は、その経緯を写真に収めるとともに、メモをとり火災状況見分調書（消防本部によっては「現場活動調書」などという。）を作成して書類の中で現場を保存させることが重要で、この火災状況見分調書を火災原因調査の資料とする方法が考えられます（必要により安全を管理しながら捜査機関と合同で写真撮影等を実施します。）。

　プロの消防職員としては、火災による被害（焼き損害だけでなく消火損害も含む。）を軽減するとともに、努めて現場保存を実施しながら、効率よく火災を鎮火させ、再燃も起こさない消火活動を実施することが大切ではないでしょうか。

　そして、そのことを現場を指揮する指揮者だけでなく、消火活動を実施する職員一人ひとりが頭に入れて組織的に活動することが必要であり、我々消防機関は、火災現場を荒らすことにより、捜査機関や住民から信頼をなくすことがないようにしたいものです。

QUESTION 78　震災時の火災調査について

　東日本大震災の被災地では住民と行政が一丸となり復興に向かっているところですが、地元の消防本部では復興に向けた活動のほか、災害の結果に伴う書類の作成等、特に、火災の調査書類の作成には大変なご苦労をされたことと思います。

　私の消防本部では、震災による火災の調査方法や書類の作成について特に定めていません。もし、当消防本部の管轄する地域で大地震が起きたときにはどのようにすればよいか分かりません。

　また、福島県の福島第一原子力発電所では津波により被害を受けた後で、火炎や黒煙が発生するなど火災が発生した様相を呈しました。

　私の消防本部では、このような大地震時の火災調査についても、どのように対応したらいいか検討していません。

　震災時の火災調査について、参考になることがあれば説明をお願いします。

ANSWER

　大震災発生後、各消防本部では、災害時に犠牲者を出さないため、災害を拡大させないことを最優先に、消防職団員の活動に伴う安全管理装備品の充実、消防職団員の情報連絡体制の構築、広域応援部隊の資機材の充実、想定外をなくすための想定の見直し、そして、その新想定に合わせた各種警防計画等、事前計画の見直しを最優先に行ってきたところです。

　そして、今、冷静に将来に向け、長期的・継続的に検討し、実施しなければならないことがあります。例えば、避難所の運営方法、災害調査方法、り災証明等の速やかな交付手順等ですが、こうした点についてはもう１度見直し、変更が必要なことは着実に修正することが必要です。

　震災時の火災調査については、まず、通常の火災調査体制とは違うということを認識すべきです。それは、通常の火災では、火災の原因調査と被害の状況（損害状況）の調査は並行して行われますが、震災時は被害の状況の調査を優先して実施することが必要になるからです。

　そして、大切なことは、任務を明確に分担し、より組織的に実施することです。それは、ふだん火災調査、損害調査を行っていない職員の応援を受けることがあるからです。したがって、

　・調査様式を記入しやすくする。

　・様式の中に必要な注意事項を記載しておく。

　・「はい、いいえ」で次の調査項目へ進めるようにしておく。

　・調査用紙を１枚持って行けば調査ができるようにしておく。

といったことが必要になるということです。震災が起きた際は、現場調査に出向するのに、損害調査のマニュアルを持参し確認しながら調査するようなゆとりはありませんし、消防本部自体が被災するのでマニュアルをすぐに取り出せるとは限らないからです。

　次に、なぜ損害調査を優先するかを説明します。

　まず、災害時には消防機関として、人命救助、災害の制圧とともに、災害の規模を調査し発信するという責務があります。これは、応援に出場する部隊の規模や任務を明確にする意味もあります。そして、一段落すると、災害復旧や住民のあらゆる申請に「り災証明」が必要になります。阪神・淡路大震災では、震災の数日後に区役所の窓口に住民が「り災証明」を求めて殺到したという記録も残されています。

　り災証明を必要とする住民に対して、いち早くそれに応じるのが我々行政の責務ではないでしょうか。

　しかしながら、震災時のり災証明は、火災による証明だけでなく、地震により倒壊した家屋と火災で焼損した家屋が一つになっています。火災により焼損しているが、消防の防火対象物でなく、建物の所有者（占有者）、建物の面積等の規模等が分からない場合は、資産税関係の所属や建築関係の所属の協力が必要になり、市役所等との連携が大事になります。消防機関だけがいち早く調査しても住民の要望には応えられ

ないこともありますので、市役所等との連携については、平時の今、正に連絡調整をして、お互いに課題を抽出して解決しておくことが必要です。

さらに、震災時の火災調査で、事前にその運用について定めておかなければならない事項があります。例を挙げて説明しますので、参考にしてください。

①	火災件数	複数の火災が合流した場合は、建物ごとに発生した件数を1件とする。
②	死者の数	倒壊した建物が焼損しそこで死者が発見された場合は、火災の死者として計上する。
③	焼損棟数	街区の区画の全てが焼損している場合は、市役所等の資産税関係の書類と照合し判断する（この場合は火災報告取扱要領で定める建物の定義に該当しますが、資産税部署では把握していない小規模な倉庫などは該当しない場合もあります。）。
④	火災種別	建物が倒壊して、火災報告取扱上の建物に該当しなくなってから火災になったか判断できない場合は、建物火災とする（この火災種別は住民に対する証明には直接関係しないと思いますが、事前に定めておくことを勧めます。）。

そして、対外的にはこの例のように事前に定めたものを根拠に調査したことを説明することです。

このようなことを震災の直後に判断することは非常に困難で、調査員により解釈がまちまちになることにつながります。

そして、もう一つ大切なことは、通常の火災調査で必要な書類のうち、震災時で消防長が必要と認めた場合は、例えば質問調書、火災状況見分調書などの書類を省略できるか、「現場調査状況書」、「消防団員現場確認書」等の書類（消防職団員による現場での確認状況、住民からの情報収集の状況を書類にしたもの等）に代えることができることを明記しておくことです。これは、火災の関係者が全てり災していることがあるほか、住民や消防団の消火活動で鎮火している現場もあるためです。

さらに、震災時の火災調査書類は通常の火災調査書類よりも簡記できる様式を作成しておくことも必要であると考えます。

ここで、地震火災の定義等について説明します。

地震による火災とは、その原因が地震を直接的な要因とするもの及び出火に係る要因が、間接的に地震に起因して発生したと判断できる火災をいいます。

> **例　地震により停電し、通電直後に出火した火災**
> 　建物が焼損して倒壊したか、地震により倒壊した後に出火したか判定できないときは、そこに建物が建っていたことが確認できれば、建物火災として扱い、焼損床面積は延べ面積とします。

> **火災件数の特例**
>
> 　地震、落雷等による多発火災であっても、同一の消防対象物から出火したものは１件の火災とします。
>
> 　ただし、地震により同一の建物から出火した場合で、鎮火した後に出火した場合は、同一の建物であっても別件の火災であるとされています。

　地震時の火災調査は、住民（り災者）の心理状態を十分考慮し、調査に対する協力等を強要しないようにすることなどが大切であると考えます。

　また、火災調査への移行時期（地震直後は火災防ぎょ及び人命救助活動を優先とするため）を明確にし、組織的に実施する計画を作るとともに、通常の火災調査とは別の簡略化した調査方法や様式を作成しておくことを勧めます。

　これは、火災件数が膨大になり、通常の火災調査を実施することが非常に困難になることと、経過は地震であることが明確なことからです（地震に起因する以外の火災が同時に発生していれば別ですが）。

　次に、原子力発電所の火災調査について説明します。

　この原子力発電所の火災調査は、施設内への立入りが他法令の規制を受ければ、火災報告取扱要領の解説に、「消防法に基づく調査権の行使できない地域、施設等の火災については、火災件数その他判明している事項のみを記入する」とありますので、推測で作成するのでなく、判明している客観的事実に基づいて、火災調査書類や「火災報告」を作成することになると考えられますが、特異事案につき報道関係も関心を示すとともに、県、国（消防庁、原子力関係省庁）との連絡を密にし、消防研究センターとも連携して実施することになると思います。

書 類 ・ 文 書 等

QUESTION79　火災調査と警防活動の時間経過について

　火災は時間とともに進行する現象であり、消防としても８分エリアを基に署・分署等の配置を行い適切な活動を行っています。

　しかし、火災原因調査に警防活動の時間経過についての考察等が不足していると思うのですが、どのようにフィードバックするのがいいのでしょうか。

　具体的には、「入電→指令→出動→現場到着→放水→鎮圧→鎮火」の流れの中で、国の基準では「入電→指令」1.5分／「指令→出動」0.5分／「出動→現場到着→放水」6分であることを理解したうえで、付近の建物へ延焼拡大した火災を、現場到着時の状況から逆算し何に問題があったのか検証することは、警防面で重要だと私は考えますが、どのように検証すればいいのでしょうか（何分にも消防自らのことも含みますので、原因調査での検証は辛いことも想定されます。そのようなときでも、書類は残す必要がありますが、国家賠償等に発展するものもあります。そんな中、どのように保存す

ればよいものでしょうか。)。

ANSWER

　火災調査は、火災の原因究明だけでなく、延焼拡大の要因を究明することも含まれて（他に死傷者の発生理由等もあります。）おり、そのことを消防行政の施策に反映させることが重要であることは言うまでもありません。

　当研究会員が所属している本部では、火災調査における実況見分調書により火災現場の状況を克明に残し、建物構造、建築材（可燃性合成樹脂発泡体を断熱材に用いた消防対象物等）、消防用設備等の設置・作動状況に問題があるかを検討した結果を延焼拡大の要因について消防活動の資料とします。

　警防活動上の問題については、当該延焼経路から、以後の火災に対して注水位置等の参考には必要なものの、消防隊の活動に関する時間経過（通報者、初期消火者の時間的な経過については、火災調査書類に記録を残し以後の火災予防広報の資料とします。）を含めた警防活動全般は、火災調査関係書類でなく、警防活動に関する書類に残しています。そして、その書類を基に警防活動に関する検討会を開催するなどして、その結果を以後の警防活動に生かしています。

　火災調査書類の一つである「火災状況見分調書」（「出火出場時における見分調書」等としている消防本部もあります。）では、先着隊が火災現場到着時の状況を書類にすることがありますが、このときも火災の原因究明（特に出火箇所の判定）に必要な内容を記載するものであり、警防活動の内容を記載するものではありません。

　仮に質問者の消防本部で、警防活動に関する書類を作成していないのであれば、書類作成について、書類の保存年数（保存年数を必要以上に長くする必要はないと考えています。）も含めて内部規程等で定めてはいかがでしょうか。

QUESTION80　**査察の違反処理における実況見分調書について**

　私は、査察を担当している消防職員ですが、違反の改善が進まない対象物の違反の確認をするため、現場調査で実況見分を実施して、私が実況見分調書の作成を担当することとなりました。

　火災原因調査における実況見分は10年以上前に数回作成したことがありますが、査察の現場調査での作成は初めてです。

　その中で特に苦労しているのが、複合用途防火対象物で、2階から9階までの共同住宅部分の東西に長い開放廊下を見分するときの方法と見分結果を文章にすることです。

　上司には見分位置を明確にしろと言われますが、具体的なアドバイスはありません。38メートルの長い廊下であり、どのように記載していいか分かりません。何かよい方

法があれば、具体的な説明をお願いします。

ANSWER

　実況見分は、現場の客観的事実を見分するもので、その結果に自己の考えを入れることなく克明に残す書類が実況見分調書です。

　そして、火災調査の実況見分調書は、鎮火後の客観的事実はもちろん、復元の状況も記録する証拠保全の資料であり、火災の原因や火災による損害程度の基礎資料にすることを目的としています。

　一方、査察の違反処理における実況見分調書は、対象物の違反事実を確認して特定する証拠保全の資料ですが、命令、告発等を視野に入れており、証拠として、刑事訴訟法第321条第3項の規定が準用されることを念頭に入れて作成します。

　質問のような長い廊下の場合は、まず、どちらかの端に立ち全体を見分します。このときに大切なことは、後に見分調書を作成するときに、その見分位置（この見分位置を説明の便宜上「Ａ」とします。以下ある地点を示す場合アルファベットで示します。）から認められる事実だけを記載することです。そのためには、見分時に認められる客観的事実をメモしておくことです。Ａの見分位置まで来る前に当該見分位置からは確認できない廊下の反対側Ｂの部分を一度見分している場合は、Ａから見分しているにもかかわらず、Ｂからのことまで詳細に記載してしまうことがあります。

　全体を見分した後は、逆方向に向かって進みながら順に見分していく方法が分かりやすいです。例えば長い廊下の東端に立ち、西を向いて全体を見分した後に、西に進みながら南側面と北側面を順に見分します。このとき、北側面は開放廊下で特段見分するものがなければ、開放廊下であり、北側面は高さ1.2メートルの手すり壁から上方は開放されていることを確認し、南側面のみ詳細に見分して、その結果を調書に記載します。このように基点を決めて一方から順に記載すれば、調書を読んでいる人も非常に分かりやすいですが、行ったり来たり、目立つ物から見分して結果を記載すると図面を見ながら読んでいても非常に分かりにくい調書になるばかりでなく、見分方向を間違えたり、見分結果も間違えて記載する可能性もありますので注意してください。

　また、調書で用いる用語と図面上に記載する文言を統一することは、当然ですが、建物の構造物、設備、備品等を表現する場合は、社会通念上使用されている用語を用いることが重要で、作成者の創作熟語や思い込んでいる名称を使用しないことです。

　ただし、ここで勘違いをしてはいけないのは、分かりにくい調書と間違いがある調書は違うということです。間違いは当然訂正させますが、分かりにくい場合は書き直させるのでなく、次はこのようにした方が分かりやすいと説明することです（本来は作成する前に研修しておくべきで、事前に研修せずに作成し直させると、実況見分調書の作成に負担を感じることになります。）。

　もう一つ注意することは、写真撮影は見分位置から撮影するということです。見分位置と逆の方向から写真を撮影して調書に添付すると分かりにくい調書になります。また、決裁の段階で、こちらの写真の方が写りが良いといって、上司が写真を入れ替えたため、説明の方向と写真の方向が逆になったのに気付かずに、そのまま浄書した調書をみたこともあります。十分注意しましょう。

　見分の位置と写真撮影位置を同一方向にすることについては、実況見分の原則ですが、安易に写真が撮影しやすい場所というだけで写真撮影を実施する職員もいますので、写真を担当する職員に対して事前に研修しておくことが重要になります。

QUESTION**81**　インターネット情報の使用について

　火災調査書類の資料としてインターネットで検索し入手した情報の写しを添付したところ、上司からインターネットの情報は資料としてふさわしくないと言われましたが、それ以上の説明はありませんでした。

　私は、自分が添付したインターネットの情報は火災の原因判定に必要であると考えています。

　私の本部は火災調査に関する文献も少なく、私も文献をあまり持っていないこともあり、情報量が豊富で様々な情報が得られるインターネットを活用し仕事に関する資料を収集しています。

　インターネットの情報に対する考え方を説明してください。

Q&A

ANSWER

　情報化社会の現代、インターネットで検索し速やかに情報を得ることができますので、当研究会でも仕事をする上で一つの方法であると考えています。

　火災調査に関しても、社告の情報や各製品のメーカーの問い合わせ窓口のほか、製品の型式、専門用語の解説など様々な情報を得るためにも必要な方法です。

　しかし、その情報を火災調査に活用するためには、注意しなければならないことがあります。

　それは、まずその情報の発信元がどこであるか、誰であるかを確認する必要があります。個人の意見であったり、裏付けのない情報である可能性もあるからです。

　特に、火災の原因に関わる内容については、注意が必要です。

　そこで、インターネット情報の使用に対する考え方を述べます。まずインターネットの情報を「参考」として、その情報が火災の原因判定の考察の一つとして必要と判断した場合です。その場合は、その情報を掲載している事業者等に各消防本部の火災調査規程等に基づき資料を請求するなどして、火災原因の判定の一つの判断材料にするか、その情報の出所（事業者の正規のホームページ等明確なもの）を明確にし、一つの資料として引用する方法もあります。この場合は、当該事業所に当該情報を引用

することについて確認することを勧めます。

　これは、情報の内容によっては著作権に関係する内容もあるからです。

　いずれにしても、インターネット情報の引用は、文献の引用と同様に証拠性を担保しておくことが重要であると考えます。

　また、このようなインターネットの情報を活用する場合のルールを明確にしておくことも必要であるほか、プロの消防職員として仕事で必要な文献は、組織若しくは個人で取りそろえておくことも必要ではないでしょうか。

　ここで、インターネットの情報に関することで、火災原因調査と社告について一つ説明します。

　火災調査の経験が少ない職員は、社告があると、インターネットや新聞の切り抜きなどから、社告を見つけただけで火災原因調査が終わった気になり、そのことだけに気を取られ、実況見分の見分内容や質問調書の録取内容が不十分になることがあります。

　これは、実況見分において、出火箇所と推定される箇所に社告の製品があると、この製品だけを見分し、例えば家電製品であれば、器具配線、プラグ、コンセント、電気の配電盤、ブレーカーなどの状況のほか、打ち消しの状況も含めて、火災の原因判定に必要な見分を行わず、関係者からの質問の録取も社告の原因に関する偏ったものになることがあるということです。

　社告されている製品や車両などの火災の原因調査でも通常の調査同様に行い、調査結果として、社告されている原因と同じだったということになるはずです。消防機関として先入観をもって火災調査をしないことが大切ですので、十分に注意してください。

QUESTION82　災害による被害報告について

　近年ゲリラ豪雨、竜巻、台風に伴う被害が発生し、消防機関もこれらの災害対応で苦労されていることと思われます。各種報道等でも豪雨による痛ましい災害現場の写真や記事を目にしており、現場の苦労が並大抵でないことと思っています。

　このような大規模な災害が発生すると、市町村は、災害による被害の報告を都道府県に報告し、各都道府県は、その報告等を整理して総務省消防庁へ報告しています。都道府県への報告は、消防機関ではなく市町村が行っていると思います。実際に災害対応をしている消防機関は、災害対応の結果等を市町村の担当課へ連絡しているところです。

　そして、大災害になると報道関係はもとより、国民がその災害の推移に注目しています。

　しかしながら、私の消防本部は、管轄区域内で被害が発生する災害は数年に1度程度で、被害の情報収集に慣れていないこともあり、災害現場活動とともに非常に苦労

しているところです。

　災害による被害報告の中で注意する点について説明をお願いします。

ANSWER

　近年の災害対応については、今までに経験していないようなことが起こり、その対応に苦慮されていることと思います。そして、これらの災害対応を実施しながら、その被害の状況についても随時情報収集活動を行い、その結果を報告しているのではないでしょうか。

　災害による被害報告については、「火災・災害等即報要領について（昭和59年10月15日消防災第267号）」に基づく即報と「災害による被害報告について（昭和45年4月10日消防防第246号）」の報告があります。

　即報に係る文言の定義等は、被害報告に定めるものが準用されていますので、ここでは『火災報告取扱要領ハンドブック』（東京法令出版）の付録にある当該通知に基づいて、当研究会で災害発生時に注意していることを説明します。

　まず、ここでの災害の定義には、火災報告取扱要領（以下「取扱要領」という。）の「火災」が除かれており、暴風、豪雨、豪雪、洪水等の異常な自然現象のほか、大規模な事故について定められているということです。

　報告すべき災害について注意するべき点は、「一の都道府県における被害は軽微であっても全国的に見た場合に同一災害で大きな被害を生じているもの」とあるため、情報収集を行うことが必要です。さらに、災害が及ぼす社会的影響等からみて報告する必要があると認められた場合は報告が必要になります。

　第1号様式「災害確定報告」、第2号様式「災害中間年報」、第3号様式「災害年報」の記入要領については、取扱要領にある定義と違うことなどを主に説明します。

「**死者**」について：災害が原因で死亡し、死体を確認したもの又は死体は確認できないが、死亡したことが確実な者

　➡　死体が確認できない者もその現場の状況により判断することが含まれます。

「**行方不明者**」について：災害が原因で所在不明となり、かつ、死亡の疑いのある者

　➡　行方不明者は死亡の疑いがある者に限られています。

「**重傷者**」について：災害により負傷し、医師の治療を受け、又は受ける必要のある者のうち1月以上の治療を要する見込みのもの

「**軽傷者**」について：災害により負傷し、医師の治療を受け、又は受ける必要のある者のうち1月未満で治療できる見込みのもの

　➡　「重傷者」と「軽傷者」については、取扱要領では負傷者の負傷程度区分について「重症」「中等症」「軽症」と三つに区分しています。「重症」には入院加療という条件があるほか、その期間が3週間となっています。また、「軽症」は入院加療の必要がなく、その期間の制限がありません。

　　以上のことから、極端な例ですが、取扱要領では入院加療を必要としないが治療に1月以上かかる場合は「軽症」になりますが、災害による被害報告では「重傷者」に該当します。このように、負傷区分に関する程度に違いがあることに注意します。

「り災世帯」について：災害により全壊、半壊及び床上浸水の被害を受け通常の生活を維持できなくなった生計を一にしている世帯

➡　世帯の考え方について、取扱要領では一般世帯と施設等の世帯に分けて詳細に説明していますが、算出の仕方に違いはありません。

　　しかし、取扱要領において共同住宅では、共有部分のみがり災した場合は計上しないのに対し、災害のときは被害により生活を維持できなくなった場合は、り災世帯を計上することが大きく違います。

「火災発生」について

➡　火災については、取扱要領で定めているところの「火災」は除かれると前述しましたが、例外として、地震又は火山噴火の場合のみ、火災発生件数を報告することになります。

照会・情報公開等

QUESTION 83　弁護士等からの照会について

　弁護士や弁護士会から、火災の諸事項について照会を求められました。このとき、火災調査書類の写しで回答するのでなく、照会事項のみを該当する火災調査書類から抜き出して照会者の指定様式で回答を作成するよう依頼されましたが、それは可能でしょうか。

　照会事項は①出火日時②出火場所③出火原因④その結論に至った理由⑤焼損場所及び範囲です。

ANSWER

　近年、火災調査は現場での実況見分、関係者からの質問調書の録取と煩雑な火災調査書類の作成のほかに、公文書の開示請求や各機関からの照会に対する回答の事務が増加しています。

　今までは、火災調査員が裁判に証人として召喚されたり、呼び出されることや火災調査書類の開示請求、各機関からの照会は稀でした。そのため、それらの経験が少なく、その方法、技術の伝承がされていないことから、昨今の火災調査員は別の仕事が一つ増えている感覚ではないでしょうか。

　弁護士会からの照会は、弁護士法第23条の2に基づき、当該弁護士の所属する弁護士会から照会されるもので、公文書の開示請求とは性質が異なるものです。

> **参考　弁護士法**
> **第23条の2**　弁護士は、受任している事件について、所属弁護士会に対し、公務
> 所又は公私の団体に照会して必要な事項の報告を求めることを申し出ることが
> できる。申出があつた場合において、当該弁護士会は、その申出が適当でない
> と認めるときは、これを拒絶することができる。
> 2　弁護士会は、前項の規定による申出に基き、公務所又は公私の団体に照会し
> て必要な事項の報告を求めることができる。

　弁護士会からの照会は、裁判所からの「送付嘱託書」とも違い強制力はありません
が、当該弁護士会では、「本事案を当該弁護士会名で紹介すべき事案なのか」を審査
した結果、照会が必要であると認めたものであることから、行政側は回答するべきで
あると考えられています。

　弁護士会からの照会に対する回答は、個人情報保護条例の保有個人情報目的外利用
（外部提供）に該当しています。ですから、本事例のように照会事項に個人に関する
情報が含まれている場合、当該条例に個人に関する情報は、該当者の同意を得られた
場合に限り情報提供できるとしていることから、同意を求めることができない場合は、
個人に関する情報は提供できません。

　また、照会事項に関係する各火災調査書類から必要な文章の意味を変えずに大幅に
改ざんすることなく、当該弁護士会が指定する様式で回答することは支障ありません。

　また、質問の中で弁護士からの照会とありますが、弁護士個人からの照会は考えら
れません。もし、弁護士個人からの照会であれば、何人も請求できる情報公開条例に
基づく、公文書の開示請求に該当することから、当該条例に基づき公文書を開示する
ことになります。

　なお、本回答は、当研究会員が属する市町村の関係条例を基に説明していますので、
原則は変わりないはずですが、質問者の消防本部が属する市町村の関係条例、公文書
の開示等に関係する担当者に確認していただきたいと思います。

QUESTION **84**　警察からの照会について

　火災調査書類について、一般的に警察から照会があった場合には回答することと考
えていますが、火災調査書類のコピーを提出する必要はあるのでしょうか。

　もし、火災調査書類のコピー等を提出する場合には、個人情報に関わる部分は墨消
しするべきでしょうか。

ANSWER

　当研究会員が属する市町村の条例等を基に説明します。

　捜査機関からの照会は、刑事訴訟法第197条第2項に基づき「捜査関係事項照会書」

により照会を受けます。

　仮に、捜査機関から電話で依頼があった場合は、回答の事務は進めますが、同照会書の送付を依頼します（照会書は所轄消防署長宛に送付され、所轄消防署長名で回答しています。）。

刑事訴訟法第197条第 2 項
　捜査については、公務所又は公私の団体に照会して必要な事項の報告を求めることができる。

　刑事訴訟法の照会書に基づき照会を受けた場合は回答しますが、この回答は、○○市個人情報保護条例（以下「条例」という。）に基づいた外部提供に該当しますので、当該条例の規定に基づいて回答します。

　ここでいう「外部提供」とは、実施機関が利用目的の範囲を超えて実施機関以外のもの（市の機関以外の国、他の地方公共団体等）に保有する個人情報を提供することをいいます。

　そして、外部提供が認められるのは次のとおりです。

①　法令の定めがあるとき。

②　実施機関が審議会の意見を聴いて認めたとき。

　審議会の意見を聴いて認めた一般的基準は次のとおりで、具体的にその例示を示し、これに該当するものについては、改めて審議会の意見を聴く必要はないとしています。

①　外部提供について法令の定めがあるとき。

②　情報公開条例第 8 条第 1 号ア、ウ又はエに該当する情報であるとき。

③　個人の生命、身体、健康又は財産に対する急迫の危険を避けるためにやむを得ないとき。

④　外部提供をすることについて、あらかじめ本人の同意を得ているとき。

⑤　実施機関の職務遂行の上から特に必要があるとき。

　上記の一般的基準に該当する案件についても特に慎重な取扱いを必要とする場合及び同基準に当てはまらないものについては、条例第11条第 2 項の規定に基づき、個別に審議会の意見を聴いて外部提供の可否を決定します。

　実施機関は、外部提供をしようとするときは、目的外利用等届出書により、その旨を市長に届け出ます。

例 1　○○市個人情報保護条例
（目的）
第 1 条　この条例は、個人情報を保護することが個人の尊厳の維持を図るために
　　必要不可欠であることにかんがみ、個人情報の適正な取扱いに関し必要な事項
　　を定めるとともに、市が保有する個人情報の開示、訂正及び利用の停止等を請
　　求する権利を保障することにより公正で民主的な市政の実現と市民生活の向上

を図り、もって市民の基本的人権を擁護することを目的とする。

（利用及び提供の制限）

第11条　実施機関は、利用目的の範囲を超えた保有個人情報（保有特定個人情報を除く。以下この条において同じ。）の利用（以下「目的外利用」という。）をしてはならない。ただし、次の各号のいずれかに該当するときは、この限りでない。

　⑴　法令の定めがあるとき。

　⑵　正当な行政執行に関連があるとき。

　⑶　情報公開条例第8条第1号ア、ウ又はエに該当する情報であるとき。

　⑷　あらかじめ本人の同意を得ているとき。

2　実施機関は、実施機関以外のものに対する利用目的の範囲を超えた保有個人情報の提供（以下「外部提供」という。）をしてはならない。ただし、次の各号のいずれかに該当するときは、この限りでない。

　⑴　法令の定めがあるとき。

　⑵　実施機関が審議会の意見を聴いて認めたとき。

3　実施機関は、第1項ただし書の規定による目的外利用又は前項ただし書の規定による外部提供（以下「目的外利用等」という。）をしようとするときは、規則で定めるところにより、その旨を市長に届け出なければならない。

4　実施機関は、目的外利用等をしたときは、規則で定める場合を除き、速やかにその事実を本人に通知しなければならない。

5　市長は、第3項の届出があったときは、規則で定めるところによりその旨を公表するものとする。

6　実施機関は、外部提供をする場合において、必要があると認めるときは、外部提供を受ける者に対し、外部提供に係る個人情報について、その利用の目的若しくは方法の制限その他必要な制限を付し、又はその漏えいの防止その他の個人情報の適切な管理のために必要な措置を講ずることを求めるものとする。

（裁量的開示）

第19条　実施機関は、開示請求に係る保有個人情報に不開示情報が含まれている場合であっても、個人の権利利益を保護するため特に必要があると認めるときは、開示請求者に対し、当該保有個人情報を開示することができる。

個人情報保護ハンドブックの別表2の外部提供基準表

　⑴　外部提供について法令の定めがあるとき

　　　裁判所の文書提出命令に対する回答

　　　民事訴訟法第223条

　⑵～⑷　〔略〕

　⑸　実施機関の職務遂行の上から特に必要があるとき

　ア　裁判所又は捜査機関が法令に基づいて行う照会に対する回答
　　　裁判所又は捜査機関が行う照会に対する回答
　　　刑事訴訟法第197条
　　　民事訴訟法第226条
　イ・ウ　〔略〕

用語等の説明

　「正当な行政執行」とは、実施機関が法令等に基づいて行う本来的な事務に関連のあるもの、及び個人の生命、身体、健康又は財産に対する急迫の危険を避けるためにやむを得ないものをいう。

　「情報公開条例第8条第1号アに該当する情報」とは、法令の規定又は慣行として公にされ、又は公にすることが予定されている情報をいう。

　「情報公開条例第8条第1号ウに該当する情報」とは、公務員等の職、氏名及び職務遂行に係る内容をいう。

　「公務員等」とは、次のものをいう。

　ア　国家公務員法第2条第1項に規定する国家公務員（独立行政法人通則法第
　　　2条第4項に規定する行政執行法人の役員及び職員を除く。）
　イ　独立行政法人等の役員及び職員
　ウ　地方公務員法第2条に規定する地方公務員
　エ　地方独立行政法人の役員及び職員
　オ　指定出資法人の役員及び職員

　「情報公開条例第8条第1号エに該当する情報」とは、指定管理者が行う当該指定に係る業務に従事する者の職、氏名及び当該業務の執行に係る内容をいう。

　以上が捜査機関からの照会、回答に係る条例の抜粋と本照会に関する解説で、実務的には、捜査機関からの照会に対して、照会を受けた公務所等は報告を行うものと解しています。

　これは、捜査機関からの照会は強制でなく、罰則も定められていませんが、報告（提供）しなかった場合、捜査機関は、書類の差し押さえや強制執行などの方法により、報告義務の履行を強制することが可能だからです。

　そして、個人情報の公開について、捜査機関からの照会に対する回答は、基本的には「全開示」としていますが、捜査機関がどのような書類を望んでいるかを見極めて、必要な書類を情報提供し、必要書類以外は開示しないことを原則としています。

　この説明は、あくまでも一市町村条例の解説とその解釈であり、当該条例に関する担当部署と火災調査担当の所属が調整している内容を説明した一つの例ですので、原則は変わらないと思いますが、質問者の属する市町村の関係条例と当該担当者と調整して対応してはいかがでしょうか。

　また、弁護士法第23条の2に係る弁護士会からの照会と回答については、QUESTION83で説明していますので参考にしてください。

QUESTION**85**　　情報の適正使用について

　情報開示した火災調査書を開示した人がコピーして第三者へ渡すことは、法的に問題ないのでしょうか。

例：占有者に開示した情報を火災保険会社へ渡す。

ANSWER

　当研究会員が属する市町村の「情報公開条例」では、公文書の開示を受けた者の責務として情報の適正使用について次のように定めており、開示によって得た情報を濫用して他人の権利や利益を侵害してはならないとしています。

　質問の例では、火災保険会社へ写しを渡すことにより、当該情報を濫用して他人の権利や利益を侵害しなければ問題はないと解釈しています。

　質問者の所属する市町村の該当条例等を確認してみてください。

> **参考　〇〇市情報公開条例**
> （適正使用）
> 第18条　公文書の開示を受けた者は、それによって得た情報を適正に用いなければならない。

① **本条の趣旨についての説明**

　本条は、この条例に基づき、公文書の開示を受けた者の責務について定めており、公文書の開示を受けた者が、それによって得た情報を濫用して第三者の権利利益を侵害してはならないことは当然のことであり、その旨を訓示的に規定しているものです。

② **本条の解釈・運用についての説明**

⑴　「適正に用いなければならない」とは、公文書の開示を受けた者は、開示によって得た情報を濫用して他人の権利や利益を侵害するようなことがあってはならないことをいっています。

⑵　実施機関は、公文書の開示によって得られた情報が、明らかに不適正に使用されるおそれがあると認められる場合には当該使用者に、また、不適正に使用されたと認められる場合には当該不適正使用者に対し、必要に応じ、当該情報の適正な使用を要請するものとします。

　　ただし、本条は、あくまでも訓示的規定であり、開示を受けた者が要請に応じないことを理由にして、当該公文書又は将来の同種の公文書の開示を拒否することはできないこととなっています。

QUESTION86　火災調査に関する写真の公開について

　私の消防本部では市議会の委員会において、火災調査に関する写真の公開を請求されました。

　個人情報である火災調査に関する写真を公開することは、市議会とはいえ個人情報保護法に抵触するのではと思いますが、いかがなものでしょうか。

ANSWER

　質問は、特定の火災に関する現場の写真であるとして説明します。

　また、公文書の公開については、関係する法律に基づくほか、各市町村の条例でそれぞれ運用されていますので、当研究会員が属する市町村の条例の解釈・運用に基づき説明します。議会対応なのでいろいろと市町村により違いもあると思いますが、あらかじめご了承ください。

　実施機関（個人情報保護条例上の定義で市長、消防長及び各委員会等市の機関をいいます。）で管理している火災調査に関する写真（実施機関の職員が職務の遂行上において取得・撮影した写真）は、公文書の定義によるところの「文書」と同様で、画像を用いて情報を再現したものと考えます。

　したがって、「公文書」として開示の請求により開示の義務が生じますが、当然、画像に不開示情報（個人に関する情報・法人等の正当な利益を害する情報・法令の規定に係る情報・公共の安全に関する情報）がある場合を除く、という制限が付きます。

　市議会の委員会には、保有個人情報の開示請求は認められていませんので、公文書の開示請求となりますが、請求により開示できる情報のうち個人に関する情報は制限されることになります（ある火災の焼損建物外周部の写真について、市の公文書公開審査会において「人の生命、健康、生活又は財産を保護するため、公にすることが必要であると認められる情報」とすると判断されたこともあります。）。

　したがって、市議会の委員会に写真を提供する根拠としては、保有個人情報目的外利用における実施機関の裁量的開示が考えられますが、個人のプライバシー保護と公共の必要性を比較考慮し、裁量的開示に該当するか否かの判断が重要だと考えます。また、本人の同意がある場合や法人情報の場合には違った運用もあり、火災の状況により違ってきますので、該当火災（該当火災だけでなく、一般的な火災現場の写真についても機会があれば）について、市町村の公文書開示担当部署に一度確認しておくことをお勧めします。

QUESTION87　死体検案書について

　火災調査の経験が浅く、1件ごとに異なる現場での火災調査に毎回苦慮しています。死者が発生した場合の火災についてご教示ください。

　発見された遺体の死因に関して、現場での所見だけでは焼死か火傷死か不明の場合を含め判断できないことから、医師の所見を得るために、消防法第32条第2項の規定に基づいて、死体検案書を管轄する警察署へ照会しようと、警察の担当課に手続き等について、まず電話で問い合わせました。しかし、警察には死体検案書の写しがあるだけで、原本がないので照会には応じられないとの回答でした。

　警察で検視、行政解剖等が行われた場合、死体検案書は管轄する警察署へ照会すると応じていただけると解釈していましたが、本件のように照会に応じてもらえない場合は、どこに照会すればいいのでしょうか。

　また、死体検案書を消防から警察に照会することは実務的に可能なのでしょうか。警察への照会方法や実例など、詳しくご教示いただければ幸いです。

ANSWER

　火災現場で発見（発生）された死者は、火災により亡くなったのか、殺人の証拠隠滅のため火を放たれたのかなど、火災報告で取り扱う死者の定義に該当するか判断しなければならないことと、死因について医師の判断を確認する必要があります。そのため、死亡診断書や死体検案書により確認することになりますが、各警察本部の対応にも違いがありますので、どのような方法がよいか、なぜ消防が死因についての情報が必要なのかなどを所轄警察署に説明するとともに、その方法について調整をしておくことが必要になります。

　その方法としては、文書を残して確認することが一番よいのでしょうが、実務的には火災報告や火災調査書類を作成する上での根拠が明確であれば足りるのではないでしょうか。

　例えば、電話で「所轄の○○警察の誰に確認したところ、○○との回答があった」などと記録を残しておくことも一つの方法ではないでしょうか。

　いずれにしても、消防本部の内部規程などにおいて死因の確認方法を事前に定めておき、その方法で必要な情報を入手すれば根拠の説明がつきますのでお勧めします。

　この件は、各消防本部でも様々な方法で確認しているのが実情ですので、当研究会でこれまでに情報交換した内容を列記しますので参考にしてください。

・所轄警察署に電話等で了解を得て、死体検案調書を閲覧させてもらい必要な内容をメモする。

・「火災調査関係照会書」（火災調査関係事項照会書という消防本部もあります。根拠は消防法第32条第2項の規定）により、所轄警察署に死因等など必要な項目について照会をする（照会先は東京、大阪、神戸等の大都市は、監察医制度があることから、紹介先は監察医務院などになります。）。

・所轄警察署へ電話で必要な内容を確認し、その結果を書類にして残す。

・昔は、照会の結果、死体検案書の写しを入手していたが、現在はなかなか入手でき

Q&A

ないので、電話確認でよしとしている。

・死体検案書の情報を入手する際は、全て「火災調査関係事項照会書」により照会している。

・監察医務院、検事、所轄警察署に照会して、死体検案書の写しを入手している。

・死体検案書の写し等は入手していないが、火災報告に必要な事項を入手するため、救急隊が病院に対し、必要最低限の情報の照会を行い、照会の結果、文書での回答を入手している。

・昔は、所轄警察署に電話で承諾を得ていたが、現在は原則「照会書」により照会して、死体検案書の写しを入手している。

・検案を行った死体の関係者に対し、交付された「診断書」を任意提供により入手している。

・死体検案書の情報を入手する際は、警察に対し電話で承諾を得て、写しを入手している。

・検死に7～8割程度立会いを行い、自ら情報収集している（第三者機関として呼ばれることが多い。）。

・死体検案書の情報を入手する際は、電話にて必要な事項を聴取している。

・救急隊が検死に立ち会うことが多く、その際情報を入手している。

・所轄警察署にて、死体検案書内の必要な情報を録取している（閲覧はさせてくれない。）。

報 道 ・ 広 報 等

QUESTION 88　火災原因と新聞発表について

最近新聞を見ていると、「車両火災で車の中を調査した結果、ライターが発見された」など、火災原因に直接関係すると思われる記事を見掛けます。

車内で子どもが焼死した場合などは、子どもの火遊びとの関連が思料されているところです。

つきましては、新聞発表と火災原因について、説明をお願いします。

① 火災原因については基本的には公開はしないが、社会的に影響があることはどのあたりまで公開が許されるのか。

② 犯罪との関わりがあるときは、消防独自の発表になるのか、警察との連携によるものなのか。

③ 放火であっても、公共性のある火事では発表ができると理解しているが、警察側の発表がいいのか、消防側の発表がいいのか。

ANSWER

質問は消防広報全体でなく、新聞発表についての質問であり、消火活動中や鎮火直

後の報道機関からの取材や報道機関に対する情報提供に関することであるとして説明します。

①　火災の原因は、鎮火後に現場の客観的事実を確認する実況見分の結果と焼損建物（焼損物件）の占有、管理、所有者及び当該火災の発見、消火、初期消火者等の火災に関係する者に質問した結果のほか、必要により実験や鑑識、鑑定を実施して、それらの内容に消防職員としての考察を加えて判断するものであり、鎮火の直後には火災原因を特定することができず、公表もできないと考えています。

　　しかし、社会的に影響のある火災が発生した場合においては、再発防止、事後の火災予防のため、速やかに広報することが必要と判断されたときは、火災の原因調査を専管事項としている消防機関として報道機関へ情報提供し、報道機関の協力により広報することが必要になることもあります。

　　この場合は、火災原因等の情報提供の範囲には個人に関する情報が含まれている場合もありますので、個人情報の保護に関する法律を考慮するなど慎重に扱わなければなりません。

　　質問の例の車両火災で車内からライターが認められた場合では、火災原因についての報道関係者の質問に対しては、まず、客観的事実である焼けの著しい箇所が車内、エンジンルーム又は車両外周部なのか、先着消防隊の現場到着時の火炎の状況等を説明します。続いて、焼けが著しく出火箇所と推定される場所に簡易ライターの一部が認められた事実及び子どもが車内で亡くなっている事実から、現段階では特定できないものの、火災の原因としてライターを使用した子どもの火遊びの可能性が考えられるので、悲惨な事故を繰り返さないためにも、ライターを使用しての「子どもの火遊び」防止について住民に呼び掛けます。それとともに、「○○時から実況見分を実施して現場の状況を詳細に見分するほか、関係者の供述を整理して火災の原因を究明します。」などの説明になるのではないでしょうか。

　　火災鎮火後の報道機関への情報提供の範囲と注意しなければいけないことについて、当研究会員の経験を踏まえて説明します。

> 1　報道機関の対応は担当者を1人（窓口を一つ）にして、複数の報道機関に違った内容を情報提供しない。情報提供の開始から取材が落ち着くまで1人の職員が対応する。
> 　　担当者の言葉のニュアンスで受ける側が違って取ることもあるほか、担当者AとBの情報提供の範囲が違ってしまうこともあるからです。
> 2　担当者は、客観的事実を中心に説明し、主観、想像（「何々だと思います。」の説明）で説明しない。
> 3　文書で情報提供する場合は、各報道機関に同一の内容を一斉に情報提供する。
> 4　回答する内容の範囲は、事前に内部規程等で定めておく。

ただし、この内容や範囲は、あくまでも原則であって、火災や被害の状況、若しくは発生場所の用途等により、消防機関としての社会的責任を果たすこととプライバシーの問題から、臨機応変に説明できるように責任のある者が対応する必要があります。

5   質問されたときに即答できないことは、「現在その件について調査中です。」などの回答を行い、調査結果が回答できる範囲のことであれば、連絡先を確認（電話取材の場合は時間により庁内の記者クラブや報道機関の支社でなく、記者の携帯電話のことが多いため）し、調査後に回答すると説明する。

火災現場では時間を定めて報道機関へ情報提供し、記者から質問を受けて回答できなかったものは、次の時間までに調査して回答する旨の説明を行う（それでも調査できないときは、その理由を含めて説明し、さらに時間をもらう。）。

6   被災者に関する情報は、被災者の家族等の心情を考慮して慎重に行う。

7   行方不明者、要救助者の情報は、家族の心情を考慮し、報道機関より前に家族に状況を説明する。

8   報道機関への情報提供をする前に、収集した情報について警察と確認をする。

報道機関は、消防と警察が合同記者会見でもしない限り、スクープを得るために消防と警察別々に取材してきますので、何をどこまで説明するかは独自の判断になりますが、客観的事実をお互いに確認しておくことも報道機関から信頼を得ることになります。

また、大規模な事業所で火災などの災害が発生した場合は、報道機関が当該事業所（事業所の本社を含む。）に直接取材することもありますので、事業所に消防、警察、その他関係機関に対して合同の説明会を開催させ、共通の情報をもつようにします。

報道機関は当然、消防と警察の両方に取材をして、取材内容を精査してテレビや新聞で報道することと思います。新聞の記事では、火災の概要の後に「○○警察署で原因を調査する」と、締めくくっていることが多いと思いますが、私が報道の対応を担当していたときは、消防の火災原因調査について説明し、「○○消防局と○○警察署で原因を調査する」と、締めくくっていただいていました。

②   火災原因等の報道機関への情報提供の内容が犯罪捜査に影響を及ぼす可能性がある場合は、捜査機関の犯罪捜査に協力することが当然であり、報道への情報提供についても事前に相談して協力します。

消防は火災の原因調査を実施（火災の原因調査については、日常の業務の中で消防の立場を説明し捜査機関に理解を求めておくことが必要です。）し、その予防について広報するのであり、捜査の支障になることはしません。

③   放火、特に連続放火については、出火箇所に火の気が全くなく、放火以外にその原因が考えにくい場合、前述のとおり鎮火後に火災の原因を特定しませんが、「現

段階では」と前置きして、放火防止について広報したいところです。ただし、警察から依頼があれば放火行為者の逮捕の協力を優先して、できる範囲の消防広報に留めることも必要です。

警察が発表するか消防が発表するかについては、警察は警察の判断で必要な内容を情報提供し、消防は火災の原因も含めた火災の被害状況等に関する内容について、個人情報の保護、公益性、前記注意事項等を考慮して適切な情報を提供するべきであると考えています。

ただし、被害者の実名、匿名の発表については、「犯罪被害者等基本計画」により、警察の被害者の実名、匿名の発表は、犯罪被害者等の匿名を望む意見と、報道の自由、国民の知る権利を理由とすることを踏まえ、プライバシーの保護、発表することの公益性等の実情を総合的に勘案しつつ、個別具体的な案件ごとに適切な発表内容となるよう配慮していることを考慮する必要があります。

そして、消防、警察への取材に対する説明のどちらを新聞の紙面に載せるかは報道機関の判断になるのではないでしょうか。

当研究会では、火災の予防面で考えれば、新聞、テレビ、ラジオ等による報道機関の報道は公共性があり、社会に与える印象は、消防機関が独自に広報誌、ホームページ等で広報するよりも非常に大きい広報のチャンスであることから、報道機関の対応を適切にし、火災発生後の情報提供だけでなく、日常の火災予防広報等について活用できることは大いに活用すべきであると考えています。

QUESTION89 報道機関への情報提供と市民への説明について

火災の状況に係る報道機関への情報提供や市民への説明に苦慮しています。

① 一番苦労するのが、火災の死者に関する説明です。

火災報告で死者として計上する者は、「火災現場において火災に直接起因して、死亡した者（病死者を除く。）をいう」とあるほか、「火災により負傷した後48時間以内に死亡したものは、火災による死者とする」とされてます。

このほかに、48時間を経過して30日以内に死亡した者の数を「30日死者」として、死者とは別に扱います。

例えば、火災現場で3人の方が亡くなられて、それ以外に負傷者が2人出ましたが、負傷者のうち1人の方は3日後に亡くなられたとします。

消防以外の他の機関は、火災の死者は「4人」と3日後に亡くなられた方を含めて説明しますが、消防機関の統計上の死者は火災報告どおり「3人」と説明します。すると、なぜ数が違うのかと説明を求められ、その説明に苦慮しています。

② 焼損程度の説明についても、火災報告の焼損程度（火元建物の損害状況）の定義により、全焼、半焼、部分焼、ぼやの区分について説明しますが、いずれも建物の評価額と損害額が関係してくることから、火災の直後は「調査中」と説明すると、

報道機関等はなかなか納得してもらえません。

　以上のことは、報道機関だけでなく、火災現場の町内会長等の地元の住民からも説明を求められることがありますので、どのように対応したらいいのか、ご教示いただけますか。

ANSWER

　火災調査に関することで、市民応接や報道対応にご苦労されている姿が目に浮かびます。

　①の火災による死者の関係では、火災に起因する死者であり、「火災の前に病気、事故、殺人、自損等で亡くなっていた場合を除いている」ということを承知しておいてください。

　質問のように火災による死者が複数いる場合はもちろんのこと、1人の場合でも火災現場での負傷者が48時間を経過して亡くなった場合、火災報告上は「死者0名、30日死者1名」ですが、捜査機関は火災での「死者」として計上します。統計的な数字は違ってきますが、火災から数日経過しているので事件性がない限り報道機関も取り上げることが少ないでしょうから、苦労することはないと思います。

　しかしながら、質問のように複数の方が火災で亡くなると社会的影響も大きく、報道機関も関心を持ちますので、問合せがあると思います。

　報道機関や市民が知りたいのは「今回の火災で亡くなったのはいったい何人なのか？」という至極単純な疑問であり、そこに消防機関の「火災報告の区分」はまず含まれないのです。明解に「死者は○名です」と30日死者を含めた数を答えた後に、必要な場合は「火災後48時間後になくなった人も含みます」と、統計上の数値とは異なる場合もあることを補足説明するとよいでしょう。

　②の焼損建物の焼損程度については、火災の直後であれば、火災報告の焼損程度でなく、現場調査員が社会通念上の考えで「全焼」「半焼」等を判断して説明します［▶▶p.61］。

　火災直後は「全焼」と説明しても、火災報告の定義により詳細に判別した結果、「半焼」であっても何も問題はないはずです。

　ただし、ここで大切なことは、我々同様に情報提供をする立場の捜査機関とは連携を密にして、報道機関等に伝えた違った数字（死者数）や火災の状況（焼損程度、焼損面積、焼損の著しい箇所）と、火災報告上の数字や火災の状況などの整合性をとることが大切になります。

　また、占有者、発見者、通報者などからの情報も共有して、どこまでを説明するかということを事前に調整しておくことが重要です。

　火災現場は、消防機関だけの現場ではなく、捜査機関の捜査の現場であり、捜査上の権限や捜査上必要な事項があることからも連携を密にしなければなりません。

QUESTION 90　効果的な広報の方法について

　私たち消防本部の職員は市町村の職員として、4月に始まり翌年の3月までの年度で予算を執行するほか、行事や職務に係る統計は年度で計上していますが、火災の統計や救急の統計は消防庁に暦年報告することもあって暦年で、また、住民に公表する当該統計も暦年で公表しています。そして、正月の三が日を過ぎた頃から各消防本部の火災統計を新聞の地方版で目にします。

　私の本部でも年末に火災の年間統計資料を作成し始めて、年が明け仕事初めから統計を完成させ、報道機関へ統計資料を提供するほか、出初式や新年に行われるあらゆる場で市民に広報しています。

　その中で、新聞紙上で報道される統計は、特筆すべき火災を一つ二つ簡記するほかは数字を羅列したもので、例年に比較して多い少ないというものになりがちです。また、火災予防的な広報では、「火災が多かったので気を付けてください」のような簡単なものになっており、効果的な火災予防になっているとは思えません。火災の調査とは直接関係ありませんが、より効果的な広報の方法があれば説明してください。

ANSWER

　火災統計は、火災の原因調査と同時に行われる火災の損害調査において、被害の客観的事実を具体的に数値化し、住民の防火に対する意識を向上させる重要なものであり、火災調査の一部であると考えられます。それは、前述のとおり、火災の原因調査と損害調査は一つの火災現場で行われ、関連しているものだからです。

　新聞紙面での住民への火災予防広報は、広範囲に同時に広報できる非常に有効な手段ですが、その紙面は限られていることから、消防の思うとおりにスペースがとれません。

　特に、年初めの統計的なものは、火災件数や火災による死者数が過去最高である（我々消防関係者には良い話ではありませんが）などの場合は、多くの紙面が使われることがありますが、件数も特異な火災もないと関心を示さないこともあります。しかし、消防としては火災を1件でも少なくさせるため、それでも有効な予防広報をしなければなりません。

　そこで、我々は報道機関への情報提供について工夫をしなければいけないということです。

　例えば、火災件数も例年並みで死者も少ない（これは良いことなのですが）場合には、住宅用火災警報器の奏功事例でお年寄りが近所の方々に救出されたとか、付近住民の協力で被害を最小限にとどめた火災などを例に挙げて広報の文書を作成すると、報道機関も興味を示し、住宅用火災警報器の普及や地域の自助力の向上に効果的な広報ができるのではないでしょうか。

　報道機関は、タイムリーなニュースを記事にしますが、我々消防機関としては、あ

らゆる機会に火災予防について広報をしたいところです。しかし、火災や救助事案がない日常では、火災予防の広報はなかなか取り上げてもらえません。

　そこで、消防機関としては、報道機関が問い合わせてくる火災等が発生したときに、火災に関する客観的事実のほか、火災予防に関することをできるだけ情報提供することにより、火災予防に有効な広報ができるのではないでしょうか。

　ただし、報道機関がニュースに取り上げるのは、火災の鎮火後すぐであり、火災の原因調査はもちろん、実況見分の実施前であることから、火災の原因について断定的な説明はできず、火災予防につなげるのは難しいとは思います。しかし、鎮火後の客観的事実から、その時点で、個人に関する情報に十分配意しながら、できる範囲の再発防止、火災予防例等を具体的に広報するほか、付近住民の協力で被害を最小限にとどめた功績があればそれを具体的に情報提供することにより、火災の悲惨さとともに、火災の予防や住民同士の協力などについて、読者である住民に興味深く読んでもらえるのではないでしょうか。

　なお、付近住民等の協力については、後日、消防署長の感謝状等を贈呈する際に、その功績をより具体的に情報提供することも有効な広報になると思われます。

その他

QUESTION91　検察への説明と燃焼実験について

　火災調査に関することで検察から説明を求められた場合、火災原因を証明するための燃焼実験はどの程度求められるものなのでしょうか。
　さらに燃焼実験で再現できない場合は、理論的に説明する必要があると理解しますが、一般常識程度の理論でいいものか、物理・化学・電気などの専門的な部門にまで及ぶものなのか、説明をお願いします。

ANSWER

　検察から火災調査に関して説明を求められた場合は、一般常識ではなく、物理・化学等の学者の知識でもなく、消防職員としての知識、経験、現場の客観的事実などを誇張することなく、正確に説明することが大切です。

　検察官も消防職員としての説明を求めているのであり、物理・化学・電気の専門的な内容を必要とするのであれば、それらの専門家に説明を求めます。

　そして、消防職員の説明が捜査に必要であると判断すれば、「証人召喚状」（民事の場合は「証人呼出状」）が送達され法廷で尋問されるほか、資料の提出（捜査機関からの照会等）を求められることもありますので、私たち消防職員は、プロの消防職員として、各規程等で定められているとおり、正確かつ整合性のとれた書類を作成するとともに、そのために必要な知識を身に付けておくことが大切ではないでしょうか。

　次に、燃焼実験ですが、各本部の施設、設備でできる範囲で客観性、正確性、厳密

性及び専門性を担保し、火災調査のプロである消防職員として実施していることが重要であり、その実験結果を証拠として採用するかどうかは私たちが決めることではありません。

QUESTION 92　メーカーへの照会について

電気製品、車両などの火災が発生した場合、消費者がメーカーに対し原因等を問い合わせることがあると思いますが、消防の立場としては、メーカーにどの程度まで原因に対してアドバイス等を受けるべきでしょうか。

最新の機器等では、我々消防の原因調査では限界があり、メーカー主導での調査になることが多くなります。できれば消防として、単独で調査し消費者へ説明することができればベストだとは思いますが、それはできないのが現状です。

メーカーとしては、独自の調査書を消費者へ提示すると思います。

しかし、その内容が消防と同じとは限らず、逆に消防としては専門的な知識がない分メーカーの結果を参考に調査書に記載することも考えられ、消防としての結果を出すために、どこまでメーカーにアドバイスを求めるべきか悩んでいます。

ANSWER

消防の火災調査は、消防法第31条において、消防機関の責務とされており、消火活動と同時に火災の調査に着手することが定められています。

火災の調査は火災の原因調査と損害調査とに分けられています。

火災の原因調査は、単に出火箇所、発火源、経過、着火物の調査だけでなく、火災の拡大、延焼の要因、死傷者の発生理由など、火災の発生、拡大について調査します。

火災の損害調査は、火災の燃焼現象、避難行動で発生した被害、消防隊及び初期消火者の消火行為により生じた人的被害を含みます。

これらの調査は、関係のある者への質問等の人的調査と関係のある場所へ立ち入って行う物的調査があります。

消防法の火災調査は、人的調査について、同法第32条第1項で「消防長又は消防署長は、前条の規定により調査をするため必要があるときは、関係のある者に対して質問をすることができる」とし、火災調査のための質問権を消防長又は消防署長に与えています（質問を行う主体は消防長又は消防署長ですが、実務的には一般に消防職員、市町村の消防事務に従事する職員がこれに従事することになるので、これらの者が、消防長等の補助機関として、同条の質問ができるように規程等で定めておく必要があります。）。

ここでいう「関係のある者」とは、火災の原因又は火災による損害について参考となるべき情報を提供し得るものをいい、同法第2条第4項で定める「関係者」のほか、使用人、従業員、同居の家族、火災の発見者、現場付近にあった者、当該消防対象物

について知識を有する工事人、焼損物件の損害算定の専門家等、おおよそ何らかの関係を有する者一切になります。

　物的調査では、消防法第33条で「火災により破損され又は破壊された財産を調査することができる」としているほか、同法第34条第1項で「消防長又は消防署長は、前条の規定により調査をするために必要があるときは、関係者に対して必要な資料の提出を命じ、若しくは報告を求め、又は当該消防職員に関係のある場所に立ち入つて、火災により破損され又は破壊された財産の状況を検査させることができる」と、火災調査をする上で必要な資料提出命令、報告徴収、立入検査について規定しています。

　そこで、これらの火災調査に関する関係法令から質問の内容について説明すると、まず、消防機関は火災の原因調査をその責務としていますので、消防は火災原因調査を実施しなければなりません。

　電気製品や車両が焼損している場合の火災原因調査における当該製品等のメーカーによる製品等の構造などの説明は、消防法第32条の「関係のある者」への質問により情報を収集します。

　また、製品等の鑑識は、消防単独ではなく、必要により消防機関（捜査機関との合同を含む。）の鑑識の際にメーカーが立ち会うことを許可し、消防法上火災調査をその責務としている消防主導で実施します。

　そして、この鑑識の立会いのときにメーカーから火災調査に必要な当該製品の構造等の説明を受けながら実施します（この鑑識の実施に際しては、設備や工具の関係からメーカーの研究室等を利用する方法もありますが、現場で所定の手続により保管した製品等は、保管手続をした消防や捜査機関が持ち込むようにして、事前にメーカーには渡さないことが必要です。ただ、できる限り、消防若しくは捜査機関で実施することが望ましいです。そして、消防及び捜査機関の鑑識が終了した後に、メーカーが当該製品の見分をしたいと申し出があった場合は、保管の手続をした消防若しくは捜査機関が所有者に説明し了承を得る必要があるほか、メーカーが独自に所有者に説明をして承諾を得るのは当然のことです。）。

　このように火災調査の過程においては、発火源となった可能性のある製品等のメーカーへ質問をする（質問調書には供述人が任意に作成し添付した図面や資料等を含みます。）ほか、任意に火災調査に必要な資料を提出してもらい、それらを参考にします。

　次に、メーカーに説明を求める範囲ですが、消防の行う火災の調査に必要なこと全てになります。

　例えば、当該製品（機器）の構造、電気配線の状況、製品の材質等です。さらに、消失している部分があれば、同型品と比較しながらの説明が含まれるほか、過去の火災事例等、火災調査に関係する全てが含まれると考えられます。

　占有者、所有者等の関係者への説明は、消防機関が事後の火災予防のために、その出火に至った要因等の火災原因を説明します。

　我々消防機関は、現場の実況見分で確認した焼損物件の客観的事実、焼損した製品

等の鑑識において、確認した客観的事実と関係のある者から得た供述、実験結果等に消防職員としての考察を加えて火災原因を判定（現場の客観的事実と関係のある者の供述内容が食い違う場合は、職業人の消防職員として考察を加えますが、当研究会の場合は、現場の焼損状況等の客観的事実を優先しています。）するものであり、その判定結果が製品等のメーカーの調査結果と同じ場合もありますし、違う場合も考えられます。

これは、捜査機関との関係でも同じですが、消防が原因を判定した根拠（現場の客観的事実と供述の一致等）が明確（消防職員として考察を加えて判定した場合も含む。）であれば、他の機関の調査結果と同じにならなくても社会的には説明がつきますが、仮に違う場合は、その理由も含め他の機関に説明することも必要であると考えています。

消防の行う火災調査は、メーカーや捜査機関の調査結果を参考とすることはあっても、その結果をそのまま消防機関の結果とすることはあってはならないことです。

なお、本質問に対する回答後、平成24年6月法律第38号により、消防法第32条第1項の一部が改正され、「消防長又は消防署長は、前条の規定により調査をするため必要があるときは、関係のある者に対して<u>質問し、又は火災の原因である疑いがあると認められる製品を製造し若しくは輸入した者に対して必要な資料の提出を命じ若しくは報告を求めることができる</u>」とされました。

この改正により、質問権以外にも火災の原因である疑いがある製品の製造者、輸入者に資料の提出命令若しくは報告を求めることができるとされましたので、前述の説明によるほか、消防長又は消防署長が火災調査に必要と認めれば「資料の提出若しくは報告を求めることができる」ようになりました。

QUESTION 93　損害保険登録鑑定人について

先日、ある損害保険会社の委託を受けている「損害保険登録鑑定人」という名刺を持った方が消防署を訪れて、火災の原因について説明を求められました。

この「損害保険登録鑑定人」という方は、どのような立場の方でしょうか。火災調査とは直接関係ありませんが、説明をお願いします。

ANSWER

損害保険登録鑑定人については、当研究会員も過去に何度か応接した経験がありますので、そのときにいろいろと確認したことを基に説明します。

損害保険登録鑑定人とは、損害保険会社等から委託を受けて損害保険に関わる建物・家財の損害額の算定、保険価額の評価及び事故の状況・原因の調査並びにそれらに関連する一連の業務を行う人です。

当該鑑定業務は認定試験に合格していなくてもできますが、損害保険会社が鑑定業

務を委託する際は、合格していることを目安にしているとのことです。

　損害保険登録鑑定人の認定試験には、1級、2級、3級があり、これらはランクアップの試験で、3級から順に1級まで受験することになります。

　損害保険登録鑑定人の業務の例としては、火災になった建物に火災保険が付保されている場合、火災保険会社から依頼を受けて現場に出向するなどして、原因や損害状況の調査を行い、損害額、保険価額の算定等を含む報告書を作成し、依頼を受けた火災保険会社に提出します。

　なお、損害保険登録鑑定人は、現場の調査で現場の写真を撮影したり、図面を作成したりしていますが、これらの調査は時間的に消防機関や捜査機関の実況見分の数日後に実施していることが多いです。

QUESTION 94　　ガス器具の安全装置について

　火災の原因のうち、こんろ火災は減少傾向にありますが、どこの消防本部でも相変わらず火災原因の多い方から5番目までにカウントされるのではないでしょうか。そして、これらの経過としては、こんろを使用中に何らかの原因でその場を離れるなどして放置していることがほとんどではないでしょうか。

　このような人の不注意については、我々消防機関が引き続き広報していかなければなりませんが、ガスこんろ、ガス湯沸器等のガス器具にはいろいろな安全装置が組み込まれていると聞いています。

　そして、これらの安全装置については、火災の原因調査を実施する上で、その仕組みなどの知識も必要であると思いますので説明をしていただけますか。

ANSWER

　質問者のご指摘のとおり、こんろ火災は、安全装置が開発されこんろ等に組み込まれて減少傾向にあるものの、いまだに使用者の不注意により発生しており、当研究会員も具体的な事例を挙げて火災予防の広報を行っているところです。

　都市ガスを使用しているのは約2800万世帯といわれ、ほぼ同数の世帯がプロパンガスを使用しているとの統計資料もあり、オール電化の世帯も増えているものの、まだまだガスを使用している世帯がほとんどです。

　そして、ガスを使用している世帯のガス器具は、ガス器具メーカーが販売しているものと、ガス器具メーカーとガス事業者がタイアップしてガス事業者のブランドとして販売しているものがあります。

　ガス器具の安全装置には、こんろ火災を防止する過熱防止装置や風呂の空焚きを防止する装置のほか、ガスを漏えいさせないための立ち消え安全装置、一酸化炭素を出さない不完全燃焼防止装置などがあります。

　ここでは、こんろ火災の原因に関わる過熱をさせない安全装置を主に説明します。

　過熱を防止する装置には、「過熱防止装置、空焚き安全装置、空焚き防止装置、調理油過熱防止装置、転倒時安全装置、消し忘れ防止装置」があります（ガス事業者により装置の名称が違うこともあります。）。

　この中でガスこんろに組み込まれている過熱防止装置は、調理油過熱防止装置と消し忘れ防止装置です。調理油過熱防止装置は、こんろに設けられたセンサーが鍋底の温度を感知して約250℃になると自動的に消火して調理油の発火を防ぐものであり、これは経済産業省の液化石油ガス器具等の技術上の基準等に関する省令で指定（以下「法規制」という。）されて標準装備となっています（調理油過熱防止装置は、複数あるこんろのうち一つのみを平成17年8月から、全てのこんろには、平成20年4月から業界の自主基準で組み込まれていましたが、平成20年10月からは全てのこんろに組み込むように法規制されています。）。

　ただし、高温で炒める必要がある料理は、鍋底を約250℃にすることもありますので、ガス事業者（ガス器具メーカー）の業界の自主基準により約250℃では消火せずに、自動的に火力を絞る「早切れ防止機能」を備えているものもあります。そして、この早切れ防止機能は火力を自動的に絞った後にさらに鍋底の温度が上昇した場合、自動的に消火される機能となっています。

　消し忘れ防止装置は、ガスを消し忘れた場合に自動で消火されるものです。これは業界の自主基準で標準装備されているものです。こんろに鍋が乗っていないときは点火できないようになっています。鍋を乗せてこんろを点火して使用中に鍋を取り外すと自動で火が小さくなり、一定時間後に消火される機能があるものも一部の機種に組み込まれています。

　火災には至らないものの、ガスの漏えい事故につながる煮こぼれや、風により火が消えたときに自動的にガスを止める立ち消え安全装置は、全てのガスこんろへの組み込みが法規制されています。

　このように、こんろ火災を防ぐ取組みは業界独自の規制のほか、法規制もされていますが、これは、消防機関からの情報提供や業界への申入れなどから進んでいるものです。

　しかしながら、火災の現場では、まだまだこんろ火災を防ぐ安全装置が組み込まれていないものや、一口のこんろにのみ調理油過熱防止装置が組み込まれているものの、調理油過熱防止装置のないこんろで、てんぷらを揚げようとして火災になるケースがあります。

　我々消防機関としては、更なる安全装置の開発のために業界と連携することと、安全装置の有効性とともに機械に頼らず調理中はその場を離れないという原理原則を住民に説明することが必要であるほか、安全装置が組み込まれたガス器具が普及するまでの間、引き続き具体的な事例を含めた火災予防広報を行うことが必要になるのではないでしょうか。

Q&A

火災報告取扱要領のてびき

平成26年10月 1 日　初　版　発　行
平成30年 4 月20日　 2 訂版　発　行
令和 6 年 1 月10日　 2 訂版 7 刷発行（令和 3 年10月 1 日現在）

編　著／調査実務研究会

発行者／星 沢 卓 也

発行所／東京法令出版株式会社

112-0002	東京都文京区小石川 5 丁目17番 3 号	03(5803)3304
534-0024	大阪市都島区東野田町 1 丁目17番12号	06(6355)5226
062-0902	札幌市豊平区豊平 2 条 5 丁目 1 番27号	011(822)8811
980-0012	仙台市青葉区錦町 1 丁目 1 番10号	022(216)5871
460-0003	名古屋市中区錦 1 丁目 6 番34号	052(218)5552
730-0005	広島市中区西白島町 11 番 9 号	082(212)0888
810-0011	福岡市中央区高砂 2 丁目13番22号	092(533)1588
380-8688	長 野 市 南 千 歳 町 1005 番 地	

〔営業〕ＴＥＬ 026(224)5411　ＦＡＸ 026(224)5419
〔編集〕ＴＥＬ 026(224)5412　ＦＡＸ 026(224)5439
https://www.tokyo-horei.co.jp/

ISBN978-4-8090-2537-2